ANALYSE EXISTENTIELLE ET PSYCHOTHERAPIE PHENOMENO-STRUCTURALE

PSYCHOLOGIE ET SCIENCES HUMAINES

Roger Mucchielli

analyse existentielle et psychothérapie phénoméno-structurale

CHARLES DESSART, ÉDITEUR

2, GALERIE DES PRINCES, BRUXELLES

DU MÊME AUTEUR

Le mythe de la Cité idéale, PUF, 1960 (épuisé).

Le jeu du monde et le test du Village imaginaire, PUF, 1961.

Philosophie de la médecine psychosomatique, Aubier, 1962.

La personnalité de l'enfant, ESF, 1962, 10e édition, 1972.

Comment ils deviennent délinquants, ESF, 1965, 4e édition, 1972.

L'entretien de face à face dans la relation d'aide, ESF, 1966, 4e édition, 1971.

Introduction à la psychologie structurale, Éd. Dessart, 1966, 3e édition, 1972.

La dynamique du Rorschach, PUF, 1970.

Les complexes personnels, E.S.F., 1971.

*Au Professeur Eugène Minkowski et à
la mémoire de Ludwig Binswanger,
pionniers de l'analyse existentielle et
phénoméno-structurale.*

INTRODUCTION

Le but de cet ouvrage est de formaliser une méthode de psychothérapie que j'appelle phénoméno-structurale, en reprenant là un concept créé par E. MINKOWSKI dans son *Traité de psycho-pathologie générale* Cette méthode s'inspire directement de l'analyse existentielle telle que l'ont proposée Eugène MINKOWSKI et Ludwig BINSWANGER.

Pour la situer, il m'a paru d'abord nécessaire de présenter la conception phénoménologique de l'être-homme et de la maladie mentale, elle-même posée en face de la doctrine de FREUD grâce à la double appartenance (si j'ose dire) de BINSWANGER. C'est donc par une vue d'ensemble de la métapsychologie freudienne que débute cet ouvrage de façon à en faire percevoir l'orientation objectiviste et naturaliste qui, reprenant et appliquant à la psychologie le scientisme déterministe de la fin du XIXe siècle, tronque la Réalité humaine, méconnaît sa dimension ontologique et interpersonnelle, et clôt les sciences humaines sur une physique elle-même dépassée. En face de cette conception dont l'ampleur géniale et la cohérence fascinent, l'analyse existentielle semble surtout s'être développée au niveau théorique de la connaissance de l'Être-Homme et au niveau descriptif des Univers morbides.

Aussi solide est l'anthropologie qui sert de cadre et de fondement à l'analyse existentielle, aussi faibles et chancelantes sont les techniques de psychothérapie qu'elle a proposées jusqu'ici.

Ce que fait le psychothérapeute « phénoménologiquement orienté » lorsqu'il est en face de son client, voilà ce qu'on n'arrivait pas à dire clairement jusqu'ici, sans doute à cause de la fascination même qu'exerce le modèle psychanalytique, en apparence inébranlable.

Les grands praticiens de l'analyse existentielle, dont les noms et les œuvres seront largement cités dans cet ouvrage, laissent finalement entendre qu' « un nouveau regard » sur le malade et sur la situation thérapeutique suffit, et que l'on peut, sous cette garantie, pratiquer la méthode que l'on veut, y compris les techniques psychanalytiques.

Tout ce livre tend à démontrer que c'est impossible. La valeur et la consistance du point de vue phénoménologique et existentiel ne peuvent se traduire par une pratique habituelle modifiée seulement par une certaine attitude et un certain regard. Il importait de déduire de la conception phénoménologique un ensemble de techniques précises renouvelant la psychothérapie, parce que le thérapeute a besoin de techniques pour opérer et ne peut se contenter d'une philosophie, même si cette philosophie est par essence anti-technique.

Le développement pratique de cette intention et l'obligation de mises au point claires et efficaces pour les besoins de la formation des psychothérapeutes selon ce nouvel esprit, m'ont conduit à reconnaître dans nombre de méthodes modernes non psychanalytiques, des convergences non fortuites et des procédés dont le regroupement synthétique paraissait possible. C'est ainsi, pour ne citer qu'un exemple, que les procédés de la psychothérapie de Carl ROGERS (procédés dont on a toujours souligné le manque de références théoriques précises) constituaient un apport important à une psychothérapie phénoméno-structurale car ils étaient nécessairement, logiquement et pratiquement, les instruments de début. Les procédés de la psychothérapie sémantique, pour prendre un autre exemple, trouvaient facilement une place et un sens dans l'ensemble pratique que j'entendais mettre au point sans perdre l'inspiration phénoménologique-existentielle de MINSKOWSKI et de BINSWANGER.

Puissent les praticiens de cette méthode — déjà nombreux — l'enrichir, la préciser, l'améliorer, la transformer même, en gardant le double souci de l'efficacité du traitement et de la liberté de l'être.

PREMIÈRE PARTIE

PSYCHANALYSE ET ANALYSE EXISTENTIELLE

I

LA CONCEPTION FREUDIENNE
DE L'HOMME

*« Je ne peux malheureusement pas
satisfaire vos besoins religieux. »*
Réponse de FREUD à BINSWANGER
qui lui parlait de la liberté de l'esprit
(visite de septembre 1927).

L'année même (1894) où FREUD publiait, avec BREUER,
ses *Études sur l'hystérie*, prémices du formidable mouvement
de la psychanalyse, Wilhelm DILTHEY, dans un Discours
à l'Académie des Sciences de Berlin, opposait « expliquer »
(idéal des sciences de la Nature) et « comprendre » (but des
sciences Humaines). Il disait : « La psychologie explicative,
qui est actuellement l'objet de tant de travaux et de tant
d'intérêt, édifie un système causal qui prétend rendre intelligibles toutes les manifestations de la vie mentale. Elle veut
expliquer la constitution du monde psychique à l'aide de
ses éléments, de ses énergies et de ses lois, tout comme la
physique et la chimie expliquent celle du monde matériel.
Les psychologues associationnistes, HERBART, SPENCER,
TAINE et les divers types de matérialistes en sont des repré-
sentants particulièrement convaincus... Par *science explicative*, il faut entendre toute subordination d'un certain
domaine phénoménal à un système de causalité au moyen
d'un nombre limité d'éléments bien déterminés, c'est-à-dire
de parties constitutives du système. Cette conception carac-

térise l'idéal scientifique qui résulte, en particulier, du développement de la physique atomistique » ... Et DILTHEY disait plus loin : « L'application du principe de conservation de l'énergie à la psychologie contraint à rater l'essentiel psychologique qui est accroissement de l'énergie et création » [1].

Deux conceptions de la psychologie s'affrontent en cette année capitale de son histoire, l'une héritière de HERBART qui dès 1824 avait récusé la liberté de l'esprit, plaidé pour un déterminisme des motivations inconscientes, appliqué à la psychologie la terminologie de la physique,... l'autre inaugurée par DILTHEY qui définit une méthodologie originale pour toutes les sciences humaines, celle qui doit « *décrire un ensemble* qui est toujours donné primitivement, comme la vie même »,... l'analyse de cet ensemble *consistant non pas à chercher ses éléments dans une perspective causaliste, mais à les comprendre par leur contexte et par rapport à l'ensemble* [2].

Et il est remarquable aussi de constater que les deux grands pionniers des sciences humaines dont les œuvres allaient marquer le XXᵉ siècle : FREUD (1856-1939) et HUSSERL (1859-1938), sont strictement des contemporains. Leur œuvre maîtresse respective date de 1900. Par FREUD et à cause de FREUD, nourri dès le lycée par la psychologie de HERBART, alors régnante, la psychologie explicative en train de sombrer devant le renouveau annoncé par DILTHEY et démontré par HUSSERL, puise dans la psychanalyse une force nouvelle inattendue qui va renvoyer au second plan les tâtonnements difficiles des Sciences Humaines à la recherche de leur statut autonome.

---

[1] Reproduit in *Le monde de l'esprit*, trad. fr. (Aubier), pp. 145 et 173.
[2] DILTHEY, *ibid.*, p. 158.

Que FREUD appartienne à cette lignée dont il est le plus beau fleuron, c'est ce qu'il est facile d'établir malgré les positions *actuelles* des néo-freudiens marqués malgré eux par le courant phénoménologique et devenus soudainement champions d'une « psychanalyse humaniste ».

La déclaration préliminaire de l'*Esquisse d'une psychologie scientifique* [3] est claire en ce qui concerne notre propos; FREUD écrit : « Dans cette esquisse, nous avons cherché à faire rentrer la psychologie dans le cadre des sciences naturelles, c'est-à-dire à représenter les processus psychiques comme des états quantitativement déterminés de particules matérielles distinguables, ceci afin de les rendre évidents et incontestables ». Dans *Les voies nouvelles de la thérapeutique psychanalytique* [4], FREUD écrit : « Nous donnons le nom de *psychanalyse* au travail qui consiste à ramener jusqu'au conscient du malade, des éléments psychiques refoulés », et, dans la page qui suit, il donne la fameuse analogie entre psychanalyse et analyse chimique : « Nous avons *analysé* le malade, c'est-à-dire que nous avons décomposé son activité psychique en ses parties constituantes, pour ensuite isoler chacun des éléments instinctuels ».

Comme le souligne RICŒUR [5], « FREUD voit et verra dans la science (de son époque) la seule discipline de la connaissance, la règle unique de toute probité intellectuelle, une vision du monde exclusive de tout autre et surtout de la vieille religion. La biologie a été envahie par une théorie physico-physiologique fondée sur les idées de forces d'attraction et de répulsion, régies par le principe de la conservation de l'énergie, découvert par Robert MAYER en 1842 et remis

[3] In *La naissance de la psychanalyse*, trad. fr., PUF, 1956, p. 315.
[4] In *De la technique psychanalytique*, 1918, trad. fr., p. 132.
[5] In *De l'interprétation. Essai sur Freud*, op. cit., p. 89.

en honneur par HELMHOLTZ. Par là FREUD non seulement prolongeait HELMHOLTZ, mais renouait avec la tradition de HERBART »...

La conception freudienne de l'homme, avec la libido, les pulsions, les métamorphoses des pulsions par l'action des mécanismes de défense, le ça, le Moi, le Surmoi, est parente du positivisme objectiviste, et le *déterminisme* causal court tout au long des modifications historiques que FREUD fit subir à sa théorie. C'est d'ailleurs ce qui a assuré le succès de la métapsychologie freudienne, car le déterminisme intégral, l'explication par les causes antécédentes, sont ce qui satisfait le plus le besoin de savoir. Comprendre par l'agencement topique, mécanique ou économique, par l'enchaînement des causes et des effets, est certes la voie royale de la science telle que l'ont consacrée les sciences physiques.

« Le positiviste-déterministe », écrit R. SUTHERLAND [6], « voit le patient comme ayant une histoire et des instincts qui ont rencontré l'environnement, ce qui a causé des frustrations et des réajustements, et ce qui a laissé des traces depuis la toute première enfance sous forme d'idées refoulées et d'affects conflictuels. Les objets introjectés sont retenus et il existe un centre qui confronte l'instinct, les introjections et l'environnement, centre appelé *ego*. La psychanalyse cherche à identifier les dysfonctionnements, à remplacer les mauvais objets introjectés par de bons objets, et à guider les dérivés de l'instinct sur des voies plus satisfaisantes. Les structures doivent être ré-arrangées... Ainsi le psychanalyste voit le patient comme une sorte de machine ».

« Selon FREUD », écrit Erich FROMM [7], « l'Homme n'est

---

[6] Article cité in bibliographie.
[7] In *Bouddhisme Zen et psychanalyse, op. cit.*, p. 94.

qu'un mécanisme mis en branle par la Libido avec, comme principe régulateur, le maintien de la Libido au minimum de l'excitation. Il concevait l'Homme comme un être fondamentalement égoïste, lié à ses semblables par la nécessité partagée de satisfaire des désirs instinctuels. Pour FREUD, le plaisir était le relâchement de la tension et non l'expérience de la joie... L'amour fraternel était une exigence déraisonnable, contraire à la réalité,... l'expérience mystique une régression vers le narcissisme infantile ».

Les conséquences sont nombreuses et impressionnantes. Sous le regard de physicien-mécanicien-économiste de FREUD, l'être humain perd son humanité; la relation interhumaine comme co-présence et comme rencontre, a fortiori comme Amitié et comme Amour, devient impossible et irreprésentable.

Naturellement les psychanalystes orthodoxes protesteront contre la conception freudienne de l'Homme telle qu'elle est esquissée ci-dessus. Mais la preuve décisive qui range définitivement la théorie de FREUD parmi les derniers chants du scientisme mécaniste du XIXᵉ siècle est aujourd'hui apportée par les souvenirs de Ludwig BINSWANGER, récemment publiés en français [8].

Lié par l'affection qu'il éprouve pour FREUD, et par la réciproque (FREUD le considère comme son « fils » préféré), BINSWANGER est dans une étrange situation : obligé par conviction, d'attaquer la métapsychologie freudienne, il en éprouve à chaque instant une sorte de culpabilité qui apparaît dans le souci qu'il a de toujours connaître le jugement et les impressions de FREUD sur ses écrits, qu'il lui envoie. C'est que BINSWANGER est particulièrement sensible à la distance

---

[8] *Discours, parcours et Freud*, trad. NRF, 1970.

qu'il y a entre l'homme FREUD et sa doctrine,... l'homme FREUD si authentique, si humain, si présent,... et sa doctrine qui est une vision inauthentique, déshumanisée, abstraite, de l'humaine nature.

« Car *être-homme* », écrit BINSWANGER [9], « ne signifie pas seulement être une créature créée par la vie et qui meurt, créature jetée dans la vie et par elle ballotée de-ci de-là,... cela signifie être un être qui regarde dans les yeux de son destin et dans les yeux du destin de l'Humanité, décidé, autonome. Que nous soyons vécu par les puissances de la vie, ce n'est là qu'un aspect de la vérité; l'autre aspect c'est que *nous la déterminons* comme *notre* destin... Qui, tel FREUD, a forgé son destin avec le marteau, peut moins que quiconque le contester... En mettant entre parenthèses Personne et Communication,... *ipse* et portée ou sens, ... en mettant entre parenthèses l'Existence, la doctrine de FREUD est incapable de nous dire pourquoi l'homme-FREUD perçoit le mandat divin d'être productif dans l'étude de la vérité scientifique, pourquoi il fait de ce mandat le principe directeur et le sens de son existence, souffre et lutte pour lui, y aperçoit sa puissance et sa mission, et l'accomplit jusqu'au bout avec une endurance héroïque contre la résistance du monde obtus ».

1. *L'homo natura*[10]

On sait que FREUD s'est plu à rabaisser ce qu'il pensait être l'orgueil de l'Homme fier de son être spirituel et qu'il

---

[9] *Ibid.*, pp. 200, 224 et 227.
[10] L'Homme comme Nature.

se réjouissait de lui avoir infligé la troisième humiliation narcissique de son Histoire [11].

C'est cette intention *a priori* de nier l'esprit qui, selon BINSWANGER, conduit à la conception de l'*homo natura*. Elle vient de loin : elle apparaît d'abord comme le résultat de la formation psychiatrique organiciste de FREUD. « Dans la doctrine de FREUD comme dans la constitution que s'est donnée la psychiatrie clinique, souffle un seul et même souci, le souci biologique, car, pour FREUD aussi la psychologie est science naturelle (biologique) » [12]. Ce neurologico-matérialisme ou biologico-matérialisme est celui de WERNICKE, comme il était celui de MEYNERT, élève de HERBART, et celui de BRUCKE auprès de qui FREUD travailla. « Il me faut renoncer », écrit BINSWANGER [13], « à indiquer tous les liens de la psychanalyse avec le père de la constitution de la psychiatrie, GRIESINGER, et ses liens avec les doctrines de HERBART, FECHNER, HERING, BREUER, et plus particulièrement encore Hughling JACKSON, dont l'influence s'étend loin dans la doctrine freudienne de l'appareil psychique et des névroses ».

C'est donc d'abord le *biologisme radical* de FREUD que BINSWANGER dénonce. « Pour bien comprendre la grande pensée de FREUD », écrit-il [14], « il ne faut pas partir de la

---

[11] FREUD a écrit dans « Une difficulté de la psychanalyse » in *Essais de psychanalyse appliquée* que l'Humanité aura connu trois humiliations successives : l'humiliation cosmologique, que lui infligea COPERNIC en démontrant que la Terre n'est pas le centre du monde,... l'humiliation biologique, que lui infligea DARWIN en démontrant que l'Homme n'est pas radicalement différent des animaux,... et l'humiliation psychologique, celle que lui-même, FREUD, inflige au Moi, et qui est « la plus sensible ».

[12] *Discours, parcours et Freud, op. cit.*, p. 188.

[13] *Ibid.*, p. 253.

[14] *Ibid.*, p. 189.

psychologie — j'ai moi-même longtemps commis cette erreur — car on se heurte à chaque instant au concept absolument non psychologique d'*appareil psychique*, à son édification à partir de *systèmes* déterminés, topiquement édifiés l'un par-dessus l'autre, et qui sont dans un rapport dynamique et économique ». Mais comprend-on cette pensée comme le veut FREUD, *biologiquement*, alors « tout devient clair ». L'*organisme*, voilà le concept fondamental pour FREUD, englobant le fait chimique et physique dans l'individualité biologique. Et à la base de ce psychisme organique et biologique, il y a tout naturellement *la pulsion*. Rappelons ici des textes de FREUD [15] parmi des masses d'analogues : « L'élément le plus important comme le plus obscur de la recherche psychologique, ce sont les pulsions » (VI, 223),... « Le psychique est le représentant des puissances organiques » (VIII, 426),... « Les manques et les défauts de notre description disparaîtraient vraisemblablement si à la place des termes psychologiques nous pouvions déjà mettre les termes physiologiques ou chimiques. Les termes psychologiques n'appartiennent qu'à un langage imagé » (VI, 253),... « L'essence intime de l'Homme consiste en motions pulsionnelles qui, de nature élémentaire, sont semblables chez tous les hommes et visent à la satisfaction de certains besoins originels » (X, 322). Ainsi la pulsion, élément fondamental de la « vie psychique » est d'essence biologique, c'est le besoin physiologique sans autre loi que son accomplissement. Même la « reconnaissance » finale de deux espèces de pulsions, les pulsions de vie et les pulsions

---

[15] Les chiffres qui suivent ces quelques citations renvoient au volume et à la page des *œuvres complètes* de FREUD, édition allemande (il n'y a pas d'édition des œuvres complètes en français).

de mort [16], reconnaissance qu'il tire, dit-il, « par étayage sur la biologie » éclaire davantage ce que FREUD entend par pulsion : « rien de psychologique, rien de physiologique,... mais une tendance dans *le fait biologique fondamental*, la tendance involutive, assimilatrice ou édificatrice, opposée à la tendance désinvolutive, dissimilatrice ou désintégrante » [17], termes qu'il reprend de JACKSON (XI, 222). Pour FREUD, « depuis les créatures les plus inférieures jusqu'à l'Homme, il n'y a qu'une seule Vie, dominée par les pulsions de Vie ou pulsions sexuelles et la pulsion de Mort ».

FREUD lui-même appelle la doctrine des pulsions *sa mythologie*; les pulsions sont pour lui *des essences mythiques, formidables dans leur indétermination* (XII, 249 et suiv.).

Il y a donc bien chez FREUD l'idée de l'*Homo natura*, de l'Homme comme nature. Mais cet « homme originel freudien n'est pas un Homme, c'est une Idée; non pas une idée saisie dans une re-création intuitive de sa nature, mais... *une exigence de la recherche naturaliste* » [18]. L'Homme-selon-FREUD n'existe ni à l'origine réelle de l'Histoire humaine ni dans la réalité du nouveau-né; il est le produit de la « réduction biologico-scientifique ». Après avoir détruit, par cette réduction, ce qui est l'essence de l'Homme, la Science naturaliste le reconstruit en plaçant au commencement, pour les besoins de la dialectique rationnelle-abstraite, l'*homo*

---

[16] On sait, pour la petite histoire, que FREUD inventa la pulsion de mort après la guerre de 1914-1918, parce que son système fondé sur la libido (instinct de vie, Éros) n'intégrait pas le fait objectif que des millions d'hommes sacrifiaient leur vie volontairement dans la guerre. Il trouva dans la biologie de JACKSON des formules qu'il adapta à sa nouvelle idée.

[17] BINSWANGER, *op. cit.*, p. 195.

[18] *Ibid.*, p. 206.

natura comme homme originel réel. « La Science naturelle retourne alors la broche; elle place au commencement le produit de sa construction,... elle appelle Histoire le développement naturel et cherche à *expliquer* le mythe et la religion à partir de cette Nature et de cette Histoire » [19]. L'historicité de la réalité humaine a disparu, réduite et absorbée par le concept biologique de l'histoire comme développement. L'attitude freudienne consiste à travailler, à l'aide de la dialectique naturaliste, jusqu'à ce qu'il ne reste plus que le produit de la réduction, table rase où est oblitéré ce qui fait précisément de l'être humain un être humain : FREUD réduit l'historicité de la Réalité humaine à son histoire.

Qu'est-ce que l'historicité de l'Homme? Anticipant ici sur un point qui devra nécessairement être développé, disons que c'est d'abord le fait que l'Homme est Temporalité, celle-ci étant entendue non comme le Temps social mais comme dimension de l'Être en tant que Projet et possibilité de création, en tant que liberté, responsabilité, possibilité d'ouverture et de changement vrai. « Ce que l'Homme est, seule son histoire nous l'enseigne » disait DILTHEY *en parlant de ce que l'homme fait de Soi et du Monde.*

2. *Le Moi*

« La psychanalyse » écrit BINSWANGER [20], « a quelque chose à voir littéralement avec le suicide... Littéralement car elle est un meurtre du Moi... Une psychologie fondée sur un Moi mort mérite-t-elle son nom? » La psychanalyse a dépersonnalisé l'être-homme. Les épithètes ne manquent

---

[19] *Ibid.*, p. 207.
[20] *Ibid.*, p. 181. Cf. aussi FÉDIDA, Préface, p. 27.

pas à BINSWANGER pour caractériser le Moi selon FREUD :
restreint, amputé, étranglé, détruit... « Je considère que c'est
un viol du concept de personnalité que de le dépersonnaliser
par des points de vue naturalistes et téléologiques »[21].
« L'*apersonnalisation* et la *dépersonnalisation* de l'être-homme,
voilà où on en est arrivé aujourd'hui, au point que le
psychiatre (et à plus forte raison le psychanalyste) ne peut
plus dire tout bonnement *je, tu, il* »[22]... « L'individu est
pour FREUD, un Ça psychique, inconnu et inconscient,
chapeauté superficiellement par le Moi, développé à partir
du *système Cs*[23], comme noyau. Le Moi est essentiellement
le représentant du monde extérieur, de la réalité »[24].

Répondant à BINSWANGER dans une lettre du 14 Juin 1912,
FREUD écrit : « Le conscient n'est en effet qu'organe sensoriel
dirigé vers un extérieur; de sorte qu'il pend constamment
à un morceau du Moi qui n'est lui-même pas perçu »[25].

Certes on sait, depuis qu'Anna FREUD l'a écrit, que FREUD
n'a pas eu le temps d'approfondir la réalité du Moi, et c'est
ce qu'elle fait à sa place en nous décrivant les mécanismes
de défense du Moi, en continuité naturaliste avec la doctrine
paternelle. Elle ajoute ainsi une analyse importante à ce qui
était, chez FREUD, un organe d'équilibration entre les besoins
venant de l'organisme et les données de la réalité extérieure.
On ne peut qu'être frappé de l'analogie de cette
conception avec le rôle que PAVLOV attribuera quelques
années plus tard, au cerveau, « organe de l'équilibration
entre les données des analyseurs internes et celles des

[21] *Ibid.*, p. 142.
[22] *Ibid.*, p. 181.
[23] « Système Conscient ».
[24] *Ibid.*, p. 196.
[25] Cité par BINSWANGER, *op. cit.*, p. 311.

analyseurs externes ». Le Moi, sans énergie propre, sans dimension authentique, objectivé dans ses mécanismes de défense, opprimé par le Surmoi, sollicité impérieusement par la téléologie aveugle du Ça qui vit sous le seul régime du plaisir-déplaisir biologique, réduit à une sorte d'état de vigilance pure que l'on reconnaît aussi bien chez les animaux, est « expulsé de son domaine existentiel intrinsèque, de l'*existence*, et il est ontologiquement et anthropologiquement étranglé... FREUD est passé à côté du problème de l'*ipse* » [26].

C'est qu'en fin de compte la Personne n'existe pas comme telle pour FREUD. Chez lui, comme chez NIETZSCHE et chez KLAGES, il est admis a priori que « la corporalité a une compétence décisive dans la détermination de ce qu'est l'homme au fond de son être... Si l'on accorde au corps, avec ses besoins, la qualité de juge sur le Tout de l'Être-Homme, l'image de l'Homme est alors *unilatéralisée* et ontologiquement faussée, car seul est considéré, vécu par expérience, ressenti, regretté, comme réel et effectif, ce que l'homme est *comme corps*, c'est-à-dire ce qu'il sent *dans* ou *sur* son corps, ce qu'il perçoit ou éventuellement exprime avec son corps. Tout le reste devient nécessairement superstructure, fiction, ou illusion » [27].

Le Moi de FREUD est aussi le Ça, et finalement pour ses disciples les plus fidèles, il sera exclusivement le Ça trouvant dans un Moi débarrassé du Surmoi son agent d'exécution [28]. Le Moi profond de FREUD, aux antipodes de celui de BERGSON

---

[26] *Ipse* : le Moi comme Personne. Texte de BINSWANGER, *op. cit.*, p. 227.

[27] *Ibid.*, pp. 212-213.

[28] On voit ici comment MARCUSE greffe ses conclusions (liberté absolue pour la sexualité contre « l'oppression » du Surmoi c'est-à-dire de la Société répressive, ceci en vue de la régénération du monde et de la libération   l'individu).

par exemple, n'est pas seulement volonté de puissance (il l'est incontestablement aussi) mais « volonté de quelque chose dont la volonté de puissance ne représente qu'un cas particulier : volonté de plaisir, c'est-à-dire d'accroissement vital par laisser-faire des puissances inconnues indomptables *par lesquelles il est vécu*. Le Moi est donc ici, dans le fond de son être, corporalité, c'est-à-dire produit et jouet passif de ces essences formidables et invisibles appelées *pulsions* » [29]. Ni liberté, ni réflexion, ni décision pour le Moi. La nécessité biologique apparaît partout et la mécanique des pulsions à travers les filtres divers d'autres mécanismes s'étend jusqu'aux régions apparemment les plus libres de l'esprit ou les plus créatrices. Ainsi tout naturellement le problème n'est pas celui du sens et du contenu de l'existence, c'est celui de la réalisation économique du plaisir.

La restriction et l'amputation de l'*ipse* s'étendent, dans le freudisme, à la conscience morale et à la culture. « Nous nous trouvons là », écrit BINSWANGER [30], « devant un fait dont l'importance est extrême, à savoir que le Bien, le Moral, dans la doctrine de FREUD, n'est qu'une puissance inhibante et restrictive, condamnatoire et refoulante, sans posséder d'efficacité originelle positive, libératrice et créatrice. Toute transformation des pulsions égoïstes en pulsions sociales, toute transformation donc, comme on est en droit de le dire, des mauvais instincts en de bons instincts et de bonnes dispositions, se produit, selon FREUD par contrainte... La Culture a été acquise par renoncement à la satisfaction pulsionnelle et elle exige de chaque nouvel arrivant qu'il accomplisse le même renoncement ».

[29] BINSWANGER, *op. cit.*, p. 214.
[30] *Ibid.*, pp. 204-205.

Conséquence importante non pas seulement par son retentissement sur la cure psychanalytique (couramment considérée de nos jours comme la destruction du Sur-Moi et la réalisation des pulsions sans barrière ni tension), mais surtout par la preuve qu'elle apporte de *la méconnaissance absolue, chez* FREUD, *de la nature du lien social.* Loin d'être ce qu'elle est, c'est-à-dire, selon l'expression de LEVI-STRAUSS, l'*institution d'échanges réglés* (ce à quoi elle ne peut échapper quelle que soit sa forme politique) et originairement ancrée dans une *dimension sociale de l'Etre-humain,* la société est chez FREUD un instrument d'oppression, exprimée par son reflet intériorisé, le Sur-Moi, « toujours imbécile et féroce » comme le qualifiait HESNARD.

Cette vision de la Société, extrapolation du Sur-Moi névrotique à l'ensemble de la vie sociale, fait que FREUD ne peut considérer le Moi dans son horizon inter-humain, dans son champ normal de réalisation de soi qui implique la Relation sous toutes ses formes, la Rencontre, le Lien, le *Mitsein* du *Dasein*[31], pour reprendre une formule de HEIDEGGER.

Et même s'il est commode de considérer que dans beaucoup de cas, les activités et les productions ne sont que pulsions, combinaisons de pulsions, déformations pulsionnelles, compensations et sublimations selon les contraintes du passage à travers les mécanismes de défense,... cela n'entraîne pas *ipso facto* le droit d'étendre la même réduction à toute entreprise humaine. Son fantastique projet d'humiliation narcissique entraîne FREUD à vouloir *démasquer* absolument l'Humanité et l'être-homme comme totalité, à vouloir montrer que la croyance en un sens de l'existence humaine,

---

[31] Car la Réalité humaine *(Dasein)* est un être-ensemble *(Mitsein)*.

en une valeur de la personne humaine, en l'authenticité d'une relation interpersonnelle, est une vaste illusion sans avenir. « S'il est vrai que l'on peut prendre sur le fait de leur hypocrisie certaines périodes de civilisation, un groupe d'hommes ou un individu isolé, et les démasquer réellement, en quoi FREUD et NIETZSCHE ont prouvé leur maîtrise, on n'est pas en droit de détruire la signification de l'être-homme en général,... on n'est pas en droit de mésinterpréter les possibilités a-prioriques ou essentielles de l'exister humain »[32]. Nous verrons ci-dessous que le malade mental peut être considéré, d'un certain point de vue objectiviste et avant la relation thérapeutique, comme *un automate,* selon l'expression de Ch. BAUDOUIN, mais il est illégitime et faux de considérer tout être-humain comme un automate en arguant que pour certains l'existence se réduit effectivement à un monde thématisé et en fait dénué de sens existentiel parce que ce monde est prisonnier d'un sens qui s'impose à eux, *dans la maladie,* sans qu'ils l'aient créé.

Et en regardant sous cet angle *l'homo natura* de la reconstruction freudienne, l'homme qui a perdu ses possibilités d'être-homme, on s'aperçoit justement qu'il s'agit tout simplement du malade mental. « Nous apercevons », écrit BINSWANGER[33], « le grand nombre, le trop grand nombre où FREUD a découvert et élaboré l'idée de *l'homo natura* : les hommes improductifs et qui fuient la vérité, les hommes non rédimés et qui esquivent la souffrance (et la réalité), les hommes incapables de changement et qui ne sont pas libres, ceux qui sont trop bons et ceux qui sont trop méchants, qui ne se hasardent ni à l'ascension ni à la chute, ceux qui sont

---

[32] BINSWANGER, *op. cit.,* p. 232.
[33] *Ibid.,* p. 359.

entravés dans le souhait démesuré et ceux qui ont échoué face au destin qui ordonne la mesure : les névrosés et les fanatiques ».

3. *Retentissement de cette conception de l'Homme sur le diagnostic et la cure*

En accord avec cette conception, toute idée proférée par quiconque doit être *interprétée* en fonction de la machinerie pulsionnelle dont les déterminants, en nombre limité, permettent de reconstituer la teneur inauthentique. Et en se donnant elle-même pour détentrice de l'exclusivité des « profondeurs », la psychanalyse affirme *a priori* la vérité de cette remontée aux causes bio-psychologiques, faisant passer la réduction effective qu'elle opère pour *restitutio ad integrum*. Et comme par miracle on retrouve au terme de toute inteprétation les deux leviers fondamentaux qui sont les sources mêmes de la construction théorique.

L'attitude diagnostique est toujours là dans la mise en présence du psychanalyste et de son client, du psychanalyste avec tout être-humain. Derrière le leurre de la fameuse « attention flottante » qui est seulement attente qu'apparaissent, dans le discours libre, les éléments significatifs-selon-la-théorie-a-priori (attention sélective armée des catégories psychanalytiques et d'elles seulement), le psychanalyste cherche à *expliquer* (à s'expliquer d'abord à lui-même et à expliquer un jour au malade) les paroles et les conduites. Et il faut avoir le courage de dire que *c'est en cette explication que réside le tout de l'interprétation psychanalytique*. L'interprétation psychanalytique n'est pas fonction de l'être du malade ni du sens réel de son discours personnel, mais uniquement de la conception freudienne de la machinerie biologico-psychologique. Le cadre de référence du psychanalyste n'est pas celui de son client, c'est la vision freudienne de l'*homo-natura*.

C'est donc d'abord ce souci d'explication causale que nous relèverons. On comprend pourquoi BINSWANGER, reprenant en cela une attitude (dont nous verrons plus en détail la justification) qui est celle de tous les phénoménologues, dénonce chez FREUD comme chez tous les psychiatres organicistes, *la rage de conclure*, corrélative de la rage d'expliquer par une cascade de causes.

A cette philosophie de l'*Homo natura* impliquant la réduction de l'essence ontologique de l'Homme comme historicité et comme transcendance, aboutissant à un mécanicisme qui élimine ce qu'il y a de *psycho* dans la psychologie au même tire que ce qu'il y a d'authentiquement humain dans l'Homme, s'intègre tout naturellement l'attitude qui appellera *signification* la référence à la cause, au contenu pulsionnel, au mécanisme générateur ou transformateur. Interpréter ou donner la signification, c'est le même acte, l'interprétation et la signification consistant à démasquer les causes secrètes. Il y a donc un énorme abus de mot lorsque le psychanalyste prétend « comprendre », car, pour lui, comprendre c'est expliquer et conclure par rapport à son système de catégories a priori. Toute « compréhension » psychanalytique de la personnalité du malade se résume en la réponse à 3 questions stéréotypées : 1) Quelle intention secrète du Moi est servie par le symptôme ? Quelle quantité ou investissement d'énergie le symptôme mobilise-t-il ? Quelle pulsion — et à travers quels masques — se manifeste-t-elle en lui ?

« Le projet d'une phénoménologie », dit BINSWANGER, « comporte d'abord la volonté de renoncer à ce que FLAUBERT appelle *la rage de conclure* : il s'agit de renoncer à ce besoin passionné de tirer des conclusions, de se former une opinion, un jugement, besoin inscrit en nous par une formation intellectuelle unilatéralement naturaliste » [34], car cette orientation intellectualiste a pour premier effet d'*interdire la compréhension des phénomènes humains*. Cette compréhension ne pourra se réaliser que si, dans un effort de mise entre parenthèses de nos références nosologiques ou de notre système a priori d'interprétation, nous laissons paraître le phénomène humain tel qu'il est, en ne cherchant qu'à le situer dans le contexte de l'Univers spécifique — et inconnu — par lequel seul il prendra son sens authentique.

La même conception naturaliste réductrice a une autre influence sur la relation interpersonnelle nécessairement créée par la situation de cure. Certes il se trouve que pour certains psychanalystes, la Relation interhumaine est essentielle, mais ce qui se passe dans ces cas est étranger à la méthodologie orthodoxe. Si l'on s'en tient, en effet, à la conception freudienne de l'Homme, à sa « physique de l'âme » [35], il faut convenir qu'il ne peut pas y avoir de relation authentique et ceci pour deux raisons solidaires : d'une part parce que l'être-homme qui se présente dans la situation de cure (comme tout autre être-homme ailleurs et toujours) est *objectivé*, réduit à la mécanique naturaliste des pulsions que le psychanalyste s'apprête à reconstituer, dépouillé méthodologiquement de son être-humain irréductible à cette mécanique, et, comme tel, *objet de science*,... d'autre part parce que la doctrine freudienne, par l'opération réductrice elle-même, a oblitéré et méconnu la dimension relationelle

---

[34] *Ibid.*, p. 53.
[35] *Ibid.*, p. 138.

et inter-humaine de l'être-homme en construisant le solipsisme intégral de la machine organico-psychique; la relation authentique apparaît alors soit comme une gêne que le psychanalyste neutralise par sa technique soit comme elle-même névrotique donc explicable par le même jeu de pulsions et interprétable comme telle, pour la liquider.

Quant à la guérison, but officiel de la cure, elle ne peut être, toujours par référence à la doctrine, qu'une réparation du dysfonctionnement psycho-biologique. Le but est la santé, mais celle-ci est définie nécessairement dans le cadre étreignant de l'appareil psychique et de la combinatoire des pulsions, comme « la collaboration des fonctions partielles les plus diverses en vue de l'obtention d'une fin unitaire unique et individuelle qui ne peut être atteinte *que par ces fonctions partielles et déterminées* » [36]. Le médecin thérapeute ne peut pas en effet concevoir la santé comme un éveil de l'être ontologique de la Personne jusque-là prisonnière de son Univers thématisé, il doit forcément concevoir la santé comme un réarrangement d'une mécanique pulsionnelle désorganisée. De là l'orientation curative qui, prenant pour fin la fin unitaire individualiste (la seule dont elle dispose), ne peut être que l'acceptation par le Moi de ses propres pulsions et leur réalisation avec le minimum de tension, c'est-à-dire avec le minimum de culpabilité. C'est d'ailleurs dans cette direction que s'orientent ouvertement les « conseils » des psychologues psychanalytiquement formés.

Et finalement il ne peut en être autrement parce que la conception freudienne de l'Homme a fermé la possibilité d'un changement authentique, d'une libération de l'*ipse*. De toutes façons demeure, pour FREUD, la réalité unique,

[36] *Ibid.*, p. 147.

dernière et indépassable, des pulsions. La guérison ne peut être que l'apaisement de leur conflit ou la levée des contraintes. « Dans sa doctrine, FREUD ne met pas l'accent principal sur le changement *de l'existence* », dit BINS-WANGER [37], « mais sur ce qui, dans le changement, reste égal à soi-même, la pulsion. Anthropologiquement cependant, il faut considérer... que seule la trans-formation, seul le *méta-* de la morphose, le *trans-* de la formation, le passage d'un rivage de l'être vers le rivage d'un être *nouveau*, constitue le Tout du changement ». Parmi les manques ontologiques de la métamorphose illusoire par la cure psychanalytique, notons le fait, grave de conséquences, que se rétablit (quand elle se produit) l'individualité, et, loin d'être un but, cette individualité est nécessairement un mode tronqué de l'être-homme. Si l'être-homme est non pas subjectivité ni individualité mais co-présence et co-responsabilité, il est un être-ensemble capable d'exister authentiquement en dépassant l'individualité dans la Relation inter-humaine, dans un Nous qui est non seulement aux antipodes du Ça et du Moi freudiens, mais aussi aux antipodes d'un autre mode d'existence, le mode anonyme du On [38].

Et de même que l'homme-Freud par sa valeur humaine authentique, telle que la rappelle à chaque instant BINS-WANGER, par son courage et ses souffrances, montrait que

---

[37] *Ibid.*, p. 224.

[38] Ceci me conduit, au passage, à préciser tout de suite à l'intention de certains lecteurs ou critiques, que le but de la cure par l'analyse existentielle ou phénoméno-structurale ne sera ni la culture d'un individualisme sans contrainte ni l'adaptation conformiste à la société historique ambiante. Il sera la réalisation de l'existence personnelle authentique, qui est interpersonnelle ontologiquement, comme plein épanouissement des potentialités de l'être, de sa capacité de créer, de se créer, de créer ses valeurs et de créer un Monde humain.

l'Homme, libre et créateur, est autre chose que l'*homo natura*
de sa conception objectiviste, de même le thérapeute-Freud
dans la réalité de sa relation avec ses malades et de son souci
pour eux, manifestait une Présence qui n'est à aucun moment
introduite dans la méthodologie doctrinale. Il se montrait
sensible à des données d'expérience qui n'ont aucune place
dans sa construction théorique. Qu'est-ce donc en effet que
« le courage du malade » auquel Freud fait allusion comme
à un phénomène apparaissant au cours de la psychanalyse
(« l'homme aux rats » in *Cinq Psychanalyses*, trad. fr.,
p. 244)? Qu'est-ce que cette capacité de « se moquer de sa
propre crédulité » qui est subrepticement utilisée dans la
cure (« l'homme aux rats », *ibid.*, p. 248)? Qu'est-ce que cette
« sereine supériorité » que le thérapeute doit veiller à conserver *chez le malade* pour lui permettre de discerner le réel par
rapport à ses fantasmes (in *Au-delà du principe de plaisir*,
ch. 3, pp. 18-19)? Comment comprendre la conclusion du
« cas Dora »[39] sans référence à un authentique souci altruiste
chez Freud, et à une conception de « la Vie », cette Vie qui
reconquiert la malade, ce qui suppose une métamorphose
autre qu'un réarrangement de la dynamique pulsionnelle?

   Même la célèbre formule-clé qui résume la cure et le
processus de guérison « *Wo Es war, soll Ich werden* »[40] n'a de
sens que si l'on donne au *Ich* une autre dimension que la
fonction de vigilance et d'adaptation (principe de réalité),

---

[39] Freud écrit (cas Dora, in *Cinq psychanalyses*, trad. fr., p. 91) :
« J'ignore quelle sorte d'aide elle avait voulu me demander mais je
promis de lui pardonner de m'avoir privé de la satisfaction de la débarrasser plus radicalement de son mal. Des années se sont écoulées depuis cette
visite. La jeune fille s'est mariée ;... si le premier rêve indiquait... la fuite
devant la vie dans la maladie, le second rêve annonçait qu'elle se déta-
cherait de son père et qu'elle serait *reconquise par la vie.* »
   [40] Mot à mot : Où était le Ça, le Moi doit advenir.

si l'on en fait le synonyme d'un Je transcendantal, c'est-à-dire tout autre chose qu'un Moi captif de son histoire vécue et de sa relation avec le Ça et le Surmoi. Le *Ich* qui doit advenir est un être métamorphosé, c'est une nouvelle conscience, c'est *l'être-conscient* qui existait dès l'origine comme potentiel de la Réalité humaine. Daniel Lagache lorsqu'il propose de traduire la formule par « Là où était le Moi, la Conscience doit être » [41], et cela avec les implications que nous venons d'y voir, exprime donc à la fois une absurdité par rapport à la doctrine de l'*homo natura* et la vérité clinique à laquelle Freud comme personne et comme thérapeute faisait forcément lui-même référence.

---

[41] D. Lagache, Fascination de la conscience par le Moi, in Rev. *La Psychanalyse*, n° 3.

2

L'ANALYSE EXISTENTIELLE

> « *Rien ne s'oppose à ce qu'on commence d'une manière entièrement concrète, par le monde ambiant de notre vie et par l'homme lui-même, en tant qu'il est essentiellement en rapport avec ce monde. Rien ne s'oppose à ce qu'on recherche d'une manière purement intuitive le contenu a priori, très riche — et qu'on n'a encore jamais étudié — d'un tel monde ambiant, à ce qu'on en parte pour expliciter systématiquement les structures essentielles de l'être humain et les couches du monde qui se révèlent à lui comme ses corrélatifs. »*
>
> Edmond HUSSERL, *Méditations cartésiennes*, trad. fr., Vrin, p. 117.

Le développement moderne de ce qu'on appelle « la psychanalyse humaniste » vient de ce que nombre de psychologues et de psychothérapeutes ont senti que la conception de l'homo natura était effectivement réductrice, que le schéma freudien de l'*ipse* laissait échapper l'essentiel de la Réalité-humaine.

Déjà JUNG (et son influence s'est exercée sur BINSWANGER qui travailla avec lui) affirmait que le Moi, concept si pauvre et si flou chez FREUD, n'est pas, de toutes façons, le dernier mot de la personnalité. Le « processus d'individuation », dans la thèse de JUNG (processus qu'il vaudrait mieux appeler,

comme le propose BAUDOUIN « processus de personnali-
sation »), n'est évidemment pas, comme l'en accusent les
Freudiens orthodoxes, un retour au narcissisme; il va de la
Nature à l'Esprit, et il est défini par son terme : le Soi.
Le Soi, pour JUNG, est un dépassement du Moi, l'intégration
dans le Moi de forces vitales cosmiques, re-naissance et
transcendance. « Il y a lieu de se garder » écrit JUNG [1], « d'une
confusion entre prendre conscience *(Bewusstwerdung)* et
devenir soi-même *(Selbstwerdung)*. En vertu de cette confusion le Moi tend à être identifié au Soi, ce qui n'aboutit qu'à
un pur égocentrisme ou auto-érotisme... Le Soi comprend
en lui infiniment plus qu'un Moi seulement... Le Soi, c'est
l'autre ou les autres et non pas seulement le Moi. L'individuation n'exclut pas le monde mais l'inclut ». Dénonçant la
méthode d'interprétation de FREUD comme « une explication
réductrice qui, maniée de façon exagérée et unilatérale,
devient destructrice », JUNG écrit [2] : « La psychothérapie n'a
pas affaire à des névrosés mais à des êtres. C'est pourquoi
elle doit se créer un cadre suffisamment vaste pour que se
révèlent, au regard du médecin, non seulement les errements
maladifs d'un développement psychique perturbé, mais
aussi les forces constructives et créatrices d'avenir. »

On sait l'étroite relation de la conception jungienne du
Soi avec les conceptions orientales, et on la retrouve
quasi identique dans le bouddhisme Zen. Dans l'ouvrage
Bouddhisme Zen et psychanalyse [3], Erich FROMM ouvre la
voie à une « psychanalyse humaniste », celle où la dimension
transcendantale du Soi est prise en considération comme
complément indispensable du freudisme. « Il se peut »

---

[1] In *Von den Wurzeln des Bewusstseins*, 1954, p. 594.
[2] In *La guérison psychologique*, 1953, pp. 43 et 199.
[3] *Bouddhisme Zen et psychanalyse*, *op. cit.*, PUF, 1971.

écrit-il (p. 153) « que le bien-être, la libération de l'angoisse et de l'insécurité ne puissent s'accomplir qu'en transcendant les buts limités de la psychanalyse, et que ces buts doivent s'inscrire dans un cadre de référence plus étendu et plus humaniste. Peut-être ce but limité serait-il atteint par une méthode plus restreinte et temporellement moins onéreuse, si le temps et l'énergie dépensés durant le long processus analytique étaient employés plus fructueusement à poursuivre ce but plus absolu de *transformation* plutôt que celui plus étroit de *rétablissement*... La guérison ne réside que dans une transformation d'orientation depuis la déchirure et l'aliénation jusqu'à la saisie immédiate et créatrice du monde et la réponse positive qu'on lui apporte. Seule une analyse capable d'orienter dans cette direction sera capable de réaliser la vraie santé mentale, sinon elle ne pourra jamais qu'améliorer des mécanismes compensatoires... L'Homme n'est pas une chose, il n'est pas un cas, et l'analyste ne guérira jamais personne en le traitant comme une chose ou un cas. Tout au contraire l'analyste ne peut qu'aider un être humain à s'éveiller au cours d'un processus dans lequel l'analyste s'est engagé avec le patient, tous deux développant une compréhension mutuelle qui équivaut à l'expérience de leur unicité. »

N'insistons pas ici sur une attitude qui est évoquée théoriquement sans que l'auteur décide comment opérer le replâtrage de ses anciennes méthodes ou s'il va les abandonner pour adopter l'ascèse Zen en direction du satori⁴. Constatons seulement que la psychanalyse humaniste cherche ou se donne une éthique ou une anthropologie, radicalement

---

⁴ Étape dernière de l'ascèse bouddhique, dans laquelle est atteint l'illumination du Soi, la nouvelle naissance de la Conscience.

absentes chez FREUD, et dont la nécessité apparaît de plus en plus.

L'Homme de FREUD est nécessairement un homme castré dans la mesure même où l'être est défini comme Destin et non comme Historicité, comme mécanisme et non comme Liberté, comme mû et non comme créateur. « Si la psychanalyse tourne si souvent autour de l'idée de manque », écrit Éliane AMADO LEVY-VALENSI [5], « c'est qu'elle a focalisé sur l'idée de castration une idée plus profonde, une symbolique plus radicale encore et plus effrayante qui serait l'abdication de sa propre humanité ». Un Désir plus profond que la libido freudienne caractérise la réalité humaine, quelque chose de prospectif et de transpersonnel, qui est la réalisation de Soi. « Dans l'aveuglement de la superstition, dans la servilité de l'idolâtrie, dans le refus nihiliste du sens ou de la valeur de tout acte de décision, dans l'avilissante conformité à la masse, dans la tentative d'un retour au sein maternel ou dans le refuge de la psychose, l'être humain en tant qu'humain est nié ou détruit... Cependant s'il tâtonne ainsi à la recherche d'une résolution, d'une acceptation, d'une échappatoire ou d'un abandon, toutes les tentatives de l'Ego... qu'elles soient positives ou négatives, responsables ou irresponsables, profondes ou superficielles, toutes jaillissent en dernier ressort de l'unique et fondamental désir de l'Ego : ... se trouver, se réaliser, se connaître en vérité, habiter la réalité, être et se posséder entièrement, lui-même et son monde [6]. »

Si j'ai choisi d'aborder l'analyse existentielle par la

[5] In *Les voies et les pièges de la psychanalyse*, Éd. Univers. 1971, pp. 324 et *passim*.
[6] Richard De MARTINO, in *Bouddhisme Zen et psychanalyse*, *op. cit.*, p. 169.

transition d'une conception du Soi proposée comme complément indispensable à la réduction stérilisante de l'Homme selon Freud (tout en pensant que ce prolongement est inassimilable par la doctrine freudienne et remet réellement tout en question), c'est pour faire le lit d'une Psychologie et d'une Anthropologie qui, elles, depuis DILTHEY et HUSSERL, c'est-à-dire depuis les cinq dernières années du XIXe siècle avaient commencé de définir l'autre conception, d'où découle une tout autre approche de la psychopathologie et de la thérapeutique. Il serait injuste de ne pas citer ici le troisième penseur, BERGSON, dont l'influence fut déterminante sur la phénoménologie structuraliste d'Eugène MINKOWSKI.

I. LA PHÉNOMÉNOLOGIE

1. L'apport de DILTHEY à la phénoménologie

Remontant vers le carrefour historique où apparurent simultanément la psychanalyse comme chant du cygne du scientisme du XIXe siècle et la psychologie phénoménologique comme renouvellement et autonomie des sciences humaines, nous retrouvons naturellement Wilhelm DILTHEY [7]. Contre le positivisme de la « physique sociale » (sociologie d'Auguste COMTE) et de la « physique de l'âme » (psychologie de HERBART), il définit les Sciences humaines (sciences de la personne humaine, de la Société et de l'Histoire) comme un

---

[7] DILTHEY (1833-1911). Son Introduction à l'étude des sciences humaines est de 1883 (trad. fr. PUF, 1942); Le monde de l'esprit date de 1926 (trad. fr. Aubier, 1947); son Analyse de l'Homme fut publiée de 1891 à 1904, et la Théorie des conceptions du monde est de 1910.

ensemble original caractérisé par l'absence d'« objet » et donc par l'impossibilité d'application des méthodes des sciences physiques. Le cadre de référence objectiviste stérilise d'avance les sciences humaines. Il s'agit, selon lui, d'effectuer un retour au concret humain, et il souhaite l'avènement d'une psychologie « descriptive et analytique » qui serait capable de reconnaître et de comprendre *l'organisation structurale unitaire de la vie mentale* : les comportements d'un individu ne sont pas déterminés (ni causalement ni dialectiquement) par son passé, mais par l'ensemble des aspects multiples et divers de son contexte vécu actuel; de même les idées d'une époque ne sont pas à *expliquer* par des influences antécédentes mais par l'interaction de tous les aspects du contexte actuel de la civilisation.

Ainsi apparaissait nettement une première idée qui allait connaître un grand développement dans toutes les sciences humaines et en constituer le ciment : *comprendre par le contexte*,... laisser paraître le contexte, tout le contexte, pour saisir la signification de quelque aspect humain que ce soit, car la signification n'est pas dans la connaissance des causes mais dans le rapport à l'ensemble actuellement donné, qu'il s'agit d'abord de décrire.

Le lecteur attentif saisira mieux la différence d'orientation si, anticipant sur le développement ultérieur, j'évoque ici la notion aujourd'hui admise de « Monde » ou d' « Univers ». Décrire le Monde de l'anxieux, par exemple, c'est-à-dire les significations qui s'organisent corrélativement au Moi anxieux et autour de lui pour constituer son univers vécu, comprendre la structure interne de cet univers original, structure qui donne un sens-pour-le-sujet à toutes les situations, univers qui est la manière d'exister de tel sujet dit anxieux,... voilà qui est bien différent d'une explication du symptôme Angoisse par un jeu de forces causales, qu'elles soient chimico-biologiques ou « pulsivo-mécaniques » [8].

Naturellement des quantités de problèmes sont soulevés par cette conception : les problèmes des lois d'apparition de ces Mondes, des lois de leur transformation, des lois de leur organisation interne, les problèmes de leur approche et de leur découverte, des méthodes de leur pénétration, de leurs rapports entre eux, des rapports de chacun avec l'essence de la Réalité humaine etc... Le principal de notre propos était ici de situer le nouvel objectif que DILTHEY donnait à la psychologie dès 1883.

2. Husserl

La philosophie anti-intellectualiste, qui avait déjà des ancêtres (KIERKEGAARD contre HEGEL, par exemple) trouva en HUSSERL celui qui allait apporter à l'espoir de DILTHEY une théorie de référence : la philosophie « de l'Existence » [9]. Mon but étant de situer la psychothérapie existentielle et phénoméno-structurale, je ne retiendrai de HUSSERL que ce qui doit clarifier notre problème et faciliter notre chemin. Dans cette intention, deux points importants se discernent : d'une part la méthode phénoménologique et d'autre part la conception de l'Ego.

Dès ses premières manifestations, la phénoménologie se définit comme une volonté de s'en tenir aux phénomènes,

---

[8] Qualificatif donné à la théorie de FREUD par BINSWANGER.

[9] Edmond HUSSERL (1859-1938). Ses *Logische Untersuchungen*, 3 vol., sont de 1900 (vol. I), puis furent publiés entre autres, *La philosophie comme science rigoureuse*, 1910, trad. fr. PUF, 1955; *Idées directrices pour une phénoménologie*, 1913, trad. fr. NRF; *Méditations cartésiennes*, 1929 en français, publiées en 1930.

seule réalité dont nous disposions, et de les décrire tels qu'ils apparaissent, sans référence à une théorie explicative ni à des causes. Il n'y a rien « dessous » ni « au-delà » de ce qui est immédiatement donné, sinon des abstractions que l'intellect humain y met en les prenant pour une super-réalité. La pensée causaliste, non applicable à l'expérience totale du phénomène, sera « mise entre parenthèses ». Le premier principe de toute méthode phénoménologique (et ceci va devenir l'axe le plus consistant de notre psychothérapie) est ce que HUSSERL appelle l'« *épochè* » [10] ou acte de suspension du jugement.

« Toutes les sciences qui se rapportent à ce monde naturel », dit HUSSERL [11], « quelle que soit à mes yeux leur solidité, quelque admiration que je leur porte, aussi peu enclin que je sois à leur opposer la moindre objection, … je les mets hors circuit, je ne fais absolument aucun usage de leur validité, je ne fais mienne aucune des propositions qui y ressortissent, fussent-elles d'une évidence parfaite. Je n'en accueille aucune, aucune ne me donne un fondement, aussi longtemps qu'une telle proposition est entendue au sens qu'elle se donne dans ces sciences, c'est-à-dire *comme une vérité portant sur la réalité* de ce monde. »

On voit sans peine comment cette « réduction phénoménologique » (strictement inverse de la réduction naturaliste de FREUD) retentit sur l'attitude clinique que nous dévelop-

---

[10] H. ELLENBERGER, in *Existence*, pp. 92 et suiv., dit que l'« épochè » dont nous parlons (c'est-à-dire au sens de HUSSERL) devient *la règle fondamentale* de toute psychothérapie existentielle (et phénoméno-structurale) au point qu'on peut la comparer, dit-il, à la « règle d'or » de la psychanalyse, c'est-à-dire la règle de libre association. Ajoutons que celle-ci s'applique au malade, celle-là au thérapeute.

[11] In *Idées directrices pour une phénoménologie*, trad. fr. P. RICŒUR, pp. 102-103.

perons, qui est attitude de non-jugement, de dépouillement des a-priori intellectuels et des connaissances acquises, des cadres de référence constitués, des tableaux explicatifs, de la nosologie, de la théorie,... fabriqués intellectuellement et plaqués sur un Monde dont les significations originelles sont, par là, au moins partiellement obnubilées.

Nous devons en effet, pense HUSSERL, chercher le sens et non pas l'explication, car *l'explication cache le sens*. Ce n'est pas l'existence du Monde, que HUSSERL met entre parenthèses (ce qu'avait fait, au contraire, DESCARTES), mais la tentation instante, permanente, de recourir à des références ou à des connaissances sur le Monde, à des « causes profondes », à un dualisme de l'être et du paraître. L'attitude phénoménologique se caractérise donc par le recours systématique, à travers la première « réduction » husserlienne [12], à ce que Daniel LAGACHE appelle « l'inversion descriptive » qui consiste à décrire le vécu sans y substituer un mécanisme explicatif lequel a invinciblement tendance à réifier ses concepts. La foncière irréductibilité de la subjectivité à l'objectivité, ou plus exactement la dissolution de l'opposition subjectivité-objectivité dans la seule réalité de l'*Erlebnis* [13], laquelle implique *une conscience et un Monde* (l'objet ne se constitue comme objet signifiant qu'au regard d'une subjectivité située, d'un Moi en situation, la conscience étant toujours « conscience de... »), ... tel est le fondement philosophique et méthodologique de la démarche de HUSSERL. Il donne à la psychologie la norme générale de toute formulation correcte de la réalité dont elle s'occupe.

Quant à l'Ego, il est transcendantal. Pour comprendre

[12] En fait il y a trois réductions successives, mais ceci nous entraînerait hors de notre propos.
[13] C'est-à-dire l'expérientiel de la réalité.

cette formule [14] dans l'orientation limitée de cet ouvrage, il nous suffira de souligner d'abord que dans l'hypothèse de la réduction phénoménologique, la conscience apparaît comme ce par rapport à quoi s'ordonnent les significations, donc comme *donatrice exclusive de sens*. Mais d'autre part si on en reste à l'*Ego empirique* (le Moi dont chaque individu humain est conscience) la subjectivité radicale du Monde (qui nous ramènerait à un idéalisme subjectiviste et solipsiste) ne permettrait pas de distinguer le réel et l'imaginaire. Or le Monde existe et la conscience aussi. Si nous mettons entre parenthèses l'empirique de l'Ego et la subjectivité des significations individuellement vécue (nouvelle réduction pour laisser paraître la Réalité), il apparaît l'acte constitutif de Monde, et même de la transcendance du Monde, et cet Acte originaire transcende aussi bien le Monde que la multiplicité des Ego empiriques en chacun d'eux. « L'existence réelle du Monde, sa transcendance, est inséparable de l'existence d'une subjectivité transcendantale dans laquelle se constituent tout espèce de sens et toute espèce de réalité » [15].

Nous saisissons par ce biais « la tâche formidable » que HUSSERL attribue à la phénoménologie dès le volume I de *Ideen* [16] : « dans l'unité d'un ordre systématiquement universel et en prenant pour guide mobile le système de tous

---

[14] Remarquez au passage que pour comprendre complètement le sens de cette formule, il faudrait connaître la totalité du contexte, c'est-à-dire la philosophie de HUSSERL, son vocabulaire, les rapports de sens entre les mots, son style et son mode de penser, etc...

[15] E. HUSSERL, *Méditations cartésiennes*, op. cit., p. 52.

[16] Cf. aussi *Médit. cartés.*, op. cit., part. pp. 52 à 61.

les « objets » d'une conscience possible, système qu'il s'agira
de dégager par degrés, et, dans ce système, celui de leurs
catégories formelles et matérielles, effectuer toutes les
recherches phénoménologiques en tant que recherches constitutives en les ordonnant systématiquement et rigoureusement les unes par rapport aux autres ». Autrement dit il
s'agira par l'analyse des actes constitutifs d'« objets »,
c'est-à-dire de données du Monde, et de leurs résultats, de
découvrir les principes mêmes de la constitution du sens,
de l'organisation des significations, les catégories universelles
et transcendantales nécessairement mises en œuvre, et de
parvenir par là à déterminer la structure essentielle de l'Ego
humain transcendantal,... embrassant, dépassant et intégrant
toutes les variantes possibles qu'offrent les ego empiriques.

Prenons une analogie qui fera peut-être frémir de concert
les philosophes et les linguistes : supposons que nous consi-
dérions *dans chaque langue constituée*, écrite ou parlée,
vivante ou morte, la manière dont s'organise le discours,
dont se forment et se regroupent les sens, dont se forment
et se transforment les structures de sens au niveau des mots,
des phrases, de la métrique, de la grammaire, ainsi que les
lois de ces transformations. Supposons encore que nous
puissions faire cela pour toutes les langues connues, et que
nous puissions, dans une troisième étape, comparer les
résultats et découvrir ce que ces constitutions et leurs transformations ont en commun du point de vue des manières
d'opérer et de leurs lois structurales,... ne pourrions-nous
pas en déduire (puisque le langage est un phénomène humain
spécifique) quelque connaissance aussi réelle que fondamentale concernant l'esprit humain en général ? Cette « géné-
ralité » n'aurait rien d'abstrait ou d'arbitraire d'ailleurs puisqu'elle est notre opération de tous les jours.

En ce qui nous occupe, c'est-à-dire au niveau bien modeste de la psychothérapie, nous devons reconnaître la valeur et et l'avantage du modèle husserlien. Chacun de nos malades vit un Univers singulier, et des significations non moins singulières sont constituées par sa conscience, significations organisées en Monde, et dotées, selon le rapport fondamental, d'objectivité, c'est-à-dire qu'elles s'offrent au malade comme la seule réalité objectée qu'il connaisse. HUSSERL nous apporte l'argument philosophique nous permettant d'affirmer que *comprendre ce Monde ou comprendre cet ego empirique c'est une seule et même chose.*

Nous sommes ici, à propos de l'apport de HUSSERL, à un changement d'optique qui conditionne l'orientation méthodologique ultérieure de la psychopathologie et de la psychothérapie, à un tel point que, à mon avis, nous devons tenir cette affirmation de HUSSERL comme la seconde règle fondamentale de toute approche phénoménologique [17]. Elle nous oriente en sens inverse des postulats freudiens, dans la mesure même où ceux-ci nous centraient sur la combinatoire pulsivo-mécanique de l'appareil psychique *du malade* (ayant cela de commun avec le regard médical organiciste), donc sur l'ensemble Ça-Moi-Surmoi objectivé, alors que la nouvelle règle nous centre sur *l'Univers* du malade, sur le Monde tel qu'il le constitue. La valeur de ce nouveau principe est attestée par l'intérêt immédiat qu'il a suscité et par les applications très remarquables qui en ont déjà été faites : on parle aujourd'hui couramment, par exemple, de « l'Univers du schizophrène », « l'Univers des adolescents », « le Monde magique », « le Monde du débile », « l'Univers des

---

[17] La première règle méthodologique a été vue ci-dessus, c'est celle de l'*épochè*.

dissociaux », etc... de même que les mentalités culturelles sont décrites comme « conceptions du Monde » (pour reprendre ici l'expression de DILTHEY) ce qui englobe l'ensemble des significations vécues constituant l'Univers de la collectivité concernée, c'est-à-dire à la fois la Réalité qu'ils vivent (ce qu'ils appellent l'objectivité du monde extérieur) et le type de conscience qui constitue cet Univers, les deux aspects étant une seule et même donnée, du fait de l'essentielle relation.

Sur ce plan psychothérapeutique ceci est très important, car le malade nous parle de son Univers *dès qu'il parle*. Sa manière d'être en telle ou telle situation exprime les significations de cette situation pour lui. D'autre part ces significations sont un Monde, c'est-à-dire qu'elles ont une certaine *organisation interne*, selon une « grammaire » et une « sémantique » non quelconque mais a priori opaque à l'Autre. Pas définitivement opaque cependant, d'une part parce que l'Autre (le thérapeute) va pouvoir apprendre ce Monde s'il a effectué la réduction phénoménologique, et d'autre part parce que les principes transcendantaux de la constitution d'un Monde par une conscience humaine, sont, *au niveau transcendantal*, les mêmes pour le malade et pour le thérapeute. Par là est levée, disons-le au passage, l'objection immanquable de l'imperméabilité des Univers, en même temps que l'objection philosophique faite à HUSSERL de reconduire l'idéalisme subjectiviste. L'objectivité la plus grande et la plus sûre se trouve dans la subjectivité transcendantale. « La conscience humaine en général » (pour parler comme KANT), c'est-à-dire pratiquement ce qu'il y a de commun transcendantal dans les deux consciences en présence (celle du thérapeute et celle de son client) comme actes et opérations constitutifs de Monde, quels que soient les

contenus insuperposables, assure la possibilité de la pénétration.

A ces lois constitutives de tout Univers de sens pour une
conscience humaine, quelles que soient les variantes consi-
dérées, en nombre indéfini d'ailleurs,... s'ajoute heureusement dans le cas « normal » la communauté de culture
et de langage, ce qui, au niveau de certaines références et de
la construction des phrases [18], donne quelques sécurités
formelles plus immédiates au moment de se mettre en route.

3. *La conception de l'Homme de Heidegger* [19]

L'apport de HEIDEGGER à la construction ultérieure est
très important, non pas seulement parce qu'il a inspiré
BINSWANGER, mais surtout parce qu'il va nous donner, outre
une compréhension des possibilités d'altération de la
conscience dans son rapport constitutif au Monde, *une idée
claire de la guérison* dont nous avons vu ci-dessus la carence
chez FREUD, ce qui motivait les efforts de « complément »
tentés par les psychanalystes « humanistes ».

A vrai dire, HEIDEGGER, philosophe, ne cherche pas spécialement à offrir tout cela à la psychopathologie; c'est de leur
situation de thérapeutes que les praticiens trouvent dans
l'œuvre de HEIDEGGER les notions qui éclairent et orientent
leur action.

Dans le souci de définir l'être, HEIDEGGER part, comme on
le sait, de l'*étant* (l'être de l'existant ou l'existant comme

---

[18] Ceci laisse naturellement en dehors tous les contenus vécus, la
thématique et notamment les connotations.

[19] Martin HEIDEGGER (né en 1889, actuellement en Allemagne). Son
œuvre principale *Sein und Zeit* (l'Être et le Temps) non traduite en
français, date de 1927.

être); l'étant particulier de l'être-homme est nommé *Dasein*
(être-là). Mettre en lumière l'originalité du mode d'être
proprement humain, en le faisant apparaître à lui-même tel
qu'il est par soi et en soi, dans sa vérité [20] (dans sa réalité
transcendante), telle est l'ambition de HEIDEGGER.

Des trois caractères fondamentaux du Dasein, le premier
est qu'il est capable de dire *Je*. « Le *Dasein* est un *Selbst* » [21]
c'est-à-dire un Soi. Le second caractère est que l'être-humain
se manifeste comme un possible, une potentialité, une capacité de se dépasser vers la réalisation de cette source de
possibilités. C'est d'ailleurs dans ce contexte que doit
s'entendre la fameuse formule de Jean-Paul SARTRE dans
l'Etre et le Néant « Je suis ce que je ne suis pas et je ne suis
pas ce que je suis ». L'être-humain n'étant pas ce qu'il est
capable d'être et de toutes façons ce qu'il sera, on peut en
effet dire qu'il est ce qu'il n'est pas. Le *Dasein* est ainsi
« sa propre possibilité », et ce pouvoir-être est défini par la
notion heidegerrienne de « projet » *(Entwurf)*. Hors du
moi actuel, en avant de soi vers ses propres possibilités,
le *Dasein* est un *mouvement en avant, créateur de son propre
avenir*; c'est ce que signifie « pro-jet »; c'est ce que signifie
aussi l'*ec-sistence* de l'existant, si l'on convient de traduire
par ec-sistence un dépassement de l'existence actuelle, un
surgissement, un bondissement.

[20] En rencontrant ici la notion de « vérité » de l'être-humain, chère à
HEIDEGGER, nous ne pouvons pas ne pas faire la comparaison avec la
notion de « vérité » que développe Jacques LACAN, fidèle en cela à FREUD.
Car la « vérité » de LACAN correspond à peu près à ce que HEIDEGGER
appelle l'inauthenticité, puisque la vérité de LACAN c'est la raison dernière du dérangement mental, la figure morbide derrière les masques,
l'inhumanité du « jeu de la vérité ». Pour HEIDEGGER, la vérité de tel être
n'est pas ce qu'il est, c'est sa possibilité de liberté, de ne pas être ce qu'il
est, de devenir authentique.

[21] *Sein und Zeit*, p. 53.

La troisième caractéristique, consubstantielle aux deux précédentes, est *la liberté*, entendue non pas au sens traditionnel de libre-arbitre mais *au sens de responsabilité du Dasein dans sa propre existence*. C'est ce que la formule de SARTRE, démarquant HEIDEGGER, traduit aussi en disant « Tu es un homme... et chaque homme doit inventer son chemin ».

Il nous importe ici, au mépris des cloisonnements traditionnels, de rapprocher la conception de HEIDEGGER et la notion de « Moi profond » d'Henri BERGSON. On sait que les deux pionniers de la psychothérapie phénoménologique, Eugène MINKOWSKI en France et Ludwig BINSWANGER en Suisse, ont trouvé leur inspiration parente le premier chez BERGSON, le second chez HEIDEGGER, et il n'est donc ni inutile ni spécieux de remarquer l'analogie du *Dasein* et du *Moi profond*. Selon BERGSON [22], le « moi superficiel » qui totalise l'ensemble des déterminations biologiques, psychiques, historique et sociales de chaque Moi humain (et dont feraient parties, si vous voulez, aussi bien « l'appareil psychique » de FREUD que « les profondeurs » visées par la psychanalyse) n'est qu'une spécification et une certaine pétrification d'un autre Moi, le Moi profond, forme personnalisée de l'élan vital, participation à la Durée créatrice. Si un parallélisme est à souligner c'est bien l'antinomie Moi superficiel-Moi profond (des *Données immédiates de la conscience*) avec l'antinomie *morale close-morale ouverte* (des *Deux sources...*). Le Moi profond, comme la morale ouverte et comme la

---

[22]BERGSON (1859-1941). Contemporain exact de FREUD et de HUSSERL, a parlé du « Moi profond » dès son premier ouvrage (*Les données immédiates de la conscience*, 1889) et l'opposition entre « le clos et l'ouvert » constitue le thème de son dernier livre (*Les deux sources de la morale et de la religion*, 1932).

société qui s'ouvre, est liberté, dépassement, participation à un dynamisme universel évolutif, créateur de ses propres formes. Le Temps joue ici un rôle prépondérant; car l'insertion personnelle dans la durée créatrice est engagement dans un horizon temporel, engagement par lequel nous pouvons (et devons) à chaque instant non seulement lutter contre la tendance réifiante à la fermeture et à l'automatisme, mais positivement créer de la valeur.

Dans la perspective heideggerienne, seul l'Homme est doté de cette possibilité de dépassement et de liberté créatrice; seul l'être-humain ec-siste. Outre ce point qui, en ce qui nous occupe, laisse intact la parenté des deux conceptions de l'*ipse*, HEIDEGGER développe de manière originale l'élucidation phénoménologique du Je créateur propre à l'Homme, et il appelle *existential* tout ce qui se rapporte à la structure ontologique de l'ec-sistence du *Dasein*, réservant le mot *existentiel* à ce qui correspond à l'existence empirique de tel ou tel individu. De ce fait *l'analyse existentielle* sera la description des situations concrètes de tel humain particulier et de ses possibilités propres. *L'analyse existentiale* par contre sera l'analyse ontologique du *Dasein*. C'est dans le cadre de cette seconde analyse que le Dasein apparaît comme être-dans-le-monde (être-dans-le-monde est ainsi le premier existential), lié essentiellement au monde [23], dans une relation vécue que HEIDEGGER caractérise par *le Souci*. Parmi les existentiaux du Dasein dans son rapport au monde, il y a aussi le *Mitsein* (l'être-ensemble). *Die Welt ist Mitwelt* (le monde est un monde inter-humain). Dès qu'il existe,

---

[23] Dans l'expression « être-dans-le-monde », la préposition *dans* n'a aucune valeur de position spatiale. C'est pourquoi « être-au-monde » est équivalent.

l'Homme est en relation avec Autrui, il vit un Monde où Autrui est englobé [24]. Nous verrons ci-dessous que les existentiaux, fonctions structurales du *Dasein*, constituent les axes sur lesquels la maladie mentale opérera des « flexions » caractéristiques (et spécifiques).

Disons un mot d'une autre conclusion de HEIDEGGER, reprise plus directement de HUSSERL qui retentit aussi sur la psychopathologie : le Monde a un sens pour chaque Moi. Les choses acquièrent un sens par rapport au Moi. En elles-mêmes, elles ne sont pas « privées de sens » *(Sinnlos)*, elles sont « sans signification » *(unsinnig)* [25]. Le sens n'existe que pour un *Dasein* concret déterminé. « Il résulte de la situation d'un projet au sein de l'ensemble des réalités auxquelles je suis lié par le souci ». C'est cette signification du Monde au niveau du *Mitsein* qui se traduit par l'apparition du langage.

Revenons, pour terminer, à la conception de l'*ipse* dont nous avons dit qu'elle définit le plein épanouissement des possibilités ontologiques de l'être-humain. Aucun *Dasein* ne commence par une existence *authentique*. Tout humain est d'emblée déchu dans la mesure où il doit conquérir son existence; c'est ce qui fait son historicité et c'est ce qui le temporalise. Les modes sont nombreux de la perte des possibilités du Moi : c'est d'abord dans l'existence inauthentique du « on » (l'être anonyme vivant dans la conformité déper-sonnalisante) [26], c'est aussi dans la fermeture de la Tempo-

---

[24] Ceci a une incidence immédiate sur la psychopathologie en ce sens que la conscience morbide ne consistera pas seulement en une altération du Temps vécu, comme le dit MINKOWSKI, mais aussi en une altération du lien avec autrui.

[25] *Sein und Zeit*, p. 152.

[26] C'est là que se situe « l'adaptation », unilatéralement et intention-nellement entendue comme « normalisation » ou « conformisation » par ceux qui aujourd'hui attaquent la psychologie, l'action thérapeutique et la

ralité, c'est-à-dire entre autres, de l'avenir, dans le pseudo-présent répétitif de la maladie mentale. La découverte par le Moi de sa propre liberté ne va pas sans une forme d'angoisse [27], dans la mesure où il s'aperçoit que les significations dépendent de lui, et engagent dans l'avenir sa responsabilité sans recours et sans échappatoire possible.

II. LES RECHERCHES PHÉNOMÉNOLOGIQUES EN PSYCHO-PATHOLOGIE

Ce courant philosophique nouveau auquel s'ajouta, venu d'une tout autre origine, le développement de l'écologie et de l'éthologie à partir surtout de Von UEXKULL [28], intéressa les psychiatres et, en des lieux différents, souvent sans lien entre eux, des chercheurs tentèrent de formuler des méthodes phénoménologiques pour la compréhension de la maladie mentale.

Parmi les initiateurs, une place particulière revient à JASPERS [29], qui appliqua immédiatement à la psychiatrie

psychiatrie. L'adaptation au sens positif implique la découverte par le Moi de ses propres possibilités d'ec-sistant, alors capable d'agir efficacement sur le monde.

[27] Angoisse existentielle que nous retrouverons au niveau de la cure. Cf. p. 283.

[28] Von UEXKULL est surtout connu pour ses travaux de psychologie animale. Dès 1907, il utilise les notions de *Umwelt* (Monde environnant), *Merkwelt* (Monde perçu), *Wirkungswelt* (Monde de l'action) à propos des univers de chaque espèce animale. Il a écrit un autre ouvrage moins connu, *Niegeschaute Welten. Die Umwelten meiner Freunde* (Mondes jamais vus. Les mondes de mes amis), où le passage à l'individu humain est effectué sans difficulté.

[29] Karl JASPERS (1883-1969). Son traité *Psychopathologie générale*, premier monument de la nouvelle tendance, date de 1913. Sa *Psychologie des conceptions philosophiques du monde* est de 1919.

les directives de DILTHEY. Puis MINKOWSKI [30] en France inaugura les nouvelles recherches. Après lui, nombre de chercheurs apportèrent des contributions variées se référant aussi aux philosophies existentielles de Max SCHELER, Martin BUBER, Paul TILLICH, Nicolas ABBAGNANO et de tant d'autres; citons GRUHLE [31], H. C. RUMKE, Erwin STRAUS, V. E. Von GEBSATTEL, Viktor FRANKL à qui l'on doit l' « analyse existentielle » *(Existenzanalyse)* et la logothérapie, l'italien Giovanni E. MORSELLI, enfin et surtout Ludwig BINSWANGER [32] créateur de la *Daseinsanalyse*, dont nous aurons longuement à reparler. Puis la génération actuelle où nous retrouvons Danilo CARGNELLO [33] en Italie,... W. J. REVERS en Autriche, G. LANTERI-LAURA en France,... Roland KUHN, A. STORCH, Médard BOSS, G. BALLY en Suisse,... Henri ELLENBERGER (Canada),... Rollo MAY (U.S.A.),... J. H. Van Den BERG et F. J. BUYTENDIJK en Hollande,... puis ZUTT, WYRSCH, HAEFNER et tant d'autres...

Plutôt que de passer en revue les contributions originales de ces auteurs, je préfère situer les grandes directions dans lesquelles se sont poursuivies les recherches. Du survol de ces contributions se dégagent trois grands axes :

[30] Eugène MINKOWSKI (né en 1888). L'article célèbre dont nous reparlerons au chapitre 3 date de 1923. *La schizophrénie* est de 1927, *Le temps vécu* est de 1933. Son *Traité de psychopathologie générale* (PUF, coll. Logos) est de 1966.

[31] Les références des œuvres sont en bibliographie.

[32] Ludwig BINSWANGER (1881-1966) dont les nombreuses publications commencent dès 1910. Trois œuvres sont seulement traduites en français : *Rêve et existence* (de 1930), *Le cas Suzan Urban* (de 1952), *Discours, parcours et Freud*, NRF, 1970. Dans ce dernier ouvrage se trouve la bibliographie complète.

[33] Auteur de *Alterita e alienita* (1965). Dans *Sulle fondamentali forme del capire psichiatrico*, il compare les conceptions phénoménologiques ou existentielles aux conceptions « naturalistes » et psychanalytiques. Il est le défenseur de la *Daseinsanalyse* en Italie depuis 25 ans.

1. *La psychopathologie descriptive.*

Tracée d'abord par JASPERS, la psychopathologie phénoménologique s'intéresse tout naturellement au *vécu*
(Erlebnis) du malade et elle est avant tout *compréhensive et*
descriptive. La méthode exige une empathie *(Einfühlung)*
du vécu du malade et une mise entre parenthèses des attitudes
traditionnelles visant par l'observation ou l'interrogation la
définition des symptômes et l'étiquetage par rapport à des
entités nosologiques. *L'expérience subjective* du malade est
au centre de l'intérêt du thérapeute qui s'efforce, dans une
relation interhumaine facilitante, de la reconstituer par sa
compréhension.

A propos de la psychopathologie descriptive, H. ELLEN-
BERGER [34] évoque *Aurelia*, de Gérard de NERVAL comme
exemple d'auto-description phénoménologique dans un cas
qui, selon la nosographie classique, serait considéré comme
schizophrénie aiguë.

Il est remarquable de constater que les premiers travaux
de JASPERS sont de la même date que le fameux ouvrage du
Dr Charles BLONDEL *(La conscience morbide,* 1914) dans
lequel, découvrant à son tour le vécu du malade, l'éminent
psychiatre français cherche à démontrer, à la lumière des
idées de E. DURKHEIM, que ce vécu est *incompréhensible par*
essence, intraduisible en mots non seulement par le thérapeute
mais d'abord par le malade lui-même, quelle que soit la
relation interpersonnelle. Cette opinion (l'inintelligibilité
radicale de la conscience morbide) dont les conséquences
sont dirimantes pour la psychothérapie, était heureusement
une déduction a priori de la nature collective du langage,

[34] In *Existence*, Éd. américaine, pp. 97 et suiv. Cf. Bibliographie.

langage inapplicable dans la relation à l'aliéné défini précisément comme hors-communication parce que prisonnier d'un vécu éminemment subjectif et singulier.

2. La psychopathologie phénoménologique génético-structurale.

L'expérience de Ch. BLONDEL malgré ses conclusions trop absolues, mettait le doigt sur une difficulté réelle qui rend difficilement applicable sans aménagements l'approche descriptive.

Déjà JASPERS l'avait vu et recommandait d'étayer la « compréhension statique » par une « compréhension génétique » s'intéressant à la causalité interne des « états de conscience » et du passage d'un état à l'autre. C'était l'amorce d'une autre compréhension dépassant la seule reconstitution descriptive dont nous pouvons penser de plus que, *sur le plan thérapeutique*, elle ne mène pas à grand-chose quoiqu'elle situe bien l'orientation de l'intérêt du thérapeute.

Les chercheurs favorables à cette seconde procédure tentèrent de reconnaître, à travers les dires et les actions du malade, quelque décousus et fragmentaires qu'ils soient, des connexions, des interrelations, *des constantes structurales*. Ils voulaient ainsi, sans quitter l'*Erlebnis* du sujet, découvrir et formuler ce que j'appellerai *la matrice de la perturbation globale*, plutôt que « le trouble générateur ». Détail terminologique qui a et aura son importance dans la mesure où la causalité dont il s'agit n'est plus celle d'un enchaînement naturalistique de causes et d'effets, mais la causalité interne liant une forme fondamentale à ses expressions variables, *un invariant formel dynamique à ses variantes statiques de contenu.*

Le premier effort heureux dans ce sens dont les résultats

et la méthodologie fondent ce que j'appellerai *la psycho-thérapie phénoméno-structurale*, fut effectué par Eugène MIN-KOWSKI [35]. Dans une relation optimale de confiance de la part du malade et de centration sur son client de la part du médecin (toujours sans souci de repérer des « symptômes » au sens traditionnel), l'observateur cherche à définir et à décrire la Gestalt ou structure générale des phénomènes.

Cela conduisit MINKOWSKI à formuler *l'analyse structurale*, et Von GEBSATTEL à ce qu'il appelle le point de vue *cons-tructif-génétique*, point de vue qui se veut moniste et qui inclut les troubles biologiques.

S'intéressant aux mélancoliques, MINKOWSKI découvre que le trouble fondamental est *un trouble du Temps*. Le Temps n'est plus perçu comme une durée créatrice, une propulsion en avant,... d'où le blocage et le reflux, l'irrepré-sentabilité du futur, l'orientation préférentielle vers le passé, la stagnation du présent. La totalité du vécu du mélancolique découle de cette perturbation structurale.

S'intéressant à l'obsession-compulsion, Von GEBSATTEL y décèle *l'anti-eidos*, contre-image ou contre-monde où les formes sont décomposées et les objets infectés, Univers dominé par des puissances destructrices.

3. *La psychopathologie catégoriale*

Surtout mise en œuvre par BINSWANGER, la méthode consiste à déceler les « flexions catégoriales ». Si l'on accepte le principe d'après lequel le *Dasein* projette le Monde selon des catégories-fonctionnelles existentiales, on peut prendre

---

[35] Un exemple d'analyse structurale de MINKOWSKI sera proposé ci-dessous, chapitre 3.

pour axe de l'analyse structurale ces catégories elles-mêmes.

C'est ainsi qu'à la *temporalité*, dimension privilégiée selon MINKOWSKI, BINSWANGER ajoute :

— *la spatialité*. La distance vécue, l'horizon, la clarté ou l'obscurcissement sont étroitement liés à l' « amplitude de la vie », et l'analyse des perturbations de la spatialisation apporte beaucoup à la compréhension. Le vécu de l'espace, si finement décrit par G. BACHELARD [36], intervient fondamentalement dans l'organisation de l'Univers pathologique. MINKOWSKI avait découvert déjà la relation Temporalisation-Spatialisation et la distorsion de leur rapport dans la schizophrénie (dévalorisation du Temps-surestimation de l'Espace, avec même la spatialisation de la pensée).

— *la causalité*. La catégorie causalité subit aussi des déformations caractéristiques, tels le déterminisme absolu de l'Univers mélancolique régi par la Fatalité, le hasard absolu de l'Univers maniaque, la téléologie absolue du Monde paranoïaque.

— *la matérialité*. Cette catégorie, très étendue puisqu'on peut y inclure celles de consistance, de résistance, de tension, de luminosité, de coloration, etc..., est également, par ses altérations, un axe de compréhension des structures pathologiques. La décoloration de la réalité (le monde blanc) chez le schizophrène et dans certains états de crise de la névrose d'abandon où l'Univers devient en même temps glacé,... aussi bien que les attributs donnés à la matière (qui griffe, qui suce, etc...) dans certains univers morbides, sont autant d'exemples de la « richesse phénoménologique » de cet axe.

---

[36] Les œuvres psychologiques de BACHELARD *(La terre et les rêveries de la Volonté, La terre et les rêveries du repos, L'eau et les rêves, L'air et les songes, Psychanalyse du feu)* très citées par BINSWANGER, sont des analyses de l'imaginaire vécu.

Il est bien entendu que la compréhension de ces inflexions critiques va de pair avec l'analyse de leurs relations et des perturbations de leurs relations, dans le but de reconstruction compréhensive de chaque univers singulier.

Sans nier la valeur de ces coordonnées catégorielles et existentiales pour la compréhension et la description des mondes pathologiques, il est permis de se demander (et dans la suite de cet ouvrage j'irai jusqu'au bout des conséquences de cette hypothèse), si cette table de catégories ne risque pas, en tant que référence [37], d'être un nouvel a priori trop fixé pour la pénétration des univers singuliers dont nous aurons à nous occuper. La preuve en est que des catégories non prévues s'imposent parfois au thérapeute, ainsi la catégorie de l'Avoir chez MINKOWSKI (article de 1923, p. 180-181). Je crois pour ma part qu'il est possible d'appliquer à BINSWANGER la critique que les disciples de KANT firent à l'auteur de la *Critique de la Raison pratique* en disant que l'existence du « noumène » était encore une exigence illégitime de la catégorie Causalité appliquée à autre chose qu'au monde de l'expérience. Autrement dit, l'*épochè* devra aller jusqu'au bout et laisser paraître *les propres catégorisations du malade*, sa propre table de catégories. Ce qui demeurera important par contre, c'est l'idée même de catégorie, ou, si l'on préfère, la catégorie de catégorie [38] et celle d'organisation interne des Univers.

---

[37] J'ai dit qu'elle était fondée sur l'analyse effectuée par HEIDEGGER qui reprend, sur de nouvelles bases, la fameuse liste des a priori universels de l'expérience du monde selon KANT. BINSWANGER rappelle très souvent que son analyse existentielle n'est possible que sur la base de la méthode et des résultats de « l'analytique existentielle » de HEIDEGGER. Cf. par ex. *Discours, parcours et Freud, op. cit.*, pp. 85 et suiv.

[38] Cf. sur ce point méthodologique pratique essentiel, ci-dessous p. 153.

III.   LA CONCEPTION DE LA NÉVROSE CHEZ BINSWANGER

Plutôt que d'exposer les idées très connues de BINSWANGER sur la psychose, et particulièrement son travail phénoménologique magistral sur *la fuite des idées dans la manie,* aujourd'hui intégré à tous les manuels de psychiatrie, il m'a paru plus intéressant, étant donné la réservation ultérieure de notre méthode aux névrosés, de résumer ici la conception binswangerienne de la névrose sur laquelle s'accorderaient pratiquement tous les phénoménologues.

1. *La flexion des structures fondamentales du Dasein.*

« Nous avons maintenant appris » dit BINSWANGER [39] « à concevoir et à décrire les différentes psychoses, névroses et psychopathies comme des flexions déterminées de la texture a priorique ou de la structure transcendantale de l'être-homme, ou, comme disent les Français, *de la condition humaine* [40] ». Pour l'auteur, une *flexion* est une inflexion, un infléchissement, une déviation ou une altération... par rapport à la Norme, la Norme étant non pas le normal au sens moyen ou statistique, mais la dimension ontologique du Dasein, l'ensemble des existentiaux, c'est-à-dire de ce qui constitue l'être de l'être-homme. Il s'agit donc d'une altération structurale signifiant *une perte.* Le malade a perdu la voie où peut être réalisée « la plénitude de ses possibilités d'être » [41] en tant qu'être-humain ; il a manqué, à un moment donné (origine historique) le chemin de son épanouissement. D'une certaine façon il est « égaré » [41]. Par là il est un mode

---

[39] In *Discours, parcours et Freud, op. cit.,* p. 116.
[40] En français dans le texte.
[41] *Ibid.,* p. 117.

du *Dasein* (une manière d'être-au-monde) qui est « trans-passé, fourvoyé, troué ou distordu » et son être lui est devenu, par ce fait même, opaque à lui-même; il n'a plus sa liberté (« il est devenu opaque à soi-même et non auto-nome » [42]). Il s'ensuit, son *Dasein* étant tronqué ou égaré, qu'il n'est plus tout-à-fait un *Dasein* ce qui se traduit immédiatement par le fait qu'il n'est plus dans le Temps (la Temporalité étant un existential du *Dasein*) et qu'il a perdu de la communication (autre existential du *Dasein*).

Il est dans un « être-présent de rêve » [43] aussi incapable d'intégrer son passé que d'intégrer un avenir.

2. *La restriction de l'existence.*

Le monde vécu semble se condenser, se résumer et se restreindre autour d'une situation expérientielle privilégiée. « Une seule catégorie sert de fil conducteur au projet de monde de notre patiente et cela signifie une formidable restriction, simplification et évacuation du contenu du monde... Tout ce qui rend le monde signifiant tombe sous la domination de cette seule catégorie. C'est elle qui confère au monde, et à l'être-dans-le-monde, leur assise... le projet de monde s'est édifié sur une seule catégorie » [44]. Trois consé-quences s'ensuivent : a) toutes les situations deviennent « aptes à symboliser » la situation qui sert de catégorie dominante, à activer la catégorie restrictive très chargée qui thématise « l'image du monde ». *Le monde est thématisé et le malade est prisonnier de son thème.* Soit dit en passant, « une telle catégorie n'a pas besoin d'être consciente, mais

[42] *Ibid.*, p. 117.
[43] *Ibid.*, p. 235.
[44] *Ibid.*, p. 119.

nous n'avons pas non plus le droit de l'appeler *inconsciente* au sens psychanalytique. Elle est au-delà de cette opposition » [45]. b) Le malade a une vie amoindrie. « Nous ne devons pas oublier que là où le projet-de-monde est... rétréci à ce point, l'*ipse* est aussi rétréci et tenu éloigné de la maturation » [46] c'est-à-dire de son plein épanouissement. Des quantités de situations, des quantités de vie, sont non perçues, non vécues. Le malade « refoule » (en un autre sens que FREUD et au sens de négation par amoindrissement de vie) une richesse insoupçonnée du Présent. c) L'angoisse est toujours en instance, dans la mesure où à chaque instant l'Univers fondé sur une assise si étroite, risque de basculer par le surgissement de situations incatégoriables et donc génératrices de peur. Le malade s'accroche à la structuration rétrécie qui fait son appauvrissement mais qui seule lui permet d'être-au-monde. En un sens il tient à sa névrose parce qu'elle lui est familière même si elle lui donne des tourments. « Tout doit rester dans l'ancien état de chose. En arrive-t-on quand même à de la nouveauté ?... alors cela ne peut signifier que la catastrophe, la panique, l'accès d'angoisse... Le monde doit rester arrêté, rien ne doit changer » [47].

3. *Le corps comme expressif de l'être-au-monde névrotique.*

De toutes façons et en dehors de toute atteinte patho-logique, le corps, du point de vue de l'approche phénomé-nologique de la réalité-humaine, est une expression de l'être-

---

[45] Nous verrons ci-dessous qu'elle implique un certain type, bien défini, d'inconscient, distinct de ce que FREUD appelle inconscient. Il n'y a d'ailleurs aucune raison pour ne pas admettre plusieurs inconscients.

[46] *Ibid.*, pp. 69-70.

[47] *Ibid.*, p. 70.

au-monde (non pas le corps comme concept biologique — *Körper* — mais le corps comme vécu — *Leib* —). L'individu humain s'exprime par son vécu corporel (le langage du corps).

Dans la névrose, l'être se retire de la vie, comme on l'a vu, perd quelque chose de son Dasein, « sans vouloir ni pouvoir mourir vraiment et continue alors à vivre passivement, entre la vie et la mort, sans but et sans objet authentiques » [48]. Dans cette manière-d'être-et-de-vivre-à-demi, la corporéité devient le refuge de l'être. Ainsi le corps cesse de jouer son rôle normal comme disponibilité, mais ne cesse pour autant sa fonction expressive. Il signifie l'existence réduite, et il dit, par son langage (il éprouve les sentiments et effectue les gestes et comportements correspondants) la thématique du Monde dont l'ipse, amoindri, a fait son projet. « De sorte que selon nous » écrit BINSWANGER [49] « le problème n'est pas résolu en affirmant simplement qu'un mouvement psychique est « converti » [50] en mouvement corporel. Il faut comprendre que la corporéité n'est qu'une forme particulière de l'existence humaine,... et, dans certaines circonstances, reste l'unique champ expressif ».

Après cette revue, indispensable, de quelques repères théoriques, il est temps de présenter quelques cas concrets.

---

[48] BINSWANGER, *Ueber psychotherapie...* article cité in bibliographie. non traduit, pp. 19-20.
[49] *Ibid.*, article cité, p. 26.
[50] BINSWANGER fait ici allusion à l'hystérie et à « l'explication » freudienne de l'hystérie par la « conversion » du psychique en somatique.

3

LA LOGIQUE INTERNE
DE L'UNIVERS MORBIDE

« ... L'homme (malade) expérimente
le monde avec une conscience faussée.
Il ne voit pas ce qui est, mais il
projette ses affabulations dans les
choses, et ainsi les voit non dans leur
réalité mais sous l'éclairage de ses
affabulations et de ses fantasmes. Ces
écrans de distorsions créent ses passions
et ses anxiétés. Parfois aussi l'homme,
au lieu de faire l'expérience des choses
et des gens, expérimente par cérébralisation ; il est dans l'illusion d'être en
contact avec le Monde, en réalité il
n'est en contact qu'avec les mots.
Distorsions parataxiques, conscience
faussée, cérébralisation... sont les
aspects enchevêtrés d'un unique phénomène d'irréalité... »
Érich FROMM, in Bouddhisme Zen
et psychanalyse, p. 143.

Trois références historiques vont nous servir à illustrer la
notion d'Univers morbide et sa logique interne, tout en
demeurant au seul point de vue phénoménologique. Cette
logique spéciale n'a rien à voir avec un enchaînement de
causes ni avec l'agencement d'un mécanisme, elle est assimi-
lable plus justement à l'organisation interne d'une langue.

La structuration rigide de l'Univers morbide thématisé,

qu'il soit « psychotique » ou « névrotique » selon la distinction traditionnelle est, par essence, — et c'est cela qui fait son *aliénation* et son irréalité — aux antipodes du Moi en mouvement élaborant son expérience dans la richesse de son présent et capable de projet, au sens existentiel de création positive.

I   UN CAS DE MÉLANCOLIE SCHIZOPHRÉNIQUE

C'est dans le *Journal de psychologie* en 1923, qu'Eugène MINKOWSKI publie le cas que nous résumerons ci-dessous [1], répondant ainsi au défi de Charles BLONDEL et à l'indication de la voie nouvelle que Karl JASPERS indiquait à la suite de DILTHEY et de BERGSON.

« Le malade âgé de 66 ans manifeste des idées de ruine et de culpabilité. Etant d'origine étrangère, il se reproche de ne pas avoir opté jadis pour la France; il y voit un crime sans pareil; il prétend aussi ne pas avoir payé ses impôts et ne plus avoir le sou. Un châtiment atroce l'attend pour ses crimes. On coupera bras et jambes aux siens et on les exposera ensuite tout nus dans un aride terrain vague. Il subira le même sort; on lui enfoncera un clou dans la tête et on lui versera toutes sortes de saletés dans le ventre. Mutilé de la façon la plus épouvantable, il sera conduit en grand cortège à une foire et condamné à vivre couvert de vermine dans une cage avec des fauves ou dans les égouts avec les rats, jusqu'à ce que mort s'ensuive. Tout le monde est au courant de ses crimes et connaît le châtiment qui

---

[1] Il le reprendra dans *Le Temps vécu*, Paris, Éd. d'Artrey, 1933, pp. 169-181.

l'attend; tout le monde d'ailleurs, à l'exception de sa famille, y prendra part d'une façon ou d'une autre. On le regarde d'une façon particulière dans la rue, les domestiques sont payés pour le surveiller et lui nuire, tous les articles de journaux le visent, des livres ont été imprimés exprès contre lui et les siens. Le corps médical est à la tête de ce vaste mouvement dirigé contre sa personne.

A ces idées de ruine, de culpabilité, de châtiment imminent et de persécution viennent se joindre des interprétations d'une étendue vraiment surprenante. C'est « la politique des restes » comme il dit, politique instituée spécialement pour lui : tous les restes, tous les déchets, dans l'univers entier, sont mis de côté pour lui être introduits dans le ventre un jour. Tout y passe sans exception : quand on fume, il y a la cendre, l'allumette usée, et le bout de cigarette qui restent; à table, ce sont les miettes, les noyaux des fruits, les os du poulet, le vin ou l'eau qui restent au fond des verres, les coquilles vides... Ensuite viennent les ongles et les cheveux coupés, les bouteilles vides ou cassées, les lettres et les enveloppes, l'eau des bains, les déchets de cuisine de tous les restaurants de France... Puis ce sont les épluchures, les fruits pourris, les cadavres des animaux et des hommes, le purin, l'urine, les matières fécales... Ces interprétations ne connaissent point de bornes. »

Récusant aussi bien le point de vue agnostique de BLONDEL que la psychanalyse qui cherche à ramener les manifestations morbides à des mécanismes généraux de la psyché donc présents aussi chez les normaux, MINKOWSKI cherche « où se produit le décalage de ce psychisme par rapport au nôtre » et conclut qu'il s'agit d'une dissolution de la Temporalité.

Lorsque le malade, par exemple, déclare que son exécution aura lieu la nuit prochaine, n'en dort pas, et répète la même déclaration le lendemain et les jours suivants, il montre par cette manière de penser qu'il laisse passer les faits sans en tirer le moindre profit, autrement dit qu'il ne se sert pas du présent pour constituer son expérience et ses certitudes. Si l'on attire son attention sur le fait qu'il ne s'est rien passé dans la nuit, il rétorque que « cela ne prouve rien pour la nuit suivante ». Son orientation apparente vers le futur est nulle puisque le futur n'est pas vécu comme tel ni conçu par rapport au constat empirique, *il est reconduction d'une schématisation répétitive et rigide*.

Le malade sent les journées se succéder dans leur uniformité et leur monotonie; il s'en plaint. Dans cette succession de journées semblables, il est capable d'établir une périodicité : tous les jours aux mêmes heures approximatives il mange, tous les vendredis le jardinier tond le gazon... et tout ceci ne fait qu'augmenter « les restes » qui lui sont destinés. Aucune action ne s'organise vers l'avenir comme quelque chose qui est à faire et où sa responsabilité créatrice est engagée, aucune continuité vivante n'existe dans le Temps, l'être a perdu la notion d'un processus continu. Les journées monotones émergent comme des éléments isolés du flux réel.

L'avenir est d'ailleurs barré par la certitude même de l'événement terrifiant et inévitable dont l'*imminence constante* est une négation d'avenir, corroborée par la croyance qu'il s'agit de la mort.

De ce fait les événements innombrables du présent lui échappent. Il se plaint et plaint les siens promis à une fin atroce, et *cette forme d'affectivité prisonnière d'un schéma rigide exclut le contact affectif authentique*, falsifie la relation interhumaine.

La propulsion vers l'Avenir, le Désir qui contient par son implication d'éternité une transcendance de la mort, sont barrés du même coup chez le malade; le présent, bâti sur cette dénaturation ou cette distorsion de l'Avenir, n'a plus qualité de présent. Tout ceci exprime un « fléchissement de l'élan vital », et l'idée délirante, celle du supplice imminent, traduit d'une certaine manière cette flexion du Temps. Les Valeurs, normalement objets du Désir, changent ici de valence et se métamorphosent en anti-valeurs dans un passé figé : seuls ses « crimes » demeurent, de ce fait, dans la structuration d'un Univers négatif.

Une autre flexion se trouve déterminée par l'altération temporelle, c'est celle du Moi comme processus créateur, comme acte ou comme décision, comme engagement positif s'accompagnant de joie. Le blocage même de ce processus s'exprime par la douleur subie et par l'emprise permanente d'un déterminisme destructeur venant du monde et des objets. « Là où l'élan personnel fléchit », écrit E. MIN-KOWSKI, « le devenir semble se précipiter en entier sur nous, en force hostile qui ne peut que nous faire souffrir; c'est là une attitude essentielle à l'égard de l'ambiance... Notre malade ne connaît que la douleur et bâtit le tableau des interactions avec le monde sur le modèle de la douleur sensorielle ». Et très « logiquement » à partir de tout cela, les relations avec autrui se stabilisent sur le même fond. Les autres ne peuvent être que des persécuteurs lui rappelant sans cesse la même menace. Toutes les choses, tous les événements, toutes les situations, tous les actes de tous les gens sont dirigés contre lui et doivent le faire souffrir. « *Les humains ne sont plus perçus dans leur valeur personnelle et individuelle; silhouettes défigurées et blafardes, ils se profilent sur le fond général d'hostilité,... ce sont des mannequins schématisés* ». De même que sa conscience ne peut plus percevoir la valeur personnelle des individus et les noie, en référence à leur fonction schématique, dans un univers sans vie, de même les choses n'ont plus de valeur concrète différenciée. « Elles disent toutes la même chose » dans la mesure où elles évoquent « des restes », des détritus ou des pourritures prochaines. C'est leur similitude qui frappe, non leurs caractères propres. « Voyez ces roses, dit-il, ma femme les aurait trouvées belles ; pour moi, c'est un amas de feuilles, de pétales, d'épines et de tiges... et tout cela me sera mis dans le ventre ».

Une dernière expression de la flexion fondamentale se révèle dans la disparition du hasard, de l'insignifiant, du non-intentionnel, qui marquent pour les normaux les multiples coïncidences concrètes de la vie. Un passant allume sa cigarette dans la rue ?... c'est un signal ; il y a une panne d'électricité ?... cela a été fait exprès pour qu'on allume des bougies et qu'il y ait encore plus de « restes » ensuite ; le caleçon qu'il met porte le chiffre 13 de la blanchisserie ?... cela est un indice de la date de son exécution. La pensée du malade établit à une vitesse surprenante les ressemblances, les analogies, *dans l'exacte mesure où elle ne peut percevoir les différences.* Cette manière de percevoir, liée à la manière de pensée et d'agir (ou plutôt de subir) élimine le fortuit et devient une attribution monotone de significations thématisées, puisque la Relation Moi-Univers est entièrement fixée et pétrifiée sur le mode de la dépossession et de l'hostilité, de façon statique (durable sans Durée créatrice).

Mis à part la flexion de la Temporalité qui organise tous les aspects et significations de l'Univers de ce malade, nous relèverons l'inflexibilité de la schématisation *a priori* qui prive le Moi et la réalité à la fois de la conceptualisation de l'expérience présente, et de toute responsabilité.

Nous retrouverons ces phénomènes dans d'autres formes, mêmes mineures, d'aliénation mentale.

II   LE CAS ILSA

C'est en 1945 que BINSWANGER publie le cas Ilsa [2] que j'ai choisi de préférence aux célèbres cas Ellen West ou Suzan Urban [3] parce qu'il est moins connu et plus court, et aussi parce qu'il expose le problème de la thématisation progressive de toute une existence, processus aliénant et morbide, puis du retour à la vie pleine et responsable (dans la guérison).

1. *Le cas du point de vue purement historique et descriptif*

Tout le cas tourne autour d'un acte bizarre et effrayant commis par Ilsa à 39 ans (alors mariée et mère de 3 enfants) : elle mit sa main dans les flammes d'un poêle et la laissa brûler, en disant à son père : « Regarde, je fais ça pour te montrer combien je t'aime ». Le but sera pour nous, ultérieurement, de *comprendre la signification* de ce sacrifice par rapport à l'Univers et à l'histoire vécue de Ilsa, au lieu d'y voir le symptôme inaugural d'une schizophrénie aiguë ou la conséquence d'un jeu complexe de pulsions à travers les mécanismes freudiens de la psyché.

[2] Wahnsinn als lebensgeschitliches Phänomenen und als Geisteskrankheit, in *Monatsschrift für Psychiatrie und Neurologie*, vol. 110, pp. 129-160. Non traduit en français à ce jour.
[3] *Le cas Suzan Urban* est traduit en français, chez Desclée de Brouwer, 1958.

L'enfance d'Ilsa se développa dans un climat pénible pour elle. Son père était un homme tyrannique, dur et très égoïste, et sa mère une femme effacée et angélique, acceptant de se laisser traiter en esclave par son mari adoré. Ilsa, élevée très religieusement (dans le protestantisme), avait progressivement pris conscience de cette situation et en souffrit de plus en plus, éprouvant à la fois un grand amour pour son père, une grande compassion affectueuse pour sa mère, et le sentiment aigu de son impuissance radicale à changer quoi que ce soit dans cette maison. Nous n'en savons malheureusement pas plus sur son enfance.

Alors qu'elle était déjà mariée, elle assista un jour à une représentation d'*Hamlet* et en fut extrêmement frappée. Elle ressentit une sorte d'identification au héros de la pièce de Shakespeare et conçut l'idée qu'Hamlet aurait pu éviter la folie s'il avait été moins irrésolu et s'il avait fait au bon moment un acte décisif (tuer le Roi par exemple). Elle rumina l'acte décisif qu'elle-même devait accomplir, et quatre mois après, à l'occasion d'un appel au secours de sa mère contre son père, elle annonce à son mari qu'« elle va démontrer à son père ce que l'amour peut faire et qu'il (le mari) ne doit pas l'empêcher de faire cela sinon elle sera malheureuse le restant de sa vie ». Un des jours suivants, étant allé trouver son père, elle lui dit qu'elle connaissait un moyen de le sauver, et c'est là qu'elle mit la main et l'avant-bras dans les flammes en disant : « Regarde, je fais ça pour te montrer combien je t'aime ».

Elle ne sentit pas la douleur quoiqu'elle fut brûlée au troisième degré et que la suppuration ultérieure attestât la gravité du mal. Pendant son acte, elle se montra héroïque et heureuse, et elle domina les gens autour d'elle, qui étaient en proie à la panique. Pendant la période de soins, elle se montra énergique et entreprenante. Son père changea de comportement pendant quelques semaines, puis les problèmes recommencèrent, à la grande détresse d'Ilsa. Pourtant dans la période qui suivit elle se montra active et dévouée à sa famille. Un de ses enfants mourut dans l'année, et Ilsa qui surmonta apparemment bien ce deuil, considéra qu'il était la punition d'un sentiment amoureux qu'elle avait eu envers le docteur pendant la maladie de son fils.

Un peu plus d'un an après la scène du sacrifice, elle décida de partir au repos à cause de « pensées folles ». En maison de repos, elle commença à croire que tout le monde la regardait. Au cours d'une lecture collective d'un roman de Gottfried KELLE [4], elle prit pour elle ce qui était lu de l'héroïne (Figura Len) et fit un éclat public, accusant les autres de se moquer d'elle. La croyance que tout ce qui arrivait la concernait se développa, ainsi que l'impression que tous les médecins étaient amoureux d'elle et qu'ils cultivaient intensément ses propres désirs. Le traitement devint rapidement une torture.

Elle eut aussi des troubles hallucinatoires cénesthésiques : ses mains et ses avant-bras lui paraissaient en glaise, ou enflés ou ne tenant plus à son corps. Elle parlait toujours de la scène du sacrifice, disant : « Je voulais montrer à mon père que l'amour est quelque chose qui se dépasse lui-même et qu'il se prouve non par des mots mais par des actes. Cela aurait dû avoir un effet sur lui, comme une illumination le tirant de son égoïsme. J'ai d'abord pensé à faire ça par amour pour ma mère mais ensuite parce que lui aussi en avait besoin. J'ai eu pitié de lui, et, depuis j'ai éprouvé encore plus d'amour et de compréhension pour lui. J'imagine que si

---

[4] Roman intitulé *Der Landvogt von Greifensee*.

j'aime ainsi tous les hommes, c'est parce que j'ai tellement aimé mon père. »

La malade passa par des états graves d'excitation avec tendances suicidaires, confusion des personnes, nombreuses idées de persécution. Après un traitement de 13 mois, elle quitta, complètement guérie, la maison de santé.

2. Les essais d'interprétation

On pourrait sur cette donnée, concevoir que le centre du problème d'Ilsa est le conflit entre l'amour idolâtre du père et la rébellion énergique contre la tyrannie paternelle envers sa mère et envers elle-même. Ce conflit n'avait pas de solution sinon un changement d'attitude du père (les autres solutions : divorce des parents, meurtre du père, étant impraticables). De là le désespoir, se manifestant par l'irrésolution, la peur de toute décision. C'était la situation d'*Hamlet*. Ilsa pensa que, dans son cas (le parricide étant impossible), il fallait changer l'attitude du père et ce fut l'idée du sacrifice. Ce sacrifice lui permit à la fois de prouver son amour pour son père et de l'impressionner comme elle le désirait. Mais l'ancienne blessure se rouvrit avec la certitude ultérieure de l'inutilité du sacrifice.

D'un point de vue psychanalytique, on pourrait dire qu'Ilsa, amoureuse de son père et culpabilisée de cet amour, retourne contre elle-même son agressivité pour se punir, et met sa main dans le feu afin de se purifier aussi. C'est pourquoi elle peut ensuite s'occuper activement de son mari et de ses enfants, sans angoisse. La mort de son enfant, vécue comme une punition, réveille l'ancienne culpabilité. La substitution de l'amour pour tous les hommes à l'amour pour son père ne calme pas cette angoisse de culpabilité, et elle se croit partout regardée, jugée et condamnée.

Ces diverses *explications* laissent hors d'elles l'Univers thématisé qui fut celui d'Ilsa, et il convient d'y revenir du point de vue phénoménologique, seul capable de donner un sens à *tous* les détails en les intégrant dans le même contexte structuré.

Le sacrifice par le feu est inintelligible sans référence à la phénoménologie du feu, particulièrement du mode d'existence « mourir-pour-renaître ». En mettant la main, organe de prise et de relation, dans le feu, Ilsa sacrifie quelque chose d'intime, sa propre vie, pour que naisse une nouvelle vie, rêvée dans le changement d'attitude du père. Il s'agit donc d'un acte de renoncement, d'effacement de soi, en vue d'un renouveau espéré. Le feu a une autre signification convergente dans la mesure où il est une lumière, et Ilsa a voulu expressément, comme elle le dit, illuminer son père comme dans un éclair. Enfin, chaleur, le feu présenté au père est destiné à faire fondre la glace de son cœur. Et ces trois buts se confondent dans « l'événement décisif » à faire surgir, l'« orage purifiant l'atmosphère oppressive de la maison de ses parents ». La suite attendue doit être *la fondation du Nous.*

L'échec de cet acte — et de cette espérance — conduit Ilsa dans un autre univers. Celui-ci se constitua autour du Doute, car elle douta d'elle-même, du sérieux de son action aux yeux de son père, de la valeur de ses actes. Dans cet univers, Ilsa croit alors rencontrer partout autour d'elle, *le doute sur sa sincérité et sa bonne foi.* Pendant cette deuxième période, on remarque que ses mains et ses avant-bras sont accusés et récusés comme valeurs de relation interhumaine authentique. Ils deviennent objets absurdes et faux. Par ailleurs, elle doit à tout prix chercher à savoir ce que sentent et éprouvent réellement les autres, tout en éprouvant elle-même une méfiance profonde envers eux. Elle se défend contre l'accusation de manque de sérieux et passe du temps à *justifier son sacrifice*. Elle est donc obligée d'aimer tous les hommes pour faire la preuve de sa sincérité, or ceux-ci sont en même temps ses tortionnaires qui doutent en permanence d'elle. La voilà alors dans la situation difficile et louche d'être obligée d'aimer — donc de séduire — tous les hommes, et de justifier toujours la pureté de ses intentions.

Ceci nous conduit au thème des thèmes qui fait l'unité des phases de l'existence d'Ilsa : ce thème est celui de *la relation au Père*, tyran aimé qui empoisonne la vie de son épouse et de sa famille, relation qui se généralise et structure toute l'existence d'Ilsa. Son oppression augmente au fur et à mesure que les années passent. L'idée du sacrifice apparaît comme un effort décisif de libération du Moi. C'est pourquoi l'acte est vécu comme non douloureux et libérateur. C'est l'échec reconnu qui fait retomber le Moi et l'univers dans le thème qui, cette fois, se généralise, balaie l'existence entière. Ilsa « rencontre le Père » dans toute relation interpersonnelle, et est amenée à lutter dans un conflit sans fin où se mélangent l'amour et la haine, le combat et la démission, la volonté de pénétrer dans le cœur des autres et la certitude que les autres sont rejetants et sadiques. Le Père fut tout au long de la vie d'Ilsa un objet de souci *(Sorge)*, quelque chose qu'il fallait conquérir et posséder et qui était en même temps absolument inaccessible. A cause de cette relation impossible et indépassable, l'environnement tout entier devient une puissance énigmatique. Le *Tu* de la relation paternelle ainsi faussée se pluralise dans un faux *Nous*, et aucune relation n'est plus authentique.

Par rapport à cet Univers, la guérison est une dernière phase, phase de solution relative où le Moi retrouve ses potentialités et son historicité sans se débarrasser pourtant complètement de la thématisation. Après sa « guérison », en effet, Ilsa se consacra aux problèmes psychologiques des individus, des familles et des groupes. L'orientation positive vers les autres est retrouvée; ce n'est plus la froideur, le mépris et la dureté des autres qui sont perçus mais leur souffrance.

Si sublimation il y a, elle apparaît en tout cas non comme le produit d'un mécanisme de simple transformation formelle mais comme l'effort réussi de dépassement du problème et du passé, comme une libération de l'être sur une voie qui porte certes les traces du thème tout en le transcendant dans une éthique vraie. Rétrospectivement on peut dire que l'éthique du sacrifice de soi était, dans l'Univers thématisé, défigurée et dénaturée dans un acte symbolique sans prise sur la réalité, effectué par un Moi prisonnier du thème.

III LE CAS RUDOLF

En 1948, Roland KUHN, disciple de BINSWANGER et actuellement praticien en Suisse, expose un cas que nous résumerons ici comme troisième exemple [5], orienté cette fois vers la compréhension d'une tentative de meurtre, sans référence à la nosologie ni même à la distinction normalité-aliéanation.

---

[5] Mordversuch eines depressiven Fetischisten und Sodomisten an einer Dirne, in *Monatsschrift für Psychiatrie und Neurologie*, vol. 116, pp. 66-151, non traduit à ce jour en français.

1. *Les faits*

Le 23 mars 1939, Rudolf R., âgé de 21 ans, garçon boucher, à casier judiciaire vierge, tira sur une prostituée avec l'intention de la tuer. Il avait quitté son travail le matin, il acheta arme et munitions, prit le train pour Zürich, se promena jusqu'à rencontrer une prostituée, la suivit dans sa chambre, ne put avoir un rapport sexuel avec elle et, alors qu'elle se rhabillait, il tira sur elle. Il alla ensuite se constituer prisonnier. Questionné sur ses mobiles, il dit avec calme que les prostituées gagnaient trop facilement leur vie, qu'elles lui avaient pris assez d'argent comme ça, qu'il était contre la prostitution source de Mal public, que cela allait donner à réfléchir aux autres prostituées, qu'il avait voulu se débarrasser de ses tentations, et que, de toutes façons, tuer une prostituée n'était pas une affaire! L'idée d'en tuer une lui était venue la veille. L'examen psychiatrique conclut à une bouffée schizophrénique sur un fond de psychopathie, et à l'irresponsabilité de Rudolf. Il fut placé à l'Hôpital psychiatrique ce qui lui causa « une grande déception » car il voulait « un grand jugement »; c'est à l'Hôpital qu'il fut traité pendant 8 ans.

2. *Éléments biographiques recueillis auprès de la famille*

Huitième enfant d'une famille de dix, Rudolf perdit sa mère (qui mourut de suites de son dernier accouchement) à 4 ans. Ses frères et sœurs aînés racontent que Rudolf, qui avait l'habitude de grimper dans le lit de sa mère malade, la chercha à son réveil alors que, morte dans la nuit, on l'avait couchée dans une autre chambre, la trouva, s'assit près du cadavre dans le lit, l'embrassa, lui parla croyant qu'elle était endormie. Il ouvrait et fermait les paupières de sa mère. Au bout d'un grand moment, il se laissa emmener ailleurs. L'enterrement eut lieu le jour du Carnaval, et Rudolf passa ce temps à regarder les mascarades par la fenêtre; il ne commença à devenir mélancolique et pitoyable que les jours suivants.

Deux ans après le décès de sa femme, le père se remaria avec une de ses servantes, que l'enfant refusa obstinément d'appeler « maman » malgré les injonctions paternelles, et à laquelle il manifesta une hostilité durable. A 7 ans, Rudolf vit le cadavre d'un voisin, ce qui l'impressionna terriblement, et, la mort de son grand-père survenant par là-dessus, il opposa la plus forte résistance à aller voir le corps. Des terreurs nocturnes se développèrent. Dans l'obscurité des caves et des corridors, il croyait entendre des râles et voir des condamnés à mort.

Au début de sa scolarité, il fut très impressionné par les images de la Bible pour enfants, spécialement par la décapitation de saint Jean-Baptiste et la crucifixion du Christ. Vers la même époque il se fractura une cheville, et faute de soins, les os se resoudèrent mal et il lui resta une espèce de pied-bot. Son anxiété redoubla et il eut peur de passer par les endroits où il pouvait tomber. Il s'isola de plus en plus, croyant que ses camarades le raillaient... Par ailleurs il développait une passion spéciale pour tout ce qui brille, et c'est ce qui l'incita, poussé aussi par des petits garnements, à voler des pièces d'argent. A 13 ans, il fut attrapé à piller le tronc de l'église. Les maîtres, le père, le curé le punirent sévèrement et il fut obligé de demander pardon publiquement, humiliation qui lui fit se promettre intérieurement vengeance violente. On se moqua de lui longtemps chez lui et à l'école, et c'est sans doute cette situation qui le rendit bègue pour plusieurs années.

Physiquement Rudolf devint un adolescent robuste. La masturbation pubertaire s'accompagnait d'angoisse de mort, et il se sentait saisi par la main de squelettes. Il aimait aussi tenir des chaussures d'une voisine adulte dont il était secrètement amoureux pendant ses séances d'onanisme dans les w.-c.

Il devint réfractaire à l'église, au catéchisme et à tout sermon moral, probablement par réaction aux sanctions qui suivirent ses larcins. Il refusait particulièrement le commandement « tu ne tueras point » et se promettait toujours de se venger par violences, meurtre et incendie.

Il devint apprenti boucher après quelques années d'école, se livrant avec d'autres apprentis, à la masturbation mutuelle et à l'homosexualité. A 15 ans il fit sa première expérience hétérosexuelle avec une mineure. Son métier le dégoûtait au début car tuer les animaux lui donnait la nausée. Il finit par s'habituer à la boucherie. Comme garçon de courses, il cherchait la conversation des femmes à qui il livrait la viande et les interrogeait sur la sexualité. Il associa à partir de ce moment l'excitation sexuelle et l'impulsion au meurtre. Chassé de la boucherie par le patron parce qu'il courtisait sa femme, il entra dans une autre boutique, toujours comme boucher, et séduisit la bonne. A cette époque il aimait beaucoup le cinéma (jusqu'à 3 fois par jour de congé) et la lecture, les uns et les autres sur des thèmes de violences; il fit une tentative de meurtre sur un chauffeur de taxi avec un couteau de boucher, et vola même un jour une voiture.

Il fréquenta les prostituées et loua ses services à des homosexuels pour avoir de l'argent, tout en étant très bien considéré comme employé par son patron qui ignorait d'ailleurs sa vie nocturne.

Vers Noël 1938, son père mourut. Accouru chez lui, Rudolf resta auprès du cadavre, lui ouvrant et lui fermant les yeux, proposant de raser le corps et désirant le voir nu, sans émotion apparente. C'est seulement lors de l'enterrement qu'il éprouva un gros chagrin, et il resta sans manger. Il partit pour Zürich avec l'intention de visiter une prostituée. Pendant le trajet jusqu'à la gare, il avait le sentiment qu'il était lui-même son père dans le corbillard et qu'il défilait devant ces maisons pour la dernière fois. A Zürich, il suivit une prostituée avec l'intention de la tuer. Comme celle-ci lui dit qu'elle ne se déshabillerait pas, son impulsion disparut et il eut un rapport sexuel normal avec elle. Il retourna ensuite à son travail. Tout se passa bien pendant les semaines suivantes. Le jour de son crime, il eut l'impression rétrospective que tout s'accomplissait automatiquement. Il alla à Zürich le matin, armé, erra tout le jour, trouva une prostituée, la suivit dans sa chambre et ne put avoir de rapports sexuels parce qu'elle se mit nue. C'est lorsqu'elle se rhabillait qu'il tira. Il s'enfuit en courant, avec l'impression de sortir d'un rêve. Il parcourut les rues sans but, téléphona à la police d'aller voir à l'adresse de la prostituée. Il se rendit dans un restaurant un peu plus tard, mangea, et, de là, appela de nouveau la police pour se constituer prisonnier.

3. *Comportement à l'hopital* (d'abord au Burghölzi, puis à Münsterlingen)

Rudolf se montra très raisonnable et sa bonne conduite lui fit obtenir de nombreux privilèges assez rapidement. Son humeur était changeante, tantôt déprimée, tantôt excitée. Il était plein d'imagination et de plans grandioses.

Beau garçon, il attirait facilement l'attention des femmes, infirmières ou malades. Il eut une aventure sexuelle avec une employée au bout d'une année. Il était très peu coopérant au traitement. Il accepta peu à peu de raconter ses rêves et ses rêveries éveillées. Les rêves de mort furent d'abord les plus nombreux ; tantôt il s'agissait de la mort des médecins traitants, tantôt de transport de cadavres de femmes. Tantôt il tuait, tantôt il assistait au meurtre, tantôt c'était lui le mort. D'autres rêves de grandeur et de gloire personnelle eurent lieu, se poursuivant en rêveries diurnes. Les hallucinations de cadavres de femmes couchées auprès de lui étaient fréquentes. Il rêvait beaucoup aussi de caves, de passages souterrains, de labyrinthes, où, à la lumière de torches, il découvrait des cadavres, mais il avait le sentiment en même temps qu'il pouvait ressusciter ces morts.

D'autres rêves mêlaient les images du carnaval et les images de mort. Il se prit pendant un temps pour Jésus-Christ.

Il raconta progressivement, à l'occasion de ses rêves, certaines périodes de son passé, telle sa croyance ancienne que les enfants étaient fabriqués à l'Église par les prêtres, et sa passion pour tous les objets brillants dont il fit très longtemps une collection disparate, les cherchant compulsivement partout autour de lui.

Au cours du récit d'un rêve angoissant, il se souvint que lorsqu'il avait embrassé sur les lèvres sa mère morte, un liquide putride lui était venu dans la bouche.

Un incident à noter aussi : alors qu'il était dans une période dépressive avec tendances suicidaires, il alla dans une église et eut, en face de la statue de la Vierge portant l'enfant, l'impression hallucinatoire qu'elle s'animait et vivait. Le choc qu'il en reçut mit fin aux idées de suicide. Sur le plan de son comportement à l'hôpital, il se montra de plus en plus sociable et coopérant, participant aux fêtes organisées par les malades, apprenant le métier de jardinier tout en le trouvant particulièrement ennuyeux, et dévorant les livres qui lui furent prêtés, quoiqu'il préférât, selon son goût, des romans policiers ou d'aventures. Au fur et à mesure de la lente amélioration, selon ses propres dires, il redécouvrait le monde. Il prépara une École de Commerce et fut reçu second. Sa sortie, après guérison, eut lieu en 1947.

4. L'Univers de Rudolf

L'auteur précise que le « monde » qu'il cherche à décrire doit être considéré comme « la trame du vécu, à travers quoi Rudolf interprète toute chose », toute situation, tout événement, et « dont il se sert comme contexte de référence » *(Bewandtnis-Zusammenhang)*. Il annonce d'autre part que la description phénoménologique qu'il présente a été « reconnue » par Rudolf lui-même, progressivement, au cours du traitement, et qu'elle fut reconstruite à partir des « expressions spontanées de son vécu ».

Roland KUHN passe aussi, longuement, en revue les divers « diagnostics » portés par les nombreux psychiatres qui virent Rudolf (folie maniaco-dépressive, schizophrénie, perversion, dépression mélancolique atypique, fétichisme, sadisme, hystérie, compulsion, psychopathie, équivalent épileptique, etc...) *qui tous prennent leur source dans tel ou tel détail observé et privilégié, tout en restant à l'extérieur de l'Univers de Rudolf.* L'auteur cherche, quant à lui, à comprendre cet Univers, *dans lequel le crime perpétré par*

Rudolf était non seulement possible mais inévitable, tout en restant au niveau phénoménologique (sans recourir à « l'explication naturaliste »).

La Rue a pour Rudolf un sens particulier; c'est le lieu de sa débordante activité. Il aime la rue avec ses choses changeantes, les gens qu'on rencontre, les maisons qu'on dépasse, avec son infini. La rue est *l'Espace de Rudolf* et elle est aussi pour lui le Temps dans lequel il existe. La hâte, l'impatience d'essayer, le besoin de toujours-nouveau, la curiosité de Rudolf, s'expriment dans son goût de la Rue, autant que dans sa tendance à éliminer toute connaissance intime durable des femmes, son plaisir à rencontrer l'inattendu, le menaçant, le dangereux, tout ce qui est *suspense.* La rue est le lieu du *suspense* pour lui. Par cet aspect, son Univers est ce qui apparaît sous forme de *suspense,* ce qui le met dans un état d'attente (au sens d'attention suspendue à ce qui va se produire). Sans suspense, la vie lui paraît un néant, un vide, un froid, un ennui. Son existence est sans continuité et sans suite historique. Son Temps est haché, procédant par sauts.

Le métier de boucher comporte du *suspense,* alors que celui de jardinier (qu'il a appris à l'Hôpital) n'en comporte pas. Aussi Rudolf le trouvait-il ennuyeux et « rasant ». Le criminel vit aussi dans le *suspense,* ce qui fait comprendre la fascination que les criminels et le crime exerçaient sur Rudolf, et aussi son avidité pour les films de violences et les romans noirs. Rudolf est un homme de la rue, de la foule, et non un être socialisé, quoique ce type d'existence soit toujours à référence sociale.

La prostituée est le symbole même de la Rue. Elle appartient, pour Rudolf, à la Rue, au Commerce, aux objets qu'on achète et qu'on vend, au *suspense.* Dans son Monde, la prostituée n'est pas une personne humaine; elle incarne l'appel de la Rue.

Or, après le crime, les raisons qu'il donne de son acte (nous devons les considérer sérieusement) montrent qu'il voulait en finir avec la tension permanente de son existence. Désireux soudain de vivre autrement, il décide de tuer ce qui est « la source du Mal » (le sien), le symbole même de l'Univers en instance et en attente, de la Rue et de son Destin. Et il accomplit son acte dans le système de référence qui est le sien, dans la dramatique du crime, sur le modèle du Héros vengeur.

Le *rôle de héros tragique* est par ailleurs familier à Rudolf. Il est, dans ses rêveries, athlète acclamé ou général triomphant. C'est dans ce contexte qu'il faut comprendre sa déception de ne pas passer en Cour d'Assises. Pour lui, passer en jugement lui eût assuré la célébrité (il aurait eu les honneurs des journaux) et son rôle de Héros vengeur de l'Humanité, triomphant du Mal, eût nécessairement été reconnu.

Mais si tout cela jette une certaine lumière sur les états d'âme de Rudolf dans leur connexion avec les significations de son Univers et de son existence, rien ne se rapporte encore au choix du jour pour son crime.

Ici une autre perspective apparaît : *la relation existentielle entre le crime et la mort du père*. Chronologiquement une relation est certaine, puisque le meurtre eut lieu le lendemain des funérailles. Du point de vue de l'analyse existentielle, cette relation paraît une des clés de l'acte. On sait, par les témoins, trois choses : 1) lorsque Rudolf apprit la maladie, puis la mort de son père, il ne manifesta aucune tristesse, 2) son comportement devant le corps de son père fut « bizarre et incompréhensible », 3) aux obsèques de son père, Rudolf laissa éclater un très violent chagrin, d'autant plus étrange qu'il était resté indifférent jusqu'à ce moment [6].

Rudolf lui-même reconnut pour exacts ces témoignages et ajouta que sa première réaction à la nouvelle de la mort de son père, avait même été de la joie, quoique cette mort ne lui apportât aucun avantage matériel. C'était une joie très particulière, liée à l'idée qu'il allait pouvoir s'occuper du cadavre, et là nous retrouvons parmi les assistants le témoignage de l'excitation de Rudolf en face du mort, de ses actions « incompréhensibles » sur le cadavre et de la difficulté qu'ils avaient eue à le séparer du corps de son père. Cette situation réapparut d'ailleurs dans de nombreux rêves où il s'occupait, quelquefois à l'aide de machines compliquées, du cadavre paternel, comme aussi de cadavres inconnus et de femmes mortes. Or, dans ces rêves, il parvenait assez souvent à ramener ces corps à la vie, et c'est à ce moment qu'il éprouvait un sentiment de bonheur indescriptible.

Devant tout cadavre, et également devant le corps de son père, Rudolf confia qu'il ressentit d'abord *un doute*, et que ce doute l'incitait à des manipulations et vérifications parmi lesquelles ouvrir et fermer les paupières, remuer les mâchoires du mort, essayer diverses manœuvres. Les sentiments de deuil sont pour lui toujours absents à ce moment. Ce n'est que le lendemain, lorsque l'enterrement commença, que la réalité et la certitude de la mort de son père l'étrei-

---

[6] A propos des mots qui viennent d'être utilisés : « bizarre, incompréhensible, étrange », on peut évidemment prendre l'attitude psychiatrique et y voir des symptômes (ici de schizophrénie). On peut aussi, se référant à la doctrine freudienne, les considérer comme énigmatiques et chercher leur sens dans « les profondeurs » de l'inconscient, de même que dans le passage du « manifeste » au « latent ». Leur absurdité apparente trouverait une signification. Le point de vue existentiel, tel qu'on va le développer, est tout autre, quoique lui aussi cherche à éliminer l'incompréhensible.

gnirent, avec le sentiment angoissant et terrible de son impuissance absolue devant elle. Son attente, son espérance, son
suspense de résurrection, s'effondrèrent.

Or, ceci nous renvoie à un autre contexte qui frappe par
son analogie : *la mort de sa mère*. L'enfant de 4 ans qu'il
était alors avait passé des heures à attendre le réveil de sa
mère morte et à essayer de la retrouver vivante. La structure
expérientielle est la même. Il y eut alors aussi deux phases :
une attente pleine d'espoir succédant elle-même à la période
de recherche anxieuse du corps qu'on avait emmené ailleurs,
attente active marquée par les manipulations en vue de
ressusciter l'être aimé,... puis la détresse de la déception
et l'angoisse de l'absence définitive au moment de l'enterrement. A propos de la manipulation des cadavres, Rudolf
nous apprit aussi que c'est cet aspect qui l'excitait spécialement dans les enquêtes policières : les problèmes posés
par les cadavres le fascinaient dans les films et romans
policiers dont il fut si avide dès son adolescence. Son métier
de boucher lui apportait un autre lot d'expériences sur le
mystère du cadavre et les signes de la mort.

Ainsi 17 ans après la mort de sa mère, Rudolf retrouve
lors de la mort de son père la même structure de comportement, sans que, sur ce point, un changement radical se
soit opéré dans sa manière d'être. Or, la mort de sa mère
a été marquée, chez l'enfant de 4 ans qu'il était, par trois
expériences qui toutes trois imposèrent à son Univers des
thématisations durables :

— d'une part il chercha désespérément l'*éclat du regard*
et à partir de cet instant tout ce qui brille devint fascinant
car la connotation du brillant, pour lui, c'est la vie, l'essence
du vivant, l'étincelle du regard de la mère vivante, donc
sinon une façon de la retrouver, du moins l'occasion d'éprou-

ver une sensation extraordinaire de soulagement et de bonheur,... or, on sait *que la quête de tout ce qui brille* qui occupa l'enfant dès ce moment et s'exprima, entre autres, dans l'attrait des pièces d'argent, motivations des premiers vols, qui eux-mêmes, par leur punition, suscitèrent les violentes réactions secrètes de vengeance... Le « fétichisme de l'objet brillant » polarisant son désir et finalement son excitation érotique, se mua progressivement en d'autres fétichismes, concernant des objets féminins;

— d'autre part il contracta une véritable obsession du cadavre-que-l'on-peut-faire-revivre-si-l'on-sait-s'y–prendre, et ceci se poursuivit et se développa par son travail de boucher. Rudolf raconta un jour comment il « étudiait » la mort des animaux et surtout comment leurs yeux mouraient. Il se sentait *maître de la mort et de la vie*, à la fois bourreau et sauveur. Il se souvint de son extraordinaire excitation lorsque, tuant une femelle pleine, il parvint à sauver les petits. L'idée qu'il était le Sauveur, le Christ, et qu'il pouvait accomplir des miracles commença d'ailleurs après cet incident...

— enfin se développa une certaine schématisation du deuil : l'angoisse, la tristesse, la dépression mélancolique, l'identification au mort avec pulsions suicidaires ne se produisaient qu'avec *la perte du cadavre*, c'est-à-dire au moment où on arrachait le cadavre de ses mains et où il disparaissait hors de son pouvoir. Ce thème, joint au précédent, donnait un sens à *la quête de cadavres* que Rudolf ne cessa de mener dans sa vie comme dans ses loisirs [7].

---

[7] On pourrait faire de ce comportement un signe de nécrophilie, mais le contexte singulier de cette quête chez Rudolf nous mène loin de cette étiquette nosographique, d'autant plus que cette pseudo-nécrophilie s'accompagnait d'une nécrophobie.

Quête ambivalente d'ailleurs car l'angoisse et l'horreur s'associaient à la manipulation du cadavre, association fixée par l'impression épouvantable de putride ressentie lorsqu'il avait cherché à aspirer un souffle de vie sur la bouche de sa mère morte.

Pour en revenir au décès du père, on comprend mieux maintenant *le deuil de Rudolf* après la mort de son père. Il éclate non pas au moment où il apprend que l'être aimé est mort, mais lorsqu'il éprouve qu'il en a perdu le cadavre.

Selon une logique intrinsèque soutenue et nourrie d'autres expériences déformées et pétrifiées par les schématisations *a priori*, les relations interhumaines générales de Rudolf n'avaient rien d'authentiquement humain. Son attrait pour *le monde de la nuit* se comprend aussi par le fait qu'il avait toujours l'impression d'avoir affaire à des corps, à des objets matériels, plutôt qu'à des êtres humains vivants. Son monde est *un monde de l'inanimé* (renforcé par les expériences de son métier de boucher), monde dont la pénétration (il essaye d'arracher les secrets de la vie aux corps inanimés) exige de la force et une manière d'agression. Son goût pour les caves, les tunnels, les souterrains que l'on creuse (dans ses rêveries, souterrains labyrinthiques et cadavres à ressusciter sont associés), correspond, d'une certaine manière à l'agressivité qu'il manifeste dans ses relations sexuelles ; il ne connaît pas de *voix*, n'entendant et ne cherchant que les *cris*, ceux de la rue, ceux des animaux qu'il tue ou ceux des humains. Et dans ce contexte, qui rejoint par de nombreux nœuds celui qui est précédemment décrit, le meurtre n'a pour Rudolf en aucune manière le sens d'un attentat à la vie ou aux valeurs humaines. Le monde de la nuit, le monde de la matière, des choses matérielles et le monde non humain des corps inanimés (sans lumière et sans éclat) se confondent pour Rudolf et correspondent au monde de ses rêves et rêveries. La pénétration des profondeurs (celle de la Terre et celle des corps) est associée à la violence. Les endroits clos et sombres, et la nuit, sont des lieux et des moments où l'on tue (il évoque la décapitation de saint Jean-Baptiste dans une cave obscure, souvenir de sa Bible d'enfant).

Ici il faut mentionner les réactions particulières de Rudolf à la nudité du corps féminin. Aussi longtemps qu'une partenaire sexuelle reste habillée, Rudolf la considère comme objet à conquérir et son désir aventureux s'exacerbe. Mais elle *doit* rester habillée, parce que sa nudité évoque de manière effrayante le cadavre, et la singulière combinaison d'angoisse phobique et d'amour pour les cadavres culmine dans l'impulsion immédiate à tuer. L'acte sexuel « normal » avec la femme habillée a pour corollaire le meurtre de la femme nue, car ce sont les deux manières de pénétrer violemment dans le corps de l'autre, le premier n'étant possible que si l'image spécifique du cadavre ne vient pas s'interposer.

La compulsion meurtrière jusque-là demeurée au niveau des images et des fantasmes, s'est trouvée sans inhibition au moment du deuil de Rudolf, générateur d'un état dépressif et d'un désir fou de « garder le cadavre ». Autrement dit *il lui fallait un cadavre et* la prostituée, en se déshabillant dans une pièce obscure, a réalisé sans le savoir toutes les conditions du passage de la compulsion imaginaire à l'acte meurtrier réel. Il se sent aussitôt maître de la vie et de la mort, et son état de deuil s'efface. Le voilà calmé et calme, attendant d'être reconnu comme héros tragique, d'où son besoin de publicité et de tribunal, ceci non sans l'obscur espoir, dit-il finalement, que l'existence en prison dissolve un univers insoutenable et décevant, toujours vécu sur le mode du suspense, de la mort et de la solitude absolue.

Au cours du traitement, la réunification de l'être humain, du corps et de l'esprit, de la matière et de la vie transindividuelle, fut facilitée (ou manifestée) par la vision hallucinatoire de la Vierge à l'enfant, visiblement expressive du retour de la mère et du retour de Rudolf... à la vie.

. . . .

Après ces comptes rendus de trois cas illustrant l'analyse phénoménologique, à la fois existentielle (puisqu'elle reste au niveau du monde des significations vécues) et structurale (puisqu'elle cherche à formuler l'organisation des thèmes structurants), de nombreux problèmes se posent. Étant admises la valeur du résultat et la lumière nouvelle que cette forme d'analyse jette sur ce qui s'offre réellement à la compréhension du thérapeute, les problèmes demeurent en ce qui concerne les méthodes transmissibles à utiliser, aussi bien pour comprendre le malade que pour le guérir.

DEUXIÈME PARTIE

LA PSYCHOTHERAPIE
PHENOMENO-STRUCTURALE

RICHESSE DE LA THÉORIE
ET PAUVRETÉ PRATIQUE
DE L'ANALYSE EXISTENTIELLE

> « *Ceux qui chercheront dans les travaux de l'analyse existentielle un manuel de techniques seront déçus. Les pionniers n'ont pas écrit de méthodes pratiques... Ils ne sont pas tant que cela intéressés par la technique.* »
> Rollo MAY, ouvrage collectif non traduit, Éd. américaine, p. 76.

L'impression de richesse de la théorie et de carence au niveau de la méthodologie thérapeutique reste l'impression dominante de celui qui lit les œuvres des analystes existentiels, même des plus récents, plus d'un demi-siècle après l'entrée officielle de la phénoménologie dans le champ psychiatrique.

Peut-être peut-on voir là une des raisons de sa faible influence, jusqu'ici, sur les thérapeutes, qui sont, eux, aux prises avec les drames concrets des malades et avec le souci de leur guérison.

I. LE RENOUVELLEMENT DE LA COMPRÉHENSION

Rien n'est plus excitant que les perspectives de la nouvelle conception, et spécialement, pour tous ceux qui l'ont abordée, la nouvelle image de l'Univers morbide, dont nous venons de donner des exemples qui font date dans l'histoire de la psychopathologie.

Le premier concept-clé est précisément celui d'Univers ou de « monde ». Comme le dit BINSWANGER [1], nous devons entendre « monde » au sens de « monde privé » ou de « univers de tel ou tel malade » comme organisation structurée des significations correspondant à une manière d'être-au-monde.

Dans ce sens, le mot « monde » se distingue nettement de quatre autres acceptions : 1) l'acception commune, apparaissant dans des expressions banales telles que « ne pas aimer le monde », « se tenir éloigné du monde », où le mot renvoie à la vie sociale ou à la participation à différentes formes de l'existence communautaire ou groupale qui sollicitent normalement les humains. Du même genre serait la dénotation qui renvoie plus largement au monde extérieur en tant qu'objectivité et qu'actualité, comme dans l'expression journalistique « nouvelles du monde »; 2) le « monde » au sens religieux et biblique, qui signifie l'ensemble de la société humaine comme lieu de valeurs illusoires; c'est contre les sollicitations de ce monde en tant que système de valeurs mondaines, historico-politiques ou socio-économiques, que tel ascète choisira les vertus théologales et l'éternité; 3) le « monde » au sens de « région particulière du monde objectif » pour tel sujet considéré dans sa vie quotidienne actuelle, comme dans les expressions « il fréquente le monde du cinéma »; c'est alors l'ambiance sociale particulière dans laquelle vit ou essaye de s'introduire quelqu'un, en tant que milieu social de son existence, partielle ou permanente; 4) le « monde » au sens de HEI-

---

[1] BINSWANGER, *Discours, parcours et Freud, op. cit.*, p. 55 note.

DEGGER, corrélatif du *Dasein* comme ec-sistence et comme pro-jet. Il s'agit alors du sens transcendantal, de ce que vise le Dasein comme présence-au-monde, comme participation créatrice à l'être du monde en devenir, un monde débarrassé de la subjectivité et de la thématisation, mais débarrassé aussi d'une extériorité-objectivité qui le fige dans une résistance au sujet individualisé [2].

Certes, comme nous l'avons vu, la filiation apparaît nettement entre la conception de l'*Umwelt* de Von UEXKULL et la conception d'Univers au sens où nous prenons ce mot en psychopathologie, mais l'analogie ne doit pas faire illusion. A l'*Umwelt* spécifique de tel animal (totalisant son *Merkwelt* — ou monde des qualités perçues —, son *Wirkungswelt* — ou monde de modes d'action, et les interactions circulaires entre ces mondes — ou « fonctions-cercles »), correspond probablement un *monde humain* que décriraient une écologie et une éthologie de l'espèce Homme. Mais il faut prendre en considération deux aspects essentiels qui nous feront progresser dans la délimitation plus stricte des univers au sens psychopathologique : d'une part l'être de l'Homme ne peut se ramener à son écologie et à son éthologie dans la mesure même où il n'est pas rivé, comme l'animal, à ses déterminants biologiques et où il contient une potentialité d'être. Ceci est l'aspect anthropologique qui distingue les sciences humaines des sciences de la nature : *l'existence*

[2] On peut se demander, puisque le « monde » au sens de HEIDEGGER est défini par BINSWANGER comme différent de l'acception psychopathologique qui nous occupe, quel intérêt il y a à faire référence à HEIDEGGER dans la conception de l'Univers morbide. A cela BINSWANGER ferait deux réponses : 1) les univers pathologiques sont des transformations ou des perversions du monde au sens de l'analytique existentielle, 2) la guérison du sujet est définie comme recouvrement du *Dasein*, comme réveil de la Présence et du Projet chez le malade, comme récupération de son Être et de l'être du monde.

humaine transcende son être-de-la-nature, elle est projet, création, amour. D'autre part l'Univers morbide est individuel, relatif à un sujet — plus exactement même à une subjectivisation — ce qui le distingue encore de tout Umwelt d'espèce, c'est-à-dire de tout *milieu écologique.*

La notion de Monde morbide étant ainsi de nouveau précisée, il nous paraît important, pour la suite de cet exposé, de souligner ses caractéristiques essentielles :

1. Le monde du malade, celui auquel nous aurons affaire, est *l'ensemble des relations significatives* dans lesquelles il existe et dans le contexte desquelles il agit. Ce monde inclut naturellement le passé, mais un passé qui, justement, *ne se donne pas pour passé* et qui est ici, maintenant inhérent au monde vécu. Il inclut aussi les influences variées qui se sont exercées sur l'individu, mais celles-ci ne sont pas perçues comme influences; elles font partie intégrante de l'Univers tel qu'il est actuellement façonné. La notion de signification est ainsi au premier plan et devient le premier concept dynamique de toute tentative de description. Et ici il nous faut préciser, car les multiples acceptions de ce terme induisent une confusion persistante. Toute une échelle de significations est possible pour chaque donnée observable ou pour chaque parole entendue. Je peux la comprendre dans son propre contexte, ou par rapport à une table de décodage, ou par rapport à ses causes ou à ses effets, je peux me mettre au niveau intellectuel ou au niveau affectif, la percevoir comme signe, comme symbole ou comme symptôme.

La signification dont nous aurons à nous occuper en psychothérapie est *relative à l'expérience du malade et à elle seule ;* elle se réfère à l'expérience de sa propre relation au monde et *n'existe que pour lui.* Elle est essentiellement

vécu individuel, création individuelle, privée, idiosyncrasique. Cet aspect a été suffisamment mis en valeur par la
psychanalyse pour éviter de longs développements, mais,
à l'inverse de la psychanalyse, nous soutiendrons, avec les
phénoménologues, que la compréhension de ces significations ne peut absolument pas se faire par rapport à un
inconscient ni à un « contenu latent », concepts porteurs
d'une table de décodage étrangère au malade, mais par
rapport au *cadre de référence du malade* lui-même. On voit
là l'importance de la notion moderne de « cadre de référence », celui-ci étant l'ensemble du *système individuel* qui
intervient comme donateur de sens à tout ce qui est perçu,
et comme filtre sélectif du perçu.

Nous avons vu dans la première partie de cet ouvrage,
que le thérapeute doit nécessairement mettre entre parenthèses ou oublier son propre cadre de référence qui inter-
viendrait comme facteur de distorsion et d'incompréhension.
De nombreuses recherches (KELLY 1955, ANSBACHER et
ANSBACHER 1958, BANNISTER et MAIR 1968, RYCHLACK 1968)
ont aujourd'hui clarifié les opérations non conscientes du
cadre de référence comme agent de déformation et d'interprétation du donné. RYCHLACK, dans le domaine de la
psychiatrie, a opposé de ce point de vue l'approche « extra-
spectionniste » qui est celui de la psychiatrie et de la psychanalyse, qui consiste à décoder avec son propre cadre de
référence *et donc à ne pas comprendre*,... et l'approche
« introspectionniste » qui cherche à comprendre ce que dit
l'autre par rapport au cadre de références qui est le sien [3].

---

[3] Ce sera d'ailleurs une difficulté, et non des moindres, que de supporter, au début des entretiens psychothérapiques, la non-compréhension, la non-signification des dires d'un malade dont nous ignorons
le cadre de référence.

2. Les significations dont il s'agit sont vécues, c'est-à-dire qu'elles relèvent du niveau existentiel, de l'expérience personnelle du monde et de ce qui lui advient, des relations interhumaines, de tout ce que le malade éprouve de sa situation et de son être-dans-le-monde. Notons qu'un malade peut parfaitement dans certains secteurs de ses activités, avoir des concepts valables et une conduite adaptée efficace, ce qui montre qu'il perçoit les données correspondant à ce secteur avec des significations intellectuelles ou techniques suffisant à sa réussite. Ceci se produit même dans certaines psychoses où la strate des gestes professionnels automatisés peut être consistante au point d'obnubiler l'observation superficielle et de donner le change.

C'est lorsque le malade parle de son existence, de ce qui se passe pour lui au niveau affectif, que les significations irrationnelles se découvrent et que les pseudo-concepts qu'il utilise pour décoder le perçu se laissent voir à travers leur opération même.

Mais ce vécu est la réalité pour le malade, je veux dire qu'il n'a pas d'abord connaissance d'une autre signification possible. Il y a une objectivation intégrale des significations vécues. Le monde morbide n'est pas distingué du monde extérieur commun. Il est la vérité actuelle et le malade en parle comme d'une évidence qui s'impose à son moi et à sa conscience. Remarquons au passage cette passivité bizarre du Moi et de la conscience dans la maladie, typiques de la privation d'être et de liberté.

3. Le monde dont il est question est *un mode d'existence,* un *Dasein* spécifique, différent du monde normal en ce qu'il est tronqué, mutilé, thématisé, et il doit ou peut être considéré comme un système des significations. Cet Univers a une structure et *une logique interne.* Quelle que soit l'absurdité du

système tout entier, il est, en lui-même d'une cohérence résistante. Comme le dit V. E. Von GEBSATTEL [4] : « l'organisation de l'existence (action, réalisation de soi, connaissance, création, etc...) est remplacée par *une autre organisation*, procédant d'autres principes structuraux et aboutissant à un univers existentiel structuré différemment... » L'aspect magique-primitif du réel est, pour les normaux, complètement dépassé et masqué par la structuration catégorielle-rationnelle, et les choses ne « parlent » que pour les poètes. Dans certains états affectifs forts (anxiété, joie, etc...) une physionomie nouvelle affective-magique du réel réapparaît, généralement perçue comme telle; or, c'est elle qui semble constituer la tonalité fondamentale de l'Univers morbide, lequel présente en outre *une structuration rationnelle interne, une organisation logique persistante, ce qui le différencie radicalement de l'Univers poétique* (outre que la création proprement dite y devient impossible par suite du rétrécissement monotone et rigide de l'Être). C'est donc un contre-monde qui s'est construit, pseudo-magique autant que pseudo-rationnel.

Devant cette logique interne (que l'on a pu comparer à la structure d'un langage), on est en droit de se demander s'il n'y a pas tendance, chez les psychiatres phénoménologues, à confondre la psychose et la névrose, celle-là ayant depuis longtemps été caractérisée par la systématisation. L'objection tombe devant les faits, qui montrent *la même organisation logique du monde vécu chez tous les malades mentaux à partir de thèmes déréalistes*, que ceux-ci soient à ranger, par une nosologie *a priori*, comme psychotiques, névrosés, borderlines ou autres. La différence est dans le degré

[4] Dans son article *Die Welt des Zwangskranken* (cf. bibliographie) et dans le chapitre qu'il a écrit in *Existence, op. cit.*, p. 182.

d'opposition que le Moi et la conscience réfléchie conservent par rapport aux sentiments, émotions et idées du niveau existentiel, conscience douloureuse de l'impuissance-passivité ou de l'invasion, qui est conscience de la privation d'être sans déceler la cause, souvent désespérément recherchée [5].

4. Le symptôme, dans cette approche, n'est évidemment pas interprétable comme dans l'*a priori diagnostique*, îlot traité comme tel par la *behavioral therapy ;* il fait partie intégrante du Monde vécu qu'il exprime comme tous les autres comportements, sans qu'on puisse même parler d'indice pathognomonique.

C'est ainsi que Von GEBSATTEL, décrivant l'univers d'un malade compulsif, refuse de noter à part ce qui serait symptômes pour la psychiatrie classique (obsessions, rituels conjuratoires, idées associées de fatalité et d'indignité, phobies, etc...) et insère ces signes parmi les autres dans le contexte compulsif dont l'essentiel est ailleurs : « Fondamentalement », écrit-il, « la rencontre du compulsif avec les puissances de déformation du monde a remplacé la rencontre avec le réel. Il y a perte des contenus du monde (densité, plénitude, forme, réalité), perte de l'*eïdos* de l'existence, et apparition, à sa place, de nouveaux contenus symbolisant cette perte : saleté, feu destructeur, bestialité contaminante, images de putréfaction, etc... L'Univers est constitué de forces hostiles formant l'*anti-eïdos*... Une énergie, symbolique du sans-forme, est là qui angoisse et repousse. Angoisse

---

[5] Le besoin de connaître la cause anime souvent les malades névrosés et ils demandent une « explication ». De là sans doute leur intérêt pour toute cure qui leur propose une explication par les causes. Ce sera un souci de la psychothérapie phénoméno-structurale que d'éviter l'orientation spontanée du malade vers la recherche « intelligente » des causes et de le ramener à l'expression-explicitation directe du vécu, contre l'artifice de la reconstruction.

et répulsion sont les critères du contre-monde anankastique [6] tel que, par exemple, les objets quotidiens usuels doivent en être débarrassés par des rituels parce qu'ils sont marqués par le stigmate de la pollution ou chargés d'une puissance magique de « pollutionnement » actif... Tout ce qui normalement pousse l'individu à vivre positivement est remplacé par des forces hostiles-répulsives. Se nourrir devient une torture puisque l'essentiel de cet acte revient à s'intoxiquer malgré soi... Or, il lui faut agir parce que le contre-monde l'assaille en permanence du dedans et du dehors. Le malade lutte énergiquement contre un ennemi « toujours sur ses talons ». Il n'a ni sentiment de vide, ni inactivité, ni hallucinations, il a besoin de temps, de toujours plus de temps et il court après le temps ou contre le temps, puisque tout temps qui passe accroît la menace de l'anéantissement imminent. De là les défenses désespérées du compulsif qui n'a d'autre issue que le combat, combat qui envahit la totalité de sa vie, bloque son devenir, son auto-réalisation et tous les modes de sa communication ».

On voit par cet exemple que *l'essentiel n'est plus le symptôme.* Celui-ci n'a de sens que par rapport à l'Univers dans lequel il s'inscrit (et non pas par rapport à une nosographie). L'essentiel est ailleurs ; il serait, dans le cas de ce malade, le combat contre l'angoissante dissolution de la forme *(eïdos)* du monde.

De même nous avons vu dans le cas Rudolf (*Une tentative de meurtre sur une prostituée,* cf. Livre I, ch. 3) que la compréhension du geste de Rudolf ne peut se faire que par référence à l'univers dans lequel ce comportement se produit, par lequel il prend un sens, et dans lequel il est « nécessaire »,

[6] C'est-à-dire sur lequel pèse la Fatalité *(anankè).*

c'est-à-dire parfaitement « logique » par rapport au système. « Notre tâche », dit Roland KUHN à propos de son récit, « est de décrire le monde de Rudolf, monde dans lequel son crime était non seulement possible, mais inévitable ».

A l'idée de « logique interne de l'Univers morbide », il faut ajouter celle de logique interne de l'interrelation Moi-Monde, quoiqu'en fait il s'agisse de la même donnée. D'abord le rétrécissement du Monde est un rétrécissement de l'*ipse*, une perte des potentialités existentielles du *Dasein*. Il ne s'agit pas seulement d'une flexion, d'une déviation, mais d'une catastrophe mentale par laquelle quelque chose d'essentiel et de vivant s'est défait, par laquelle le *projet* (au sens de HEIDEGGER) n'est plus qu'une *projection* au sens de déformation chronique du donné pendant qu'il y a, corrélativement, enfoncement du sujet transcendantal dans une pure subjectivité.

Notre propos s'allongerait *ad libitum* pour montrer la valeur et la richesse de la conception phénoménologique et l'art des psycho-pathologistes modernes pour décrire ces univers ou pour composer des méthodes permettant la reconstitution la plus complète et la plus certaine de ces univers. L'apport personnel de MINKOWSKI à la compréhension de la schizophrénie, celui de BINSWANGER à la compréhension des deux formes de la manie, celui de Von GEBSATTEL à la compréhension du monde obsessionnel suffisent s'il était besoin, à qualifier leurs démarches dans l'exploration scientifique de ce champ.

II. LES CARENCES PRATIQUES

On n'en est que plus surpris de constater, au niveau des méthodes *de cure*, donc des situations de psychothérapie, la pauvreté et le manque d'originalité des mêmes brillants théoriciens.

La psychothérapie ne peut pas se contenter d'une psycho-pathologie phénoménologique, il lui faut nécessairement des méthodes, des techniques et même des procédés.

Résumant en 1967, les méthodes des psychothérapies fondées sur l'analyse existentielle, Lewis R. WOLBERG [7] conclut que « les méthodes employées sont fondamenta-lement les mêmes que celles des autres thérapeutes, mais ils considèrent que leur approche du patient se fait d'un point de vue plus constructif et plus unifié ». Dans *Existence* [8], H. ELLENBERGER écrit : « on doit comprendre que l'activité de l'analyste existentiel ne diffère pas, apparemment, de l'action ordinaire des psychiatres et des psychana-lystes. Comme eux, il étudie le comportement de son malade, son langage, ses écrits, ses rêves, ses associations libres, sa biographie. Cependant, dans ces actions, *il observe d'une certaine façon* et il place ses observations dans le cadre de références des concepts de l'analyse existentielle. Ces concepts permettent une compréhension plus profonde et peuvent fournir de nouveaux modes d'approche thérapeu-tique » (!) Et le même auteur, dans l'article qu'il consacra à l'analyse existentielle dans l'*Encyclopédie Médico-Chirur-gicale* (Psychiatrie I), parlait d'un « nouveau regard » plus que de nouvelles méthodes.

« L'essentiel » écrit Rollo MAY [9], « n'est pas ce que dit ou fait le thérapeute dans la situation thérapeutique, mais *le contexte de sa thérapie...* Telle interprétation de rêve ou de

[7] In *Techniques of Psychotherapy*, 2 volumes, tome I, p. 243.
[8] *Op. cit.*, p. 123.
[9] *Ibid.*, p. 77.

comportement *ne diffère pas de la psychanalyse classique, mais le contexte est différent :* il y a toujours centration sur le *comment* tel rêve a surgi dans l'existence et dans l'univers du patient... Le contexte est le malade lui-même et non l'ensemble des mécanismes psychiques... Le contexte est l'être humain; il est dynamique, immédiatement réel et présent. »

A partir du moment où l'on a admis le principe de DILTHEY (précisé et plus scientifiquement redéfini par LEWIN sans que celui-ci se réfère à DILTHEY), on ne peut que souscrire à ces déclarations de principe, mais les applications proposées à la psychothérapie montrent à quel point la carence est sévère au niveau de la pratique. Voici pour preuves quelques « implications pratiques » présentées sans rire par Rollo MAY [10] :

1. « La première implication est la variabilité des techniques chez les analystes existentiels. Médard Boss utilise le divan et l'association libre à la manière de FREUD et traite le transfert. D'autres font autrement. Le principal est de voir que le psychothérapeute existentiel a une raison précise d'utiliser telle ou telle technique selon tel ou tel malade... L'analyse existentielle se distingue par le sens de la réalité et par son caractère concret. Elle n'est pas éclectique malgré les apparences, mais flexible... Analysant un refoulement sexuel par exemple, l'analyste existentiel n'y verra pas un mécanisme régressif mais une limitation d'existence »...

2. « La deuxième implication est que les dynamismes psychiques tirent toujours leurs significations de la situation existentielle du malade. Médard Boss, dans *Psychoanalyse und Daseinanalytik,* paru vers 1957, pense que la pratique

[10] *Ibid.,* pp. 78 et suiv.

de FREUD est juste mais que la théorie explicative fondant cette pratique est fausse »...

Ce qu'il y a de plus curieux encore, c'est que ce véritable constat de carence méthodologique se cherche des justifications. On trouve d'abord la rationalisation du refus personnel de BINSWANGER de se présenter comme dissident de la psychanalyse; dans la préface qu'il écrit au livre de BINSWANGER, FÉDIDA nous dit : « Souvent BINSWANGER se plaisait à ajouter que la *Daseinanalyse*, pour être une interrogation et une recherche anthropologiques fondamentales conduisant notamment à la critique des fondements de la psychiatrie et de la psychanalyse,... n'ouvrait pas moins la voie à des orientations de recherches thérapeutiques qui, pour l'heure, ne pouvaient être qu'ébauchées, pressenties ou timidement mises en œuvre. La *Daseinanalyse* ne se présente donc pas d'emblée comme une technique de traitement qui contesterait la psychanalyse, et il convient d'éviter le contresens trop répandu selon lequel BINSWANGER serait un disciple dissident de FREUD remplaçant la psyché par le *Dasein*, une notion positive par une entité romantique. Il n'est pas inutile de rappeler que BINSWANGER faisait, de la formation psychanalytique, une des conditions d'apprentissage et de découverte de la réflexion phénoménologique et anthropologique capable d'introduire à la *Daseinanalyse*. »

On en arrive donc, par un paradoxal retour, à la cure psychanalytique après les terribles et justes critiques de la doctrine de l'Homo Natura, ce qui, vraiment, serait un piètre résultat.

3. La justification suprême — toujours très sérieusement présentée par Rollo MAY [11] — est un véritable tour de

<hr>

[11] *Ibid.*, p. 76.

passe-passe : « Il y a une autre raison plus fondamentale »,
écrit-il, « qui détourne ces chercheurs de la technique :
*un des blocages de la compréhension de l'être humain dans notre
culture occidentale est précisément la surestimation (over-
emphasis) de la technique,* surestimation correspondant à la
conception que l'être humain est un objet pouvant être traité,
calculé, dirigé, analysé. Notre tendance occidentale est de
croire que la compréhension suit la technique. En utilisant une
technique, on objective la personne sur laquelle on la pratique... Pour l'analyse existentielle, c'est l'opposé : *la technique suit la compréhension ;* le but des psychothérapeutes
est de comprendre le patient comme être et comme être-au-
monde. Tous les problèmes techniques sont subordonnés
à cette compréhension ; sans elle la technique est au mieux
inadéquate, et au pire une méthode de structuration de la
névrose du patient ».

Ne remarquons pas la contradiction qu'il y a à refuser
toute technique et à pratiquer celle de la psychanalyse, même
avec « un autre regard », et constatons seulement que Rollo
MAY s'abrite derrière une confusion entre l'univers techno-
cratique de la culture occidentale et la « technique » entendue
au sens de méthode d'approche et de compréhension de
l'univers singulier du malade ou procédé de cure dans le
cadre d'une psychothérapie. Il est certain que pour les
existentialistes, le mot « technique » a des connotations
négatives, liées au mécanicisme et à l'objectivation du monde,
à la science comme recherche des rapports de causalité et à
tout un contexte anti-intellectualiste de type bergsonien.
Mais on peut se demander si, en se détournant de la technique entendue dans ce sens, ils n'ont pas éludé une fois de
plus le problème pratique.

III. INVENTAIRE DES IDÉES DIRECTRICES POUR UNE PSYCHO-
THÉRAPIE EXISTENTIELLE

Passant outre aux déclarations de principe des pionniers, il nous faut rechercher d'abord avec patience, les quelques idées directrices positives qu'ils ont laissé entrevoir sur la voie d'une psychothérapie nouvelle. On peut en dégager cinq grandes qui ne suffisent pas, certes, pour entreprendre une cure nouvelle mais qui serviront à définir au moins un climat :

1. Au premier plan s'impose l'établissement d'un type nouveau de relation thérapeute-patient. ELLENBERGER écrit par exemple [12] : « Dans la relation interpersonnelle, l'analyste existentiel met l'accent sur la *rencontre*, distincte du transfert-contre-transfert. »

Ce n'est pas la moindre gloire des phénoménologues que d'avoir pratiquement imposé au mouvement psychanalytique la notion de « présence » du thérapeute et l'importance de cette présence, au point que tous les psychanalystes en font état aujourd'hui comme quelque chose qui allait de soi depuis toujours !

Karl JASPERS avait dès 1913 parlé de la valeur d'une « pleine présence humaine ». BINSWANGER, dans ses périodes de critique, a attribué expressément au manque d'authenticité de la relation thérapeute-malade les échecs de la psychanalyse et même l'existence du transfert.

C'est *l'expérience* personnelle nouvelle de la rencontre et de la présence authentique du thérapeute qui a un effet positif sur le malade.

Or, ce premier principe, fondé sur l'anthropologie exis-

---

[12] In *Existence*, p. 123.

tentielle, sur la dimension *Mitsein* du *Dasein*, a des conséquences très évidentes sur la situation thérapeutique :
la plus immédiate est le remplacement du divan par le face à face
et je ne vois pas pourquoi on craindrait de la déduire.
On sait que FREUD a préféré le divan et la dissimulation du
médecin parce qu'il ne pouvait souffrir d'être regardé;
on sait aussi que la situation psychanalytique orthodoxe
crée une infériorité, une frustration et une anxiété chez le
malade et sans doute une régression artificielle. On sait
encore que le face à face crée une situation d'égalité et est
une condition de la co-présence. Il faut donc aller jusqu'au
bout de la sincérité et de la logique, et ne pas chercher des
succédanés de la « présence » dans l'ancienne situation qui
l'exclut expressément.

Une autre conséquence, cette fois officiellement admise
par les analystes existentiels, est que le thérapeute doit
soumettre à l'analyse les comportements destructeurs de la
présence, aussi bien en lui-même que chez le malade [13].

La notion de présence prend toute sa dimension thérapeutique si l'on veut bien voir la nouvelle relation comme
une expérience que le malade est appelé à faire de son existence en tant que réalité humaine. En face d'un thérapeute
qui ne cherche ni à dominer ni à expliquer, il perd l'habitude
de parler de lui en termes de mécanismes ou celle de se
réfugier dans un mode inauthentique d'être. Il est incité
à être une personne et non un objet de science ou un ina-
dapté.

« Le thérapeute », écrit BINSWANGER dans un important

---

[13] Formulé par Rollo MAY, in *Existence*, p. 85, qui en fait d'ailleurs
un argument contre la technique, ce qui n'a pas d'importance pour
notre propos actuel. Naturellement il ne dit pas comment faire cette
analyse.

article [14], « peut seulement éveiller et orienter les forces qui constituent l'être du malade, son être-au-monde, son être-avec-autrui, son être-pour-autrui,... libérer la volonté de vivre [15], d'aller vers la plénitude de sa vie. Nous devons allumer et faire jaillir chez le malade l'étincelle de vie et celle-ci ne peut jaillir que dans une communication authentique d'existence à existence, dont la lumière et la chaleur sont au fond la seule force capable de libérer l'Homme de son isolement aveugle et de son *idios-kosmos* pour le rendre capable de participer au *koinos-kosmos* ». Or, ce rapport interpersonnel essentiel et nouveau se trouve « réduit » dans trois cas, dit BINSWANGER : a) « lorsqu'à la place du vrai partenaire, le médecin met une *abstraction scientifique qui est la psyché* du malade et se dissimule lui-même derrière sa fonction ou derrière la thérapeutique »,... b) « lorsqu'une seule direction de la relation apparaît » [16],... c) « lorsque le rapport interhumain est remplacé par une prestation de service ».

Il faut donc qu'il y ait une « communication existentielle », « antécédent indispensable », « don de sa personne de la part du médecin,... de sa confiance qui appelle en retour la confiance »; et cela permet que « le malade ne confonde pas ce lien avec ceux qui font partie de l'histoire de sa vie », c'est-à-dire que cela évite une partie du transfert constaté dans la situation analytique.

Au cours de cette rencontre, les échanges et analyses se font en langage phénoménologique, comme caractérisation

---

[14] In article *Über psychotherapie...* article cité in bibliographie, malheureusement non traduit en français.

[15] On sait que TILLICH a spécialement insisté sur *le courage d'être*. Cf. bibliographie.

[16] Les accusations contre la technique psychanalytique paraissent clairement dans les deux premiers cas.

du vécu sans quitter le niveau manifeste [17]. Soulignons seulement à ce propos, avec BINSWANGER, ELLENBERGER et d'autres, que le langage de la phénoménologie est remarquablement accepté et compris par les malades, et même « d'une façon inespérée » [18]. Ainsi parvient-on à communiquer authentiquement dès le début.

2. Au premier plan également s'impose *la mise entre parenthèses des idées a priori et du cadre de références quel qu'il soit*, personnel ou nosologique, dont nous avons parlé déjà [19] et dont nous reparlerons au niveau des techniques phénoméno-structurales.

3. Le remplacement du lien cause-effet par un *lien d'implication de sens* est aussi un des grands principes directeurs. Des méthodes précises restent à formuler (ce que nous tenterons de faire) mais il nous faut insister ici sur le renouvellement radical de l'*interprétation* qu'implique ce principe directeur fondamental. Au point qu'il est impossible, à partir de là, de retrouver la psychanalyse, quelque chagrin que cela puisse faire à la mémoire et aux disciples de BINSWANGER.

Selon LAPLANCHE et PONTALIS [20], « l'interprétation est au cœur de la doctrine et de la technique freudiennes. On pourrait caractériser la psychanalyse par la mise en évidence du sens latent d'un matériel ». On sait en quoi consistent les rapports du sens manifeste et du sens latent, le passage du premier au second constituant *le dévoilement de la signification*, qui est transposition sur un autre registre, dans un code dont la théorie fournit les concepts et les lois de combi-

---

[17] Ceci sera repris et approfondi dans la suite de cet ouvrage.
[18] In BINSWANGER, *Discours...*, *op. cit.*, p. 84.
[19] Cf. ci-dessus, p. 22 et ci-dessous, p. 40.
[20] In *Vocabulaire de la psychanalyse*, P.U.F., 1967.

naison. De là le travail d'interprétation, lié à une herméneutique très particulière, comme l'a montré RICŒUR.

Si l'on s'en tient au principe de DILTHEY, la transposition d'un plan à l'autre (du manifeste au latent) est fortement suspecte d'incompréhension, car il n'y a rien « dessous » ni « derrière » le contenu manifeste, sinon ce qu'on suppose en fonction d'un a priori et du recours à la causalité mécanique. *La signification du contenu manifeste est dans le contenu manifeste au niveau de ce contenu et le sens apparaîtra lorsque ce contenu sera situé dans le contexte de tout le comportement verbal ou autre du malade,* ce qui la condamne à rester *en instance* tant que ce contexte n'est pas pénétré. Les techniques d'approximation progressive de ce contexte ne sont pas formulées par DILTHEY, mais, sur ce point, BINSWANGER offre quelques lumières... Il s'oppose d'abord énergiquement à la *suggestion* qu'il stigmatise à plusieurs reprises, en se référant à Erwin STRAUS ou à HAEBERLIN, comme étant l'antithèse de l'attitude interhumaine de sollicitation du *Dasein,* lequel est présence authentique. La suggestion, loin de conduire au réveil de l'être-homme, enfonce le malade dans l'imitation ou dans l'explication mécaniciste proposée. Elle est le contraire de la maturation recherchée. D'autres que BINSWANGER ont dit, à ce sujet, que l'interprétation psychanalytique était une forme habile de suggestion. Elle est radicalement étrangère au souci de comprendre par le contexte idiosyncrasique du monde du malade (de tel malade).

4. A l'opposé, un type particulier de conceptualisation est d'autre part défini occasionnellement par BINSWANGER. Ainsi, à propos de la caractérologie de l'Avare [21], BINSWANGER

---

[21] In *Discours...*, *op. cit.*, p. 79.

dit que la rétention des excréments ne peut pas être la cause originelle de l'avarice, parce que l'analyse du « monde de l'avare » montre que ce n'est pas « le garder » qui est la structure de sens de tous les comportements de l'Avare, mais « le remplir », « la prépondérance du remplir ayant, pour corrélation dans le monde l'espace creux, c'est-à-dire la cachette ou le sac ». Dans cet univers privé de la relation vivante avec autrui, tronqué du savoir-donner-de-soi, le brillant éclat de l'or, plaisir de l'avare, est le seul éclat de vie et d'amour qui reste dans son monde rétréci et thématisé.

Par là BINSWANGER dépasse, nous semble-t-il, la simple réaffirmation du principe de DILTHEY (comprendre par le contexte) pour nous donner déjà les linéaments d'une méthode. Lorsqu'il écrit, toujours à propos de l'Avare « *le remplir* est ce qui lui importe ; le ne-pas-vouloir-dépenser ou le retenir-ferme n'en sont que des conséquences. Le remplir est *le lien a priorique* ou transcendantal qui permet de ramener à un dénominateur commun l'argent et les excréments », BINSWANGER nous donne une précieuse indication méthodologique : *il faut chercher le lien a priorique ou transcendantal permettant de ramener des expressions à un dénominateur commun.* Une telle formule, aussi rarissime que précieuse comme indication méthodologique, doit être comprise comme l'invitation à chercher la structure commune ou analogique des expressions comportementales ou verbales, du malade [22].

Continuant sur ce sujet, BINSWANGER recommande d'accorder une attention particulière aux *métaphores du langage commun*, car, dit-il, « elles donnent « l'esprit » de

---

[22] Nous serons amenés à aller plus avant dans cette direction et à définir à ce propos, une méthode.

certains comportements », ce qui est une manière de dire
« leur structure phénoménologique » [23].

5. Dans la même précieuse direction pratique, BINS-
WANGER dans la suite de l'article cité [24] décrit davantage sa
propre manière de faire. Retenons d'abord ce qui est essentiel en ce qui nous occupe : « le travail thérapeutique est une
continuelle interaction... Il est créatif pour les deux, médecin
et malade, fait d'une série d'actes réciproques, d'expérience
mutuelle, de compréhension et d'élucidations qui ont tout
d'abord de vagues liens entre eux mais qui se compénètrent
ensuite les uns les autres et enfin apparaissent *étroitement
liés et articulés du point de vue thématique* ».

Ce thème unique central (qu'il ne faut pas confondre
avec le diagnostic psychanalytique) d'après l'expérience de
BINSWANGER, est « inépuisable », il « se compose de thèmes
principaux polymorphes aussi inépuisables que lui, constitués à leur tour d'innombrables sous-thèmes ».

Après avoir lu ces réflexions dont nul ne contestera le
puissant intérêt, on attend les moyens de découverte et les
techniques de l'interaction curative. Et là, il nous faut
reconnaître une fois de plus l'insuffisante clarté et l'insuffisante discussion. BINSWANGER parle de « recherche systématique », de « démarche méthodique », et ne nous propose que
l'épluchage soigneux de la biographie. La fameuse découverte de « la motivation du trouble », « du fait décisif dans la
sphère de son intériorité », du « thème unique » apparaît

---

[23] A noter que ce mot est pris pratiquement pour équivalent de *signification*. Il s'agit en effet non pas de l'organisation des rapports intérieurs
d'un donné mais de la structure de « sens », ce qui est appelé « l'esprit
du comportement » par BINSWANGER.
[24] *Über psychotherapie...*

comme un *deus ex machina* au terme d'une procédure très peu originale en quatre périodes : 1) reconstruction du déroulement de la destinée du malade (histoire de sa vie « intérieure et extérieure »); 2) diagnostic de son tempérament et de sa constitution [25]; 3) recherches précises sur la société et l'ambiance que le malade a connues; 4) historique des traumatismes psychiques ou autres, des moments culminants des symptômes, de leur apparition, de leur sédation, de leur réapparition. C'est à l'aide de ces *informations* (nécessairement demandées au malade; comment? sinon sous forme de questions!) que le contenu du vécu est « saisi » par le médecin.

Quant à la guérison, elle s'opère par une intervention extérieure (dans l'exemple cité, BINSWANGER informe les parents de la jeune femme qu'il a en traitement, et « les convainc de ne plus s'opposer aux amours de leur fille ») et par une intervention tout aussi directive vis-à-vis de la malade elle-même : le thérapeute, dit-il, « reconstruit pour la malade et devant elle le contenu significatif de son vécu thématisé, *en lui démontrant* que tout pouvait être mis en rapport avec cela »,... et que ce thème avait « un rôle fondamental dans l'histoire de sa vie » [26].

Arrêtons-nous un instant sur l'opération thérapeutique ainsi définie. Elle a de quoi surprendre dans la mesure où elle suppose une *explication* (au sens où l'on explique quelque chose à quelqu'un), une *suggestion*, et même une

---

[25] On voit ici l'influence de JUNG, comme se voyait précédemment celle de FREUD.

[26] BINSWANGER note que cela n'alla pas tout seul et qu'il eut « des difficultés », car il rencontra « des déceptions », « des refus de participation et de collaboration ». Enfin, dit-il, « je réussis à me défaire des contraintes de l'identification avec le père et la mère, et à rétablir un rapport communicatif sans intermédiaire (immédiat) avec la patiente ».

direction de conscience, toutes choses a priori assez peu compatibles avec la liberté à éveiller, le refus de la suggestion et le dialogue authentique.

Qu'il y ait tout cela dans la « démonstration » dont parle ici BINSWANGER, c'est ce que confirment d'autres textes, particulièrement l'article *Analyse existentielle et psychothérapie* [27] où l'auteur précise qu'il faut « apprendre au malade quand et dans quelle mesure il a manqué la structure de l'être-homme,... quand il s'est égaré,... et *cela à la façon d'un guide de montagne compétent guidant sur le terrain un dilettante pas rassuré et ne sachant plus quoi faire.* »

On sait que, dans cet aspect de la psychothérapie, Viktor FRANKL a été plus loin encore et a pratiquement fait de la *direction spirituelle.*

Et BINSWANGER de conclure : « Dans et par le traitement, cette existence tout entière arrêtée se remet en mouvement. Le passé revient à nouveau, le futur est de nouveau attendu, la vie jusque-là coartée est reconnue comme une régression ou un arrêt artificiel de la vie authentique... Une perspective *(Sichtung)* s'ouvre »... L'effet de la démonstration est la provocation d'un *choix nouveau et personnel* (« l'acte de guérir est un choix nouveau de sa part ») et au lieu d'un mode périphérique et restreint d'exister surgira le Dasein essentiel et créateur.

Tournons-nous maintenant vers l'autre pionnier, Eugène MINKOWSKI, qui lui aussi, au-delà de la psycho-pathologie renouvelée par la phénoménologie, s'est soucié de la psychothérapie.

C'est dans le *Traité de psychopathologie générale* (p. 455) qu'il introduit l'analyse phénoméno-structurale. Après des

---

[27] Reproduit et traduit in *Discours, parcours et Freud,* pp. 103 et suiv.

considérations faciles à reconnaître sur la nécessité de dépasser « la perspective causale », l'auteur insiste sur « l'attitude phénoménologique » et sur « la façon de regarder »[28] qui est *visée et vision des essences.*

« Assis en face de mon malade, à un moment donné, parfois à propos d'une seule phrase, brusquement, sans que je sache trop pourquoi, j'ai l'intuition d'avoir saisi sur le vif l'ensemble, de me trouver en présence du *trouble fondamental* qui, à l'instar d'une pierre angulaire, porte tous les autres, tels qu'ils s'étalent à la surface et peuvent être l'objet d'une description. Nous pouvons parler d'*intuition phénoménologique* »[29].

C'est d'ailleurs en précisant l'objet et les résultats de cette « intuition », que MINKOWSKI en arrive à définir son approche comme *phénoméno-structurale* par rapport à la phénoménologie *stricto sensu.* « Ce que nous avons essayé de faire », dit-il[30], « c'est de ramener les thèmes (par lesquels s'exprime la conviction délirante) non plus à des événements, quels qu'ils soient, de la vie courante mais à des phénomènes fondamentaux de la vie, dans leur portée structurale... Cela nous permettait de dégager des corrélations essentielles fondées dans la nature de ces phénomènes eux-mêmes et, parallèlement,... d'étudier les modifications profondes et cohérentes en elles-mêmes, les dégradations, les subductions que cette structure fondamentale subit dans les délires. La méthode phénoménologique devenait ainsi *phénoméno-structurale* ».

Ce qui est fléchi ou dégradé, c'est tel ou tel phénomène constitutif de la vie et en déterminant *la forme.* On sait que

---

[28] E. MINKOWSKI, *Traité...*, *op. cit.*, p. 459.
[29] *Ibid.*, pp. 461-462.
[30] *Ibid.*, p. 493.

pour MINKOWSKI le phénomène du *temps* vécu est le plus fondamental et le plus perturbé dans la maladie mentale. Là où BINSWANGER découvre des troubles portant sur les catégories premières de la relation au monde[31], MIN-KOWSKI ramène ces troubles à des expressions d'un trouble temporel plus structural.

Mais notre attente proprement *clinique* (et non pas psychopathologique) reste déçue. Au chevet du malade, les moyens que nous proposent les grands auteurs du renouveau analytique ne nous donnent pas tout ce dont nous avons réellement besoin au niveau opératoire.

On peut même se demander si le souci de chercher les flexions catégoriales, si utile dans la psychopathologie *générale*, ne devient pas à son tour un *a priori* référentiel inhibiteur, et si ce n'est pas là une dernière manière de trouver la sécurité intellectuelle dans l'approche inquiétante du monde morbide d'un individu.

Après les règles limites et les orientations définies par les plus grands des analystes existentiels, considérés comme un cadre de travail et comme un « esprit », il nous faut nécessairement trouver des instruments d'approche et de compréhension qui soient valables, curatifs et transmissibles. C'est leur absence jusqu'à présent qui, dans l'analyse existentielle ou phénoméno-structurale, n'a permis ni progrès ni formation.

[31] Cf. ci-dessus, p. 56.

LES APPORTS DE LA PSYCHOTHÉRAPIE SÉMANTIQUE ET DE LA PSYCHOTHÉRAPIE NON-DIRECTIVE

> « *Comprendre ? Qu'est-ce que cela signifie ? Cela veut dire percevoir du point de vue de l'autre personne l'idée ou l'attitude exprimées, sentir comment elles agissent sur sa sensibilité, assimiler son cadre de référence à l'égard de la chose dont elle parle... Or c'est l'agent le plus puissant que nous connaissions pour modifier la structure de base de la personnalité d'un individu et améliorer ses relations et communications avec autrui.* »
> Carl ROGERS, *Le développement de la personne*, p. 231.

Admettons, avec BINSWANGER, qu'en ce qui concerne une psychothérapie « d'orientation analytique existentielle », « il n'existe que les premiers jalons d'une réflexion »[1]. Cette remarque nous autorise, en restant fidèles à l'anthropologie nouvelle et aux lignes directrices définissant l'attitude, la présence, l'orientation du travail psychothérapique, — mais en refusant d'aller dans le sens d'une direction spirituelle ou d'une suggestion non conformes à cette

[1] In *Discours, parcours et Freud*, p. 117.

anthropologie; en refusant également un éclectisme des méthodes ou un retour à une psychanalyse « analytico-existentiellement orientée » ce qui nous paraît une *contradictio in verbis* —, à chercher des moyens efficaces et transmissibles, et à étudier les processus de la guérison à partir de leur application.

Or, dans ce domaine, d'autres chercheurs à qui manquaient sans aucun doute la référence anthropologique ou la théorie de l'analytique existentielle, ont proposé des formules qui méritent réflexion à la lumière des grands principes acquis.

Avant de m'engager dans cette voie, je dois avouer que je n'ai pas de répulsion systématique pour les techniques, et que je ne vois pas en quoi une technique supprimerait ou falsifierait l'authenticité de la présence et de la compréhension. Je veux bien admettre avec Marian KINGET [2] qu'il ne faut pas parler de « techniques » parce que « dans notre pratique thérapeutique le thérapeute doit s'efforcer de se comporter aussi pleinement que possible en tant que personne (et non en tant que spécialiste) »; mais elle ajoute que l'on peut parler de « formes caractéristiques » de cette thérapie! J'emploierai donc « techniques » dans le sens de « formes caractéristiques de la pratique thérapeutique »!

Je veux bien admettre aussi qu'on ne peut *enseigner* l'authenticité [3]. Mais je suis convaincu par contre que la déclaration d'intention ne suffit pas, que la présence authentique la plus empatique ne permet pas à elle seule le succès de la cure, et que le plus grand créateur s'appuie sur des procédés qui sont les instruments de son action créatrice.

[2] Marian KINGET et Carl ROGERS, *Psychothérapie et relations humaines*, vol. 2, pp. 5-7.
[3] *Ibid.*, p. 8.

J'ajouterai que livrée à elle-même l'authenticité dans la présence et dans la communication tombe facilement dans la suggestion ou dans la direction de conscience, et qu'enfin il n'y a pas lieu de confondre *authenticité et spontanéité*. J'irai même jusqu'à penser que l'authenticité d'une centration sur le malade exige un contrôle de la spontanéité si celle-ci est abandon aux réactions et attitudes naturelles qui, elles, n'ont pas forcément pour but la guérison d'un autrui malade.

Enfin je crois fausse la formule à laquelle se rallieraient si volontiers les contempteurs de la technique, selon qui « on ne peut rien enseigner à quiconque »[4]. Le souci pratique de la cure efficace exige des techniques, et des techniques transmissibles, qui puissent être un jour perfectionnées en vue d'une guérison plus rapide ou plus complète des malades.

C'est donc très ouvertement que je parlerai de technique et de formation. Reste à savoir de quoi nous disposons dans l'orientation phénoménologique et existentielle que nous avons jusqu'ici définie.

I. LES TECHNIQUES DE LA PSYCHOTHÉRAPIE SÉMANTIQUE

Comme l'a largement démontré l'analyse existentielle, et cela depuis DILTHEY même, le vécu d'autrui nous échappe dans la mesure où nous voulons le lire à l'aide des catégories

---

[4] Carl ROGERS par exemple, soutient cette idée in *Le développement de la personne*, trad. fr., p. 198. Il serait intéressant de savoir comment il la concilie avec le fait qu'il a écrit entre autres *La relation d'aide et la psychothérapie*, et *Psychothérapie et relations humaines*, ouvrages qui ont pour but la formation pratique et l'entraînement à la psychothérapie non directive.

de notre propre système référentiel. Nous avons vu que cette constatation retentit de manière pratique immédiate dans la psychothérapie, dont l'objectif premier est de comprendre l'univers personnel du patient, celui où « il vit, se meut et existe ». A la logique de notre système conceptuel avec lequel nous sommes tentés de décoder un univers par définition étranger, s'oppose l'idée que *nous aurons à pénétrer dans un système ayant sa logique interne,* logique qu'il s'agit de découvrir et de formuler. Aux catégories avec lesquelles nous décodons, en le dénaturant, le vécu étranger, doivent se substituer les catégories utilisées par le malade lui-même pour décoder son propre univers. Ceci exige, de la part du thérapeute, une attention spéciale et un effort original de conceptualisation des ensembles de significations et de connotations étranges, que le malade exprime de façon verbale ou non verbale.

Reprenant ici une phrase de RICŒUR qu'il emploie dans un autre contexte, nous pourrions définir la tâche du psychothérapeute comme étant « de dégager par voie régressive les notions présupposées par la constitution d'un type d'expérience et d'un type correspondant de réalité » [5].

Déjà dans les œuvres dites néo-freudiennes, un nouvel accent était mis sur les axes de la thématisation de l'univers pathologique, et sur la déformation chronique des significations issues de matrices catégoriales non formulées par le malade mais utilisées en permanence par lui. Wilhelm STECKEL parlait de « l'idée centrale de la névrose », but de

---

[5] RICŒUR, *De l'interprétation, op. cit.,* p. 59. RICŒUR donne cette tâche pour l'essentiel de l'activité réflexive (cf. chapitre 10 de l'ouvrage cité, sur sa conception de la réflexion). Nous retrouverons le rôle de la réflexion *du patient* dans la marche vers la guérison. Ici nous attribuerons cette tâche à la réflexion du thérapeute en présence du patient.

l'effort de compréhension dans ce qu'il appelait « la psychanalyse active » [6]. SULLIVAN insistait sur la notion de *distorsions parataxiques*, déformations génératrices des aberrations du comportement, de la perception du présent ou des relations, et recommandait de *formuler les hypothèses ou postulats que le patient fait de manière non consciente pour réagir comme il réagit dans les situations de sa vie.*

Or, tout ceci concerne une science qui a connu dans ces dernières années un grand développement, la *Sémantique*, branche maîtresse de la linguistique, intéressée par la signification des mots et autres signes, par les règles reliant les signes à leurs objets au sens large, et par les réponses humaines aux signes et symboles. Tout ce qui concerne la signification et la conceptualisation dans le processus de communication interhumaine [7], ainsi que les réactions aux significations, relève donc de la sémantique.

Appliquée à la psychothérapie, l'approche sémantique a proposé des techniques qui sont du plus grand intérêt dans la mesure même où l'effort « de compréhension » trouve des moyens méthodiques assurés. J. RUESCH [8] et R. SPIEGEL [9] ont montré l'importance des interférences du comportement anormal avec les communications, et l'intérêt qu'il y avait à partir de l'analyse des processus de communication pour comprendre le sujet. Faisant expressément référence au

[6] On sait que STECKEL utilisait le face à face et voulait faire des psychothérapies courtes.

[7] Et naturellement d'abord dans les langues. Mais l'univers, le discours, le cadre conceptuel et les lois d'utilisation des mots chez le malade peuvent être considérés comme un langage qui lui est personnel.

[8] Cf. *Disturbed Communication* (1957) et *General theory of communication in psychiatry*, in American Handbook of Psychiatry, 1959, vol. I.

[9] Cf. *Specific problems of communication in psychiatric conditions*, in American Handbook of Psychiatry, *op. cit.*, 1959.

créateur de la sémantique générale, KORZYBSKI (1941), ils proposent d'effectuer l'examen des formes verbales (des concepts et des règles de leur emploi) utilisées par le thérapeute et par le patient, de façon à définir exactement les significations communiquées. Le problème devient donc typiquement sémantique, et la thérapie s'oriente vers une *correction des concepts* à travers cet échange réflexif.

Déjà en 1946, W. JOHNSON [10] avait montré les effets des difficultés sémantiques sur l'adaptation. Selon lui, l'inadaptation est produite d'une part par l'incapacité de l'individu malade à conceptualiser clairement son expérience et ses besoins, ce qui le met toujours dans l'impasse de la frustration,... d'autre part par le fait qu'il a des notions fausses *(fallacious concepts)* sur lui, sur l'existence, sur autrui, ce qui oblitère toute conception réaliste des buts vitaux.

L'idée commune à toutes les formes de psychothérapie sémantique est que aussi longtemps que le malade n'a pas défini ou redéfini ses concepts, il est incapable de différencier le réel et les sentiments, de réfléchir sur ses valeurs, de se percevoir lui-même, et, inévitablement, de traiter ses problèmes, ou d'interagir de façon constructive avec autrui.

Dans cette voie nous nous arrêterons un peu plus à des techniques recommandées par G. A. KELLY. Cet auteur, en fait, se rattache à une tout autre école, celle du remodelage du comportement; à ce titre il est généralement rangé parmi les tenants de la *behavioral therapy*. A partir d'une théorie qu'il appelle lui-même « théorie des schématisations personnelles » *(personal construct theory)* selon laquelle la conception personnelle du Monde, du Soi et des rôles que l'on joue

---

[10] In *People in Quandaries*, N.Y., Harper, 1946, (Les humains dans l'impasse).

détermine le comportement ainsi que la manière dont les significations surgissent et se disposent en situation pour un sujet donné,... KELLY en arrive à une thérapie appelée « thérapie du rôle fixé ». Celle-ci consiste, après un diagnostic précis du « personal construct », à apprendre au sujet un nouveau rôle, au cours des séances thérapeutiques, selon le principe que « si j'entre réellement dans un nouveau rôle, les choses se disposeront différemment autour de moi avec d'autres significations. Si j'agis par des voies différentes, je peux être différent. Je peux être différent à partir de ce que je pense que je suis. Je peux donc changer ».

Le « role sketch » qui est appris systématiquement au patient doit remplir de nombreuses conditions que KELLY a fixées en détail dès 1955. La première condition est que le rôle nouveau à apprendre soit exactement inverse du *personal construct* actuel [11].

Sans entrer plus avant dans les procédés et avatars de l'apprentissage d'un rôle nouveau, situons l'aspect particulier qui nous intéresse de la méthode de KELLY. Pour fixer le rôle inverse, il est indispensable de commencer par comprendre la conception actuelle de l'existence (du Monde, du Moi, des rôles et des situations vécues) qui est celle du patient. L'ensemble de la suite et le succès de cette forme de thérapie par reconditionnement en dépendent.

Si le but est de changer *la construction systématique personnelle du sujet,* celle qui « sous-tend la variété de ses comportements observables » et de ses réactions intimes [12],

[11] Notons au passage la différence radicale par rapport au psychodrame de MORÉNO puisque dans ce dernier, le patient joue d'abord son propre rôle. Dans la méthode de KELLY, le client joue un autre personnage et porte même un autre nom.
[12] Ceci différencie notablement la méthode de KELLY des autres formes de *behavioral therapy* qui s'attaquent à des symptômes ou à des

il devient logiquement et chronologiquement indispensable de *comprendre cette construction systématique personnelle telle qu'elle est édifiée et régnante avant l'entreprise thérapeutique.* La connaissance de ce « système » n'est pas autre chose, en effet, que la découverte de la structure non consciente de la relation Moi-Univers personnel, et donc pas autre chose que la thématique de l'existence du patient. Sur ce point KELLY a une position radicalement différente des présupposés habituels de la *behavioral therapy :* il considère par exemple le symptôme non comme un fragment isolé du comportement mais comme faisant intimement partie du système de significations personnelles du Monde pour le patient. On a tort de suivre le client, dit-il, lorsqu'il déclare : ceci est un aspect de mon comportement qui est incompatible avec l'image que j'ai de moi et il faut m'en débarrasser. *Une analyse compréhensive du symptôme* montre qu'il est intégrable à la totalité de l'expérience et du comportement personnels, et qu'il n'a de sens que *par rapport au contexte organisé et individuel des significations.* De ce point de vue, comme le souligne K. J. C. WRIGHT [13], « traiter le symptôme comme entité à part, le considérer comme expression statistique d'une maladie, c'est se fermer à sa signification ».

Car *la signification est l'expérience d'une personne,* elle se réfère à l'expérience vécue d'une relation au monde. Quoi qu'elle soit, elle n'existe que par rapport à un contexte personnel; elle est, au niveau vécu, *une création individuelle.* Elle est privée, idiosyncrasique; elle ne peut être atteinte et

aspects bien délimités de l'inadaptation. C'est parce qu'il vise l'ensemble de la conception personnelle, donc l'existence, que KELLY va apporter des idées intéressantes pour la solution du problème tel qu'il est posé dans le présent ouvrage.

[13] In *Significations et système personnel,* 1970, article cité in bibliographie.

comprise par une autre personne (ici le thérapeute) que grâce à une action de débrouillement minutieux *(painstaking unravelling)*. Quoique KELLY déclare « se passer de la prise de la conscience de la thématique des significations de son Univers vécu chez le client » et qu'il n'en ait besoin que pour fixer le rôle à apprendre dans sa *learning therapy*, il met en œuvre des techniques de repérage de cet Univers qui nous semblent instructives et que nous pourrons utiliser *dans d'autres buts thérapeutiques*.

Les procédés de KELLY ont été repris et précisés par HINKLE (1965) et par K. J. C. WRIGHT (1970), discutés par BANNISTER et MAIR (1968).

1. *La grille d'implication* (*implication grid*, imaginée par HINKLE) est un moyen de comprendre l'univers actuel d'un sujet (normal ou névrotique) en le faisant parler de changement personnel auquel il aspire. Ceci est un corollaire du postulat de KELLY selon lequel « toute considération de progrès personnel pour quelqu'un est psychologiquement canalisé dans la voie dans laquelle cette personne éprouve les événements ». Lorsque le changement consiste en la disparition d'un symptôme, il y a des chances pour que le but final du changement ait un lien avec la signification du symptôme.

2. *La technique des élucidations échelonnées* (*laddering technique* de KELLY, HINKLE, BANNISTER et MAIR) consiste à tirer au clair les directions majeures des efforts personnels et des valeurs, dans l'organisation de l'existence.

> Exemple : la malade oppose « avoir une volonté forte » à « avoir un caractère faible ». Ces deux termes, dans l'hypothèse générale de la conception personnelle du monde n'ont de sens que par rapport à la façon dont la malade se voit elle-même *(self-construct)*. Elle annonce que sa préférence va à « avoir une volonté forte ». On lui

pose alors des *questions d'élucidation* : « pourquoi [14] préfé-rez-vous...? Quels sont à votre avis les avantages de...? Quels sont les désavantages de ce que vous appelez l'inverse...? »

Les réponses de la malade vont donner un second échelon de sens, à deux pôles, et elle aura encore à dire pourquoi elle préfère telle position que telle autre. Un troisième échelon sera ainsi reconstruit.

Ainsi à la question « Pourquoi préférez-vous avoir une volonté forte plutôt qu'être faible de caractère? », la réponse est « Parce que je peux alors me forcer moi-même à faire les choses que je dois faire ». A la ques-tion « Pourquoi préférez-vous ne pas être de caractère faible? », elle répond « Parce que je ne serais pas digne d'estime ».

Deux pôles nouveaux sont obtenus : « désir de se forcer à faire les choses qu'elle a à faire » et « souci de rester digne de l'estime ».

Aux questions concernant le premier pôle, la malade répond « parce que j'aime achever personnellement les choses »; aux questions concernant le second pôle, elle répond « parce que j'aurais le sentiment d'avoir commis une faute »... etc... etc...

On voit comment la construction de la chaîne complète nous introduit dans *l'organisation personnelle* de la malade. Les expressions « volonté forte » et « caractère faible » sont chargées d'une signification qui s'éclaire par leur opposition et par l'élucidation progressive du contexte. Être « d'une volonté forte » apparaît comme le moyen d'une *réalisation personnelle* qui est une *valeur* (et un but), et corrélativement

---

[14] Comme on le verra par la suite de cette technique, « pourquoi » n'a aucune référence causale proprement dite, mais une référence d'*impli-cation*. Il est très important de rester au niveau du contexte implicite puisque c'est lui qui est l'objet de l'effort de compréhension du ques-tionneur.

« ne pas réaliser personnellement les choses » entraîne un sentiment de culpabilité et de perte de l'estime de soi et d'autrui. Le *cadre de référence* de la malade *commence* ainsi à se découvrir.

3. *La technique de la clarification des connotations en chaînes.* Cette fois, ce sont les mots-clés qui, dans chaque expression spontanée, sont repris et proposés à la clarification sémantique par la malade elle-même. Naturellement la mémorisation de ces coups de sonde linguistique est indispensable pour que des pans du système de significations vécues apparaissent au thérapeute. Un cas de WRIGHT en donnera une approximation suffisante :

> La malade est une femme de 27 ans mariée depuis 6 ans souffrant d'une phobie. Le symptôme s'est développé d'abord il y a 2 ans ½, après 18 mois de mariage, alors que le couple vivait dans la maison de la mère, et que les relations conjugales étaient tendues. Le symptôme a disparu lorsque les époux quittèrent la maison maternelle ; il réapparut il y a maintenant un an lorsqu'elle entendit parler d'une jeune fille tombée dans la rue et ayant eu une hémorragie cérébrale.
>
> La malade dit spontanément que sa peur « est en relation avec la foule et les espaces étroits, toutes situations dont je ne peux me dégager et où je suis *étroitement entourée* ».
>
> Demandons-lui ce que signifie pour elle « *être étroitement entourée* » *(the meaning of the category of experiences which she sumarizes as being inclosed)*. Elle répond que cette catégorie inclut à la fois une situation de foule (être entourée de gens) et une situation matérielle (être entre quatre murs). Elle ajoute que cette situation (disons, la représentation qu'elle s'en fait) est susceptible d'être vécue avec une violence telle qu'elle suscite des réponses extrêmes, et des conséquences sociales catastrophiques :

s'évanouir, simuler une maladie, frapper les personnes pour sortir de cette situation insupportable.

On lui demande alors de dire ce que signifie pour elle « être enfermée ». Elle répond que « c'est être limitée et contrainte de faire des choses que je n'ai pas envie de faire, et cela sous surveillance d'autres personnes, ... c'est être contrainte et forcée ».

A la question « qu'est-ce que être contrainte et forcée, ou *obligée* à faire quelque chose ? », elle répond, « c'est être dans une situation qui est le contraire de la relaxation, c'est-à-dire de la situation où je fais ce qui me plaît ; autrement dit, je subis alors la pression d'une autre personne, ce qui m'est insupportable ».

— Que signifie « pression exercée par une autre personne » ?

— C'est une pression qui me met devant la responsabilité d'une action à faire.

— Qu'entendez-vous par « responsabilité » ?

— La responsabilité c'est une situation terrible associée pour moi à une détresse et à une angoisse parce que je suis surveillée et que je ne pourrai éviter d'être coupable de ce que je fais ou de ce que je ne fais pas, d'être accusée.

Le lecteur reconnaîtra qu'une certaine compréhension du Monde de la malade devient possible par ces élucidations méthodiques. « Être étroitement entourée » (premier concept) est compris plus clairement par la chaîne d'implication qui mène à « être inévitablement accusée » (sixième concept) en passant par « être dans une situation close », « être forcée », « subir la pression d'un tiers », « être devant une responsabilité » ou « être tenue pour responsable ».

Une succession de chaînes de ce genre permet assez rapidement de clarifier (pour le thérapeute) l'Univers du sujet, et le symptôme actuel prendra progressivement un sens.

Comme le dit WRIGHT, « nous affirmons qu'il est possible de faire des investigations scientifiques du cadre personnel de référence d'une autre personne, et en particulier de comprendre par là la signification d'un symptôme. Notre principe est que tout ce qui arrive à une personne a *une signification interne par rapport à un système cohérent unique de construction personnelle* qui constitue sa vision du monde et sa vision de soi-même ».

Et l'auteur insiste sur la différence entre cette sorte de chaîne sémantique et les « associations libres » de FREUD qui, *tout en partant également des dires du malade* (ce qui élimine l'objection classique selon laquelle le malade n'est pas capable de formuler la manière dont il se perçoit et perçoit le monde), laisse le plus grand doute sur les relations entre les images associées et cherche moins leur organisation strcturale que leur signification par rapport au contexte de « l'explication psychanalytique ».

« Nous cherchons les implications, les interrelations du sens, la clarification des aires dans lesquelles les significations deviennent vagues ou confuses » conclut WRIGHT. Cet auteur reconnaît par ailleurs que le champ des significations [16] est toujours plus large que ce que le malade en dit, et il s'interroge, sans décider, sur le rôle de la conscience de soi.

L'important pour notre propos, était de citer des techniques d'exploration scientifique du cadre de référence d'une personne, de reconstituer méthodiquement sa langue en clarifiant les grappes de connotations de chacun de ses

---

[16] J'ai montré dans un autre ouvrage *(Introduction à la psychologie structurale)* que le champ des significations est constitutif du comportement et que comprendre un comportement ou comprendre les significations de l'Univers du sujet au niveau vécu, c'est une seule et même chose.

concepts [16] et les relations fonctionnelles qui les gèrent comme une grammaire. Il nous faudra apprécier dans quelle mesure ces techniques sont utilisables dans une psychothérapie phénoméno-structurale et comment elles interviennent dans le processus de guérison.

II. LES FORMES CARACTÉRISTIQUES DE LA PSYCHOTHÉRAPIE DE CARL ROGERS

Pour couper court à toutes les remarques qui ne manqueront pas d'être faites sur l'intégration des formes caractéristiques de la psychothérapie non-directive à la psychothérapie phénoméno-structurale, je mentionnerai tout de suite la déclaration récente explicite de Carl ROGERS : « J'ai été amené au cours du Congrès à distinguer deux tendances, l'une comporte une théorie générale de psychothérapie fondée sur la théorie de l'apprentissage, l'autre développe le point de vue existentiel en psychologie et en psychothérapie... Bien que (la première tendance) soit logique et simple, bien qu'elle soit adaptée à la nature de notre culture,... cette vision étroite du comportement n'est pas adaptée à tout l'ensemble des phénomènes humains. En Europe où l'on est moins engagé dans le scientisme, et de plus en plus aux États-Unis, des voix le proclament. L'une de ces voix est celle d'Abraham MASLOW, une autre celle de Rollo MAY, une autre celle de Gordon ALLPORT. Et leur nombre va croissant. *J'aimerais, si possible, me ranger dans ce groupe* » [17].

---

[16] Ce ne sont pas exactement des concepts (cf. ci-dessous, p. 153). KELLY parle plus exactement de « constructs ».

[17] Carl ROGERS, in *Psychologie existentielle*, ouvrage collectif, trad. fr., Éd. de l'Épi, 1971, pp. 89-91.

J'insisterai, pour ma part, sur le fait à mon sens évident que l'anthropologie phénoménologique offre aux approches de Carl ROGERS le seul cadre théorique cohérent, et cela est d'autant plus important que la faiblesse de la *théorie* rogérienne a été souvent remarquée. Bien plus, replacée dans le champ de l'analyse existentielle et phénoméno-structurale, la méthode non directive de psychothérapie trouve un sens et des prolongements nouveaux. En même temps, elle apporte à l'anthropologie binswangérienne une première méthode pratique qui lui manquait.

Il est assez significatif de constater qu'en 1942 [18], ROGERS définit « la nouvelle psychothérapie » sans aucune référence à la pensée de MINKOWSKI (qui à l'époque a déjà 20 années d'avance) ni à celle du groupe de BINSWANGER, créé dès 1927. Il ignore les travaux de HUSSERL et de HEIDEGGER.

Il écrit, à propos des « nouveaux concepts » [19], « ils ont des sources très diverses. Il serait difficile de les nommer toutes. La pensée d'Otto RANK telle qu'elle a été modifiée par des gens comme TAFT, ALLEN, ROBINSON, et d'autres chercheurs en thérapie de relation, est un important point d'origine. La psychanalyse moderne [20] qui a fini par devenir suffisamment sûre d'elle-même pour critiquer les procédés thérapeutiques de FREUD et pour les améliorer, est une autre source... »

---

[18] Date de publication du premier ouvrage fondamental de ROGERS, *Counseling and psychotherapy*, trad. fr., *La relation d'aide et la psycho-thérapie*, Éd. E.S.F.

[19] *Ibid.*, tome 1, p. 42. Cf. tome 2, p. 450, les références historiques de la psychothérapie non directive.

[20] ROGERS fait allusion aux néo-freudiens qu'il connaissait, c'est-à-dire Otto FÉNICHEL, Margaret GÉRARD, Karen HORNEY, H.S. LIPPMAN (cf. *ibid.*, tome 2, pp. 450 et suiv.).

I. *Les caractéristiques de l'approche non-directive*

Nous passerons très rapidement sur ce rappel général, notre propos étant de retenir les techniques. L'approche non-directive se définit par quatre critères : a) centration sur la personnalité et non sur le problème. Le but n'est pas de résoudre tel problème particulier ou de faire disparaître tel symptôme, mais d'abord d'aider l'individu à atteindre un état de maturité-responsabilité qui lui permettra de faire face efficacement à ses problèmes. C'est ici l'aspect « psychothérapie négative » qui consiste à retirer les obstacles au mouvement naturel de l'individu vers sa maturité ; b) accent sur le vécu, sur le niveau affectif-existentiel, plutôt que sur le savoir, la connaissance ou l'explication rationnelle. « La nouvelle psychothérapie s'efforce d'agir aussi directement que possible dans le champ du sentiment plutôt que d'essayer une réorganisation du vécu par une approche intellectuelle » [21] ; c) centration sur *la situation actuelle* et non sur le passé de la personne. Redécouvrant ici un fait que Kurt LEWIN avait démontré en Allemagne dès 1930, ROGERS constate que « *les structures émotionnelles significatives de l'individu... se révèlent aussi bien dans sa manière présente de s'adapter et même dans l'heure de l'entretien* » [22]. Les distorsions et parataxies du malade, en tant que structures déformantes de l'être-au-monde dans toutes ses dimensions relationnelles, sont intégralement *présentes*. Il s'ensuit, et là ROGERS offre une piste qu'il n'a pas suivie jusqu'au bout, que l'analyse phénoméno-structurale de l'existence présente et de

---

[21] In *La relation d'aide et la psychothérapie*, *op. cit.*, p. 43.

[22] *Ibid.*, p. 43. Ce fait est très important non seulement parce qu'il fait l'économie de n'anamnèse pour le thérapeute, mais parce qu'il implique une redéfinition du transfert et de l'inconscient. Cf. ci-dessous, p. 207.

la relation au thérapeute fera paraître les formes dynamiques et thématisantes de la personnalité; d) l'affirmation que *la relation thérapeutique est elle-même une expérience de maturation*, car au cours de la relation, si celle-ci est une rencontre, une co-présence et une compréhension, une expérience se développe qui métamorphose la manière d'éprouver la relation interhumaine.

Le face à face est nécessairement la situation thérapeutique exigée par ces principes. Cette position, si complètement différente du divan thérapeutique de la situation psychanalytique orthodoxe (inductrice de phénomènes spécifiques, artefacts psychologiques que le thérapeute prend pour des caractéristiques du malade), avait été reconnue meilleure par ADLER dès 1913 [23], par JUNG dès 1914 [24]. Otto RANK, qui est à l'origine du mouvement actuel dit « approche transactionnelle » autant que de celui de la psychothérapie non-directive, avait, de son côté, après sa brouille avec FREUD en 1923, introduit un nombre important de données théoriques et pratiques nouvelles parmi lesquelles nous retiendrons : a) la justification du face à face [25]; b) le *helping*

---

[23] ADLER a introduit d'autres modifications de grande importance. Il a été le premier aussi à parler du « style de vie » (ce que nous appelons la structure de l'être-au-monde névrotique) et il a prôné la libre initiative du patient (« le style de vie du névrosé se révèle rapidement dans une conversation libre et amicale. La meilleure tactique est de laisser le patient prendre l'initiative; il faut toujours s'efforcer de le faire parler. C'est dans ses propos mêmes qu'il faut rechercher sa ligne d'opérations » in *La psychologie individuelle*, 1913). Il faut dire cependant que ces idées étaient noyées chez ADLER dans une méthode par ailleurs « argumentative » fondée sur « l'interprétation forcée » et sur la rééducation morale (socio-communautaire).

[24] Sa rupture avec FREUD date de 1913; celle d'ADLER avec FREUD, de 1911.

[25] La justification a aussi été faite par le psychanalyste W.R.D. FAIRBAIRN, d'Édimbourg.

process qui a pour but de permettre au malade de « se réaliser » *(self-realization)* ; c) la « centration sur le client » (c'est lui qui le premier a parlé de « client-centered therapy »); d) l'accent sur l'*ici-maintenant* et non sur le passé; e) la relation thérapeute-patient comme expérience de maturation; f) la recherche, au cours de l'analyse, des patterns réactionnels (nous dirons des structures de significations) et non des contenus.

Lorsque Carl ROGERS adopte donc le face à face dans la relation thérapeutique, de nombreuses voix se sont déjà élevées contre le rituel absurde de l'orthodoxie freudienne [26]; mais, allant jusqu'au bout du renouvellement de la pratique, il intègre cette situation égalitaire dans le cadre d'une technique précise définitivement débarrassée des *a priori* freudiens sur « le fonctionnement de la psyché ».

2. *L'attitude générale de compréhension*

Le premier intérêt de la technique rogérienne [27] est qu'elle « tient » essentiellement à une manière d'être, à une manière de vivre la relation thérapeutique et de considérer le client comme une personne.

---

[26] Elles se multiplient d'ailleurs. Ainsi en 1971 dans *Les voies et les pièges de la psychanalyse*, Éliane AMADO LÉVY-VALENSI écrit : « Nous avons à différentes reprises insisté sur l'asymétrie de la situation analytique (celle qui est caractérisée par l'emploi du divan). Schème fonctionnel nécessaire, mis en place pour une durée provisoire et dans le cadre strict du traitement, cette asymétrie dépasse et renie son but lorsque l'analyste s'y complait car il devient alors incapable d'en sortir et de s'affronter aux conditions normales du dialogue qu'implique une perpétuelle remise en cause des interlocuteurs » (p. 156).

[27] Nous avons déjà vu que selon ROGERS il ne s'agit pas de « technique », mot qui selon lui contredit l'exigence de *naturel* et d'*authen-*

Qu'on ne se fasse pas d'illusion sur « le naturel » dont ROGERS fait, dans ses articles les plus récents, l'essentiel et la base de son action thérapeutique [28]. Ce « naturel » est ce qui reste au terme d'une longue ascèse (ou d'une longue formation) au cours de laquelle le thérapeute s'est dépouillé de ses manières d'être habituelles ou de ses tendances irréfléchies, de ses références personnelles et de tout a priori nosologique, pour devenir un être-à-autrui sans opacité ni déformation. On mesure d'ailleurs la difficulté et la valeur transcendante de ce « naturel » lorsqu'on voit que la preuve de l'accession à cette manière d'être est, pour ROGERS, la capacité de pénétrer l'Univers de l'Autre et de le comprendre de l'intérieur. « Le thérapeute est ouvertement et librement lui-même et *il le démontre d'autant mieux qu'il peut plus librement et volontairement pénétrer dans l'univers de l'autre* » [29]. Quant au « naturel » que le malade découvre en lui par l'expérience de la relation thérapeutique, c'est également autre chose que sa manière d'être actuelle, marquée par la maladie ; c'est son être transcendant, la liberté de son « moi profond » (au sens bergsonien), la vérité de son être-humain (et inter-humain) au-delà de la vérité de son être-malade et de ses projections habituelles.

L'authenticité, la centration sur l'Autre, le respect de la Personne, la compréhension active, sont les attributs nor-

---

ticité. Nous ne donnons au mot « technique » que le sens de forme précise et méthodique des interventions du thérapeute, ce qui ressort du fait que la psychothérapie n'est pas une conversation libre et anarchique.

[28] Il écrit, dans l'ouvrage collectif cité (*Psychologie existentielle*, p. 92) : « Plus récemment je me suis rendu compte que c'était seulement lorsque j'étais franchement *naturel* et lorsque le malade me percevait ainsi, qu'il pouvait découvrir ce qui était naturel en lui… Ma thérapie échouait lorsque j'étais incapable d'être ce que je suis au fond de moi-même. »

[29] *Ibid.*, p. 92.

maux de ce « naturel » laborieusement atteint, où nous reconnaissons sans peine le *Dasein* selon HEIDEGGER, ou l'*Amour* selon BINSWANGER, comme Être-à-Autrui, disponibilité intégrale et transparence. Le « naturel » du malade, découvert par lui au cours d'une relation exemplaire, de même que le « naturel » du thérapeute, consiste à être « une personne unifiée, intégrée ou congruente [30], capable de considération positive inconditionnelle envers l'Autre ».

C'est dans cette manière d'être et par elle que se crée le « climat psychologique » permettant au malade d'accéder à la maturité, et que devient efficace et opérante l'*empathie*. « Sentir le monde privé du client comme s'il était le vôtre mais sans jamais oublier la qualité de *comme si*, telle est l'empathie et elle paraît essentielle à la thérapie » [31].

Ici nous touchons au principe fondamental de la psychothérapie de ROGERS, à savoir que *la compréhension comme telle est le plus puissant levier de changement*. En étant « compris », le client se comprend, se considère positivement et devient progressivement « une personne unifiée, intégrée ou congruente » (définition de la santé, du naturel, de l'authenticité et du but de la cure).

Nous serons amenés à redéfinir le processus du changement par la compréhension et, par là, à redéfinir la compréhension, mais de toutes façons il faudra passer par le chemin rogérien. C'est pourquoi ses techniques nous paraissent constituer un apport décisif à l'élaboration d'une pratique psychothérapique en accord avec l'anthropologie phénoménologique.

---

[30] C'est-à-dire « correctement consciente de ce dont elle vit immédiatement l'expérience dans sa relation avec autrui » (ROGERS, *Le développement de la personne*, trad. fr., p. 203).

[31] ROGERS, in *Le développement de la personne, op. cit.*, p. 204.

3. *Les techniques de la reformulation*

J'ai présenté ailleurs [32] les étapes de la formation aux techniques de ROGERS, et un simple résumé suffira ici.

S'il est vrai (et ROGERS le démontre) que toute intervention de la part du thérapeute (verbale ou non verbale) dans la situation thérapeutique est inévitablement *inductrice* d'un comportement ou d'une réaction émotionnelle ici et maintenant chez le client, alors il s'agit de déterminer exactement *le type d'intervention qui induit ce que le thérapeute a l'intention d'induire*, c'est-à-dire l'unité de la personne, l'intégration et la congruence, la marche vers le naturel et la maturité.

L'intervention qui favorise l'initiative, la spontanéité, l'acceptation, et l'auto-compréhension, est *non directive et empathique ;* cette orientation élimine les interventions qui relèvent des attitudes

— *d'évaluation et de jugement moral* (positif ou négatif), lesquelles induisent la culpabilisation, l'inhibition, la révolte intérieure, la dissimulation de la suite, l'infériorité, l'anxiété, le désir de se soumettre à la direction spirituelle ainsi proposée, ou la recherche de l'approbation morale ;

— *d'interprétation* (traduction dans un autre code, déplacement de l'essentiel, reformulation orientée, distorsions diverses), lesquelles induisent l'une ou l'autre des réactions ou des comportements suivants : sentiment d'incompréhension, frustration, besoin de rectifier puis irritation ou désintérêt, fuite-évitement, soumission par suggestibilité, *résistance et dénégation ;*

— *d'explication* (référence à un enchaînement causal et à des mécanismes) lesquelles induisent soit l'une ou l'autre des

---

[32] *L'entretien de face à face dans la relation d'aide*, co-édition E.S.F,. E.M.E. et Librairies Techniques,

réactions à l'interprétation(vues ci-dessus), soit le passage au niveau intellectuel (et intellectualiste) et à la recherche de la satisfaction intellectuelle du *savoir* (opposé à la libération du vécu);

— *de soutien affectif* (paternalisme, attitude maternelle, amicale, consolante, de participation sympathique, ou d'encouragement) lesquelles induisent le sentiment d'incompréhension par souci de dédramatisation artificielle, l'infantilisation, l'attente d'être guidé, encouragé ou consolé, la tendance à recourir toujours à cette forme de consolation ou de compensation, la dépendance ou au contraire l'irritation et la contre-dépendance;

— *d'investigation - questions - enquête - recherche d'informations* jugées complémentaires par le thérapeute, attitude qui induit l'une ou l'autre des réactions et comportements suivants : soumission à la « direction » et à l'autorité supérieure, passivité consistant à attendre l'interrogatoire et à aider le questionneur par les réponses, attitude de consultant, orientation des souvenirs du client vers la piste demandée, infériorisation, impression d'indiscrétion, résistance et blocage, dissimulation réactionnelle;

— *de solution du problème* (proposition d'un moyen, d'une issue, ou d'une solution, renvoi du client à une autre personne compétente), attitude directive qui induit l'une ou l'autre des réactions suivantes : l'acceptation-soumission, dépendance, impression d'être éconduit (en cas de renvoi à quelqu'un d'autre), sentiment d'incompréhension lorsque la solution est « plaquée » et imposée, irritation manifeste ou cachée, fuite-évitement.

En face de ces attitudes directives ou suggestives, l'attitude non-directive empathique, la seule qui permette la compréhension, s'exprimera :

1. par la mise en œuvre de procédés non verbaux susceptibles de faciliter la libre expression du client. Tels sont :

— *le silence attentif.* La centration sur le client s'exprime en effet d'abord d'une manière très simple par l'attention silencieuse (bien différente de l'*attention flottante* des psychanalystes, laquelle consiste à attendre ce qui va entrer dans le cadre explicatif a priori). Cette forme de silence signifie la centration active sur ce que dit le client, l'effort pour comprendre, et elle doit apparaître comme telle au client lui-même. Elle implique le respect du silence du client dans la grande majorité des cas [33].

— *l'encouragement sans phrases.* Toute une gamme de manifestation d'encouragement de la spontanéité sont à utiliser, depuis le « oui » prononcé de manière empathique, jusqu'au « Mmm » qui signifie que le thérapeute « suit » ce qui lui est dit;

— *les mimiques de compréhension.* Attitudes et mimiques doivent être convergentes en ce qui concerne leur signification de centration sur le client et de compréhension de ce qu'il dit; elles matérialisent l'*empathie.* La participation à ce qui est exprimé ou vécu par le client est — et apparaît — manifeste;

2. par les techniques de la reformulation. ROGERS a amplement démontré les inductions positives de la reformulation, qui, lorsqu'elle est faite *dans les règles* [34], non

---

[33] Disons pour l'instant que le thérapeute ne doit pas rompre le silence par incapacité personnelle à supporter le silence. Par ailleurs la congruence du thérapeute lui permet de comprendre ici et maintenant la signification du silence.

[34] Le fait qu'il y ait des règles de la reformulation efficace (celle qui induit les progrès du client dans la voie ci-dessus définie) confirme qu'il s'agit de techniques et donc qu'un savoir-faire (outre un savoir-être) est indispensable au praticien.

seulement apporte au client la certitude qu'il est compris, mais encore effectue la compréhension authentique, par le thérapeute, de l'Univers vécu du client, et provoque le changement thérapeutique. ROGERS en distingue quatre formes :

— *la reformulation-reflet* ou écho, répète ce que le client vient de dire, en gardant ses mots-clés et son langage, ou, si elle est faite en d'autres mots [35], en prenant garde aux nuances interprétatives que l'on risque d'introduire;

— *la reformulation-synthèse* consiste à résumer une tranche d'expression spontanée du client ou même à rattacher ce qui est dit à ce qui a été dit antérieurement. Le principal est que cette synthèse s'organise autour de l'*essentiel-pour-le-client*, puisque tout déplacement de cet essentiel nous entraînerait vers la réponse interprétative;

— *la reformulation par inversion des rapports figure-fond* [36], ce qui n'ajoute ni ne retranche quoi que ce soit au donné mais qui introduit une vision nouvelle de l'ensemble. Ce type de reformulation a un effet-choc et il est très important de la faire sur un ton tout particulièrement empathique;

— *la reformulation-clarification* qui consiste à « formuler », au sens strict, ce qui était vécu clairement mais exprimé confusément par le client [37].

Voici sur des fragments d'entretiens (et après mention des

[35] En effet la répétition en écho deviendrait rapidement du psittacisme et aurait un effet inquiétant sur le client.

[36] Allusion au phénomène décrit en Gestal-Theorie consistant à faire du « fond » la « figure » et inversement lorsque ce qui est offert à la perception comporte une partie circonscrite (ou « figure ») se déterminant par ses rapports avec ce qui l'entoure (ou « fond »).

[37] Nous verrons ci-dessous, p. 180, comment aller plus loin que ROGERS dans cette direction.

attitudes non-compréhensives) les quatre genres de la reformulation compréhensive proposés :

FRAGMENT 1. *Le client (jeune fille de 19 ans, voix ten-
due, d'abord explosive puis angoissée)* : « Je déteste mon
père. Je le hais! Je le hais! Je le hais! Et sans aucune
raison. Mon père est pasteur. C'est un homme juste et bon.
Il n'a jamais levé la main sur moi, et, malgré cela, j'éprouve
un sentiment violent envers lui. Et j'en éprouve un
remords affreux. Je n'ai aucune raison de le détester.
Je sais que c'est très mal de haïr son père, surtout quand
il n'y a aucun motif... Cela m'angoisse beaucoup »...

*Intervention (du thérapeute) d'orientation suggestive
interprétative-explicative* : « Vous découvrirez que sous
cette haine se cache un amour pour lui, et cet amour est le
facteur réel de vos sentiments de culpabilité... »

Intervention d'orientation évaluative : « Votre père,
puisqu'il est juste et bon, doit beaucoup souffrir de votre
haine. Avez-vous pensé aux tourments que vous lui
infligez? »

*Intervention d'orientation « décision-solution du pro-
blème »* : « Il faudrait vous éloigner pour un temps du
milieu familial... »

Intervention de type investigateur-questionneur : « Par-
lez-moi de votre père. Dites-moi tout ce qui vous vient
à l'esprit à son sujet... »

REFORMULATION-REFLET : « Vous vous tourmentez
d'éprouver une haine si violente envers votre père sans
raison aucune... »

REFORMULATION-SYNTHÈSE : « Vous vivez un conflit
intérieur pénible et angoissant entre d'une part la haine
que vous éprouvez envers votre père et d'autre part
les reproches de votre conscience morale contre cette
haine. Vous ne savez pas comment en sortir... »

....

FRAGMENT 2. *Le client (homme de 27 ans, voix décidée
et froide)* : « J'en suis arrivé à la conclusion que puisque
mon travail de professeur ne me satisfait pas, je chercherai

une autre situation. Je me suis résigné jusqu'ici à mon métier actuel parce que, après 4 ans passés à décrocher mon diplôme, je pensais me trouver devant des obstacles d'adaptation pratique à la classe, ... mais à présent je sais qu'il vaudrait mieux que je quitte l'enseignement et que je m'engage dans une tout autre voie, même si je dois commencer par le bas ».

Intervention de type soutien affectif : « Vous savez, il y a toujours des moments très difficiles dans la pratique d'un métier au début, nous avons tous connu ça. Vous ne devez pas vous décourager ni sauter à des décisions extrêmes. Ayez confiance en vous... »

Intervention de type explication : « Vous ne supportez pas l'échec qui met en question votre volonté de puissance et vous cherchez donc une situation qui vous permettrait d'éviter tout échec et toute humiliation narcissique... »

REFORMULATION-REFLET : « Après l'expérience pratique de cette situation professionnelle vous avez décidé qu'il valait mieux changer de carrière même au prix d'un certain déclassement social... »

REFORMULATION-CLARIFICATION : « Vous savez maintenant que les difficultés que vous rencontrez ne sont pas des problèmes d'adaptation à attendre ni d'expérience à acquérir... »

....

FRAGMENT 3. *Le client (voix irritée, avec indignation contenue) :* « La ville où j'habite est un véritable trou. Parmi les quelque cent mille habitants ; il n'en est pas une poignée avec lesquels on puisse avoir une conversation simplement intelligente. Notez bien que je ne dis pas une conversation intéressante, mais simplement intelligente ».

Intervention du genre investigation-enquête : « Qu'est-ce qui vous fait dire cela ?... Depuis combien de temps habitez-vous là ?... Qu'avez-vous fait pour vous faire des relations ?...

Intervention du genre interprétation : « Votre mépris des autres est tellement fort qu'il vous isole nécessairement ».

REFORMULATION-REFLET : « Vous jugez les habitants de votre ville inintéressants et inintelligents ».

REFORMULATION PAR INVERSION DES RAPPORTS FIGURE-FOND : « A certains points de vue, comme celui de l'intelligence, vous vous trouvez pratiquement seul dans votre ville »...

L'objection généralement soulevée par les thérapeutes en formation à l'entretien non directif de compréhension est que les reformulations, par le fait même qu'elles « collent » aux dires du client constituent un piétinement inutile. Contre cette objection *a priori*, l'expérience prouve que par là l'expression spontanée du client est relancée, permettant la pénétration réelle de son Univers, et que, au-delà, les buts de la thérapie sont effectivements atteints. D'autre part les effets perturbants des autres formes d'intervention sont évités ; ainsi à l'intervention interprétative dans le fragment 3 ci-dessus quoiqu'elle ait un fond de vérité, on observerait une *résistance* et une dénégation parce qu'elle défie les défenses sociales du Moi du client. L'intervention reformulatrice facilitera la prise de conscience en évitant les résistances et autres distorsions de la relation, toutes *induites* par l'attitude du thérapeute.

Les règles de la reformulation efficace ont été précisées par ROGERS [38] : l'intervention doit être : a) un accueil inconditionnel et non une initiative du thérapeute,... b) centrée sur le vécu du client, et non pas sur les faits,... c) centrée sur la personne, et non pas sur le problème,... d) respectueuse

[38] In *Psychothérapie et relations humaines*, et dans *La relation d'aide et la psychothérapie*, spécialement tome 2 où l'auteur commente didactiquement toutes les interventions du thérapeute au cours de huit séances de psychothérapie.

de la personne du client et non pas motivée par le désir du thérapeute de montrer sa perspicacité. Ces critères doivent se traduire dans le style et même dans la forme grammaticale de l'intervention reformulante.

Avant de conclure sur l'apport des techniques de ROGERS à une psychothérapie phénoméno-structurale méthodique, rappelons que, selon le créateur de l'approche non-directive, *la seule preuve de la validité de la reformulation compréhensive est l'accord du client sur le contenu de l'intervention du thérapeute.* Ce principe régulateur massif, véritable « œuf de Christophe Colomb » de la psychothérapie rogérienne, et, au-delà encore, de toute psychothérapie phénoménologique a des conséquences considérables : il garantit la découverte progressive par le thérapeute, de l'Univers de significations qu'il veut comprendre, il crée le climat de sécurité et d'intercompréhension en prouvant la présence et l'authenticité du thérapeute, il transforme radicalement le problème du transfert en supprimant le problème de la résistance et en clarifiant la relation, il fait effectivement de la thérapie une co-présence, une entreprise à deux et même une aventure à deux (dans la mesure où aucun des deux ne sait ce qu'il va découvrir), en même temps qu'une expérience unique (et curative) pour le patient.

Ainsi la méthode concrète d'une analyse existentielle est loin d'être aussi pauvre et parcellaire qu'elle le paraissait à BINSWANGER. Les techniques de la psychothérapie sémantique et de l'approche non directive s'insèrent sans aucune difficulté dans le cadre théorique de l'anthropologie phéno-ménologique et dans la direction générale magistralement définie par DILTHEY.

3

LA PSYCHOTHÉRAPIE PHÉNOMÉNO-STRUCTURALE
(aspects pratiques et techniques)

> « *C'est un des acquis les plus impres-*
> *sionnants de l'analyse existentielle*
> *qu'elle puisse montrer que sur le terrain*
> *aussi de la subjectivité, rien n'est*
> *laissé au hasard, et qu'une texture*
> *déterminée peut être reconnue qui*
> *confère à chaque parole, à chaque sen-*
> *tence, à chaque action ou à chaque geste*
> *sa marque particulière.* »
> L. BINSWANGER, *Discours, parcours et*
> *Freud*, trad. fr., p. 68.

Réservant pour la troisième partie la discussion des problèmes psychologiques soulevés par la psychothérapie phénoméno-structurale et spécialement la nature de l'inconscient, la relation médecin-malade et les processus de la guérison, nous aborderons ici la méthode de travail pratique, avec ses buts, ses moyens et son organisation concrète.

Si le monde du malade, monde dont la découverte, l'exploration et la compréhension vont être le but de l'entreprise commune et solidaire, est une forme du *Dasein*, une certaine manière qui est la sienne d'être-au-monde,... cette forme ne doit pas être comprise exclusivement de façon négative, comme contraire à une norme, car elle porte en elle ses normes originales. Son analyse qui sera authentiquement phénoménologique doit s'opérer, on l'a vu, sans *a priori*, et nous devrons, de ce point de vue, aller jusqu'au bout de la première règle fondamentale, à savoir la mise entre parenthèses de toute orientation préalable du thérapeute et de toute « interprétation ». C'est en restant au niveau du vécu du malade, de son présent, de son monde de significations, que nous nous situerons dans la perspective phénoménologique et que nous l'analyserons phénoménologiquement. Cependant nous entendons atteindre une analyse phénoméno-*structurale*, c'est-à-dire découvrir dans cette approche et à travers elle, des structures de significations, des sous-thèmes et des thèmes, c'est-à-dire des *constantes structurales*, des Formes matricielles ou organisatrices, constitutives d'un système, modelant la relation Moi-Univers, c'est-à-dire, le Moi et son Univers.

Or, et c'est par là que l'analyse phénoméno-structurale présentée dans cet ouvrage se différencie sensiblement de celle proposée par Eugène MINKOWSKI, nous ne rechercherons pas à comprendre ces Formes et ces Normes comme des flexions du Temps. Il est certain qu'une altération fondamentale de la Temporalité considérée comme Historicité aussi bien que comme Durée créatrice constitue l'Univers morbide comme tel, mais nous sommes là à un niveau transindividuel (au niveau de la psycho-pathologie *générale* auquel se place expressément E. MINKOWSKI) qui ne peut nous suffire dans l'entreprise concrète auprès de tel malade. Peut-être aurons-nous plus de liberté et de latitude en acceptant de considérer, selon la formule de Von UEXKULL, qu'« il existe autant d'Espaces et de Temps qu'il existe de sujets », et que chaque Univers a son temps et son espace singuliers.

Allant plus loin encore, nous croyons méthodologiquement correct (et cela nous situe en dehors du point de vue ontologique existentiel qui reste cependant notre référence) de ne pas a priori rechercher *les flexions des existentiaux du Dasein* comme le recommande BINSWANGER. Ce sont en effet, si je puis me permettre ce barbarisme dont je mesure l'incongruité, *les existentiaux du sujet en traitement* qui m'intéressent seuls, sans souci de mesurer leur degré de flexion ni la forme de cette flexion, et surtout sans les rapporter aux catégories du *Dasien*[1] dans son essence ontologique.

En bref, nous appliquerons à BINSWANGER lui-même la loi fondamentale de l'analyse phénoménologique qui rejette tout a priori et tout système de référence comme filtre déformant ou sélectif des informations que donne le malade sur son vécu.

Au nom de l'impératif de la réduction de tout a priori, nous ferons l'économie de l'a priori des directions existentiales de la recherche des flexions. BINSWANGER dit très bien dans une note[2], « ce que nous appelons *sens* doit être rigoureusement distingué de tout sens téléologique ou final, c'est-à-dire de tout but intercalé ou inséré, qu'il ait été inséré par la personne même ou par l'interprète ». Il suffit d'appliquer ce principe pour que les catégories existentiales cessent d'être, à l'arrière-plan de la recherche psychothérapique, des lignes directrices ou des soucis indûment et inutilement maintenus.

I. LES OBJECTIFS IMMÉDIATS DE LA COMPRÉHENSION

C'est donc sans aucun support logistique, sans aucune référence, sans a priori (sinon qu'il s'agit d'un Univers de

---

[1] Cf. ci-dessus la liste de ces catégories, p. 56.
[2] *Discours, parcours et Freud*, p. 169 note.

significations doté d'une organisation interne) que nous serons à l'écoute du malade.

Cette situation est particulièrement insécurisante [3] et nous aurons l'occasion de développer ses caractéristiques autant que les obstacles qu'elle constitue à l'adoption de cette forme de psychothérapie par les praticiens. Tout ce que nous pourrons savoir sur l'Univers vécu du malade viendra du malade lui-même, dont on doit dire, avec ROGERS, qu'il est « l'être du monde le mieux placé pour connaître son problème » [4]. C'est lui qui vit son Univers dont nous ne savons rien (et dont nous ne saurons pas grand-chose pendant longtemps) et c'est à sa suite, à son initiative, que nous le découvrirons.

Pour schématiser, disons que notre pénétration se fera par la définition de *ses* catégories, de *ses* thèmes, de *ses* axiomes, qui nous révélerons peu à peu, et toujours sous la garantie de l'accord du patient [5], l'architectonique étrange et délicate du Monde singulier qui nous sera proposé.

1. *Les catégories*

Il est banal mais indispensable de rappeler que le client, tout en parlant officiellement la même langue que son thérapeute [6], n'emploie pas les mots dans le même sens,

---

[3] On sait que les références nosologiques et théoriques sont des sécurités pour le thérapeute et assurent son sentiment de supériorité autant que la certitude de sa capacité a priori de comprendre par son savoir.

[4] Il ne s'agit pas ici de la conscience claire qu'il en a. Ce problème sera discuté dans la troisième partie.

[5] Ce critère important retentira profondément sur le problème du transfert, cf. p. 223.

[6] La situation de psychothérapie phénoméno-structurale lorsque malade et thérapeute ne sont pas de même expression linguistique, est exclue, de même que la thérapie par le truchement d'un interprète.

et que ses « concepts » ne coïncident pas avec ceux de son partenaire, ceci proportionnellement au degré de centralité desdits « concepts » par rapport à l'Univers vécu.

Le problème s'est posé de savoir s'il était légitime d'appeler « concepts » les clés représentées par des mots, telles que les utilise le malade pour exprimer une perception, une réaction, une situation, un événement, une forme relationnelle, etc... Peut-être est-on en droit d'appeler « concepts empiriques personnels » ce que KELLY appelle des « schématisations personnelles » *(personal constructs)*, mais il faut reconnaître que la masse de connotations singulières affectives est telle qu'il s'agit de *pseudo-concepts* où la part du jugement est le plus souvent nulle. Sont-ce des « implexes » au sens de BURLOUD, ou abstraits affectifs ? Toujours est-il qu'*ils sont utilisés par le sujet comme des concepts,* c'est-à-dire comme des catégorisations de l'expérience et de la pensée, et comme des moyens de communication de son expérience et de sa pensée.

Nous conviendrons d'appeler « catégorie » un ensemble de connotations personnelles chargées d'images et de potentiels affectifs-posturaux-comportementaux, symbolisé généralement par un mot (ou un groupe de mots), et utilisé par le sujet pour décoder toutes les informations en provenance de l'extérieur ou de l'intérieur.

M. (homme de 35 ans, médecin) m'expose que *la discipline* évoque pour lui « la presse thoracique » (instrument de torture tristement célèbre comprimant progressivement la poitrine) ou « des murs mobiles qui se rapprochent inexorablement et qui coincent l'individu en empêchant tout mouvement, c'est-à-dire toute initiative, toute décision, toute liberté. Toute discipline est angoissante dans la mesure même où elle implique l'inhibition mortelle sans défense possible ».

Voilà une catégorie qui détermine l'attribution d'un sens précis à certaines données de l'expérience personnelle quotidienne et sociale, et qui s'exprime par des sentiments réactionnels et des conduites non moins précises à tout ce qui est perçu comme « discipline »...

C. (femme de 32 ans, mère de famille) reconnaît que, pour elle, l'*Amour* est « un lien puissant dont la caractéristique essentielle est la restriction de la liberté et donc la dépendance, celle-ci étant une privation d'être, un amoindrissement, un anéantissement ». Il s'agissait ici de l'Amour-sentiment. *Les rapports sexuels*, pour la même personne, sont une domination agressive et possessive par le partenaire, au cours de laquelle la femme est « quasi assassinée ». Le vécu conjugal chez cette femme, était inévitablement source de torture, et elle fuyait le plus possible vers des compensations intellectuelles susceptibles de lui assurer en outre une forme de supériorité.

Pour E. (homme de 40 ans, célibataire, biologiste), au contraire l'*acte sexuel* est une aspiration, par la femme, du cerveau de l'homme par le canal des organes génitaux,... une sorte d'anthropophagie subtile opérée par la partenaire sexuelle, laissant l'homme « vidé de son intelligence, de son énergie, de son être ». On comprend que toute entreprise de séduction de la part d'une femme soit vécue par E. comme une menace, et que toute femme soit perçue « un peu comme une mante religieuse... »

Les exemples se multiplieraient facilement. Pour telle personne, « être aimé » c'est « être admiré », pour telle autre c'est « être approuvé », pour telle autre encore, c'est « être plaint », etc... Ces schématisations catégorielles ont plusieurs fonctions : 1) en tant que représentatives de zones de sensibilisation du sujet, elles absorbent des indices parfois mineurs et minimes des milieux de vie et les interprètent (fonction d'interprétation); 2) elles constituent des *a priori* permanents du sujet dans sa relation avec la réalité et avec autrui (fonction de détermination des attentes positives et négatives de l'être-au-monde); 3) elles mettent en forme les conduites correspondant aux significations perçues, les initiatives et les réactions (fonction de structuration du comportement); 4) elles régulent les opinions et les sentiments (fonction de régulation); 5) elles s'étalent, et elles modifient à distance variable et à degré variable l'intégration de l'expérience nouvelle (fonction de thématisation et de systématisation de l'Univers vécu).

Les catégories soutiennent des rapports certains avec les *fantasmes*, si l'on considère ceux-ci comme une production imaginaire ne correspondant pas à une appréhension correcte du réel; mais il semble que quoique les images associées sont fantasmatiques, et quoiqu'il s'agisse, d'une certaine façon, d'une « réalité psychique », les catégories dont nous voulons souligner l'importance dans le vécu du sujet sont bel et bien le résultat d'une conceptualisation.

En un sens, ce sont aussi des *symboles*, d'une part parce qu'elles répondent à la définition — très large il est vrai — de CASSIRER [7] selon qui « le symbole est le moyen par lequel l'esprit, la conscience, construit tous ses univers de perception et de discours »,... et d'autre part parce que ces catégories-symboles représentent un condensé d'expérience. Aucun de ces deux aspects ne se réfère, comme on le voit, à la conception freudienne du symbole.

Décrire exactement comment les connotations subjectives

---

[7] In *Philosophie des formes symboliques*.

s'organisent dans les catégories utilisées par le malade (et spécialement dans les catégories-clés), découvrir ce que BINSWANGER appelle « les connexions de sens dans lesquelles les expériences vécues se trouvent sur la base de leur teneur » [8], tel sera, dans cette première vision des buts, un des soucis du psychothérapeute. Ces catégories étant non conscientes pour le sujet (ce qui ne veut pas dire inconscientes au sens freudien), elles ne seront définies que par un certain *travail* du thérapeute, dont nous parlerons ci-dessous.

2. Les thèmes

Un autre but (qui n'est distingué ici que pour clarifier, car les intrications avec le précédent sont nombreuses) sera de découvrir et comprendre les thèmes. Ceux-ci sont d'importance variée, depuis la tonalisation d'une petite tranche répétitive de vécu, jusqu'au fil conducteur de l'existence, au « plan de vie » comme eût dit ADLER. Le thème est une forme commune à plusieurs situations dans lesquelles se trouve (ou se met) le sujet, un leitmotiv à forme constante et à contenus variables.

> Y. (femme de 39 ans, célibataire, professeur) reconnaît au cours du traitement pour « angoisse » que toute une série de situations ont en commun une structure formelle qui pourrait se traduire par : « *Je dois faire attention extrême à tout ce que je dis car mes paroles peuvent avoir chez d'autres personnes à qui j'ai parlé, des répercussions et des conséquences graves (allant jusqu'au suicide) que j'ignore mais dont je suis responsable* ». Il s'agit donc du thème de la *responsabilité imprévisible*. Ce thème est très prégnant et détermine une attitude de vigilance fatigante

---

[8] BINSWANGER, *Discours, parcours et Freud, op. cit.*, p. 162.

dans la communication verbale et un effort constant pour éviter tout jugement personnel. Il est allié à une conception spéciale de l'*objectivité* (catégorie fantasmée) comme parade absolue (et inaccessible) à la responsabilité.

N. (homme de 45 ans, marié, 5 enfants, avocat) a une grande partie de son existence sociale « organisée » par le thème « *je dois forcer l'admiration* ». Il s'impose un travail écrasant, se prive de loisirs, ne se dispense d'aucune démarche, ne se soigne pas quand il est malade, a toujours à faire face à mille obligations qu'il accomplit avec le sourire, fait preuve d'une grande modestie et d'une belle générosité, et se défend (à juste titre) de toute ambition sociale. C'est en effet l'*admiration morale* qu'il recherche, la valorisation socio-morale épurée de tout intérêt matériel. Il s'indigne toujours des intentions impures que les autres (les malveillants) prêtent à son activité débordante. Ce thème a pour corollaire l'*angoisse du mépris*.

A. (fille de 24 ans, célibataire, vivant chez ses parents) a une existence en partie thématisée par le thème inverse du précédent : « *Je dois forcer le rejet* », thème lié à un autre qui se traduirait par « *je suis une pourriture* », leitmotiv qui s'inscrit dans une *honte de soi* l'obligeant à cacher en permanence ses sentiments positifs, à les nier et à leur substituer des accès d'agressivité verbale inouïe envers tous ceux ou celles qui lui manifestent de l'intérêt, ou, pire, de l'affection. Elle vit la plupart du temps recluse et volontairement isolée.

A la limite supérieure de structuration de l'existence, le thème se rapproche de ce que Wilhelm STECKEL appelait « l'idée centrale de la névrose », quoique, en ce qui nous concerne, nous restions au strict niveau phénoménologique. *Appliquée aux rêves*, la recherche du thème [9] est radicalement

---

[9] J'en ai donné des exemples dans « Introduction à la psychologie structurale ». Cf. bibliographie.

différente de la technique freudienne, et encore plus de l'approche toute intellectuelle-esthétique (manipulation purement verbale des contenus du rêve) de certains psychanalystes contemporains. Il est à noter d'ailleurs que FREUD parle en divers endroits du « noyau du rêve » [10] et donne à ces occasions le sens dramatique du rêve en une formule brève qui en est pour ainsi dire le scénario réduit à son essentiel-abstrait. La notion de « noyau du rêve » n'est pas précisée par lui mais elle s'oppose manifestement à la longue série des associations et des interprétations qu'il en tire. Si l'on débarrasse sa formule de toute association avec les informations venues des chaînes d'images demandées et avec les interprétations orientées qu'il déduit, il reste *une structure de sens* qui ne quitte ni le contenu manifeste ni la situation présente du rêveur, qui n'implique aucun appel au symbolisme ni à du « latent », et qui formalise tout le donné vécu.

> Donnons-en un exemple d'après le texte même de FREUD [11]. Premier rêve de Dora : *Il y a un incendie dans une maison. Mon père est debout devant mon lit et me réveille. Je m'habille vite. Maman veut encore sauver sa boîte à bijoux, mais papa dit « je ne veux pas que mes deux enfants et moi soyons carbonisés à cause de ta boîte à bijoux ». Nous descendons en hâte, et, aussitôt dehors je me réveille.*
>
> FREUD entreprend un long interrogatoire, pressant et serré, à partir des éléments du rêve et élabore, *malgré les dénégations de Dora* [12], une interprétation dont le résumé serait le suivant : Monsieur K. vous poursuit de

---

[10] Ainsi dans « le cas Dora » in *Cinq psychanalyses*, p. 53 note.

[11] Le cas Dora, *ibid.*, pp. 46-53.

[12] A deux reprises Dora « résiste ». FREUD conclut ainsi, la deuxième fois, « elle ne voulut naturellement pas accepter cette partie de l'interprétation ». La première fois (p. 50 du texte français) il attaque assez sauvagement la résistance.

ses assiduités galantes; il veut pénétrer dans votre chambre, et dans votre « boîte à bijoux » (symbole des organes génitaux féminins) et vous vous dites que s'il arrive un malheur ce sera de la faute de votre père (dans cette région du rêve tout est transformé en son contraire, dit FREUD). Votre mère est votre ancienne rivale auprès de votre père. Vous étiez prête à donner à votre père ce que votre mère lui refusait, et ce dont il s'agit a quelque rapport avec les bijoux... De même vous êtes actuellement prête à donner à M. K. ce que sa femme lui refuse (Madame K. restreint les rapports conjugaux). Mais cette intention est refoulée avec effort et c'est ce refoulement qui intervertit tous les éléments du rêve. Vous avez peur de votre propre pulsion et par là vous confirmez l'intensité de votre amour pour lui. Vous rejouez la situation ancienne de votre amour pour votre père avec rivalité-jalousie à l'égard de votre mère, mais cette fois à votre père s'est substitué M. K. et à votre mère Mme K. En outre l'amour pour votre père, réveillé par votre amour de M. K., vous sert actuellement dans votre lutte contre la tentation de coucher avec M. K.

Puis, en note, FREUD écrit : *le noyau du rêve pourrait s'exprimer ainsi : « La tentation est si grande. Cher papa, protège-moi encore, comme au temps, de mon enfance ».*

Revenons à la structure thématique, au scénario dont le contenu manifeste donne une variante dramatisée. Il pourrait s'exprimer ainsi : « Dans le danger présent et urgent, mon père est heureusement là par miracle avec son autorité et sa responsabilité de père de famille. Ma mère a des préoccupations égoïstes et ne comprend pas mon danger. Mon père seul peut me sauver et me mettre à l'abri ».

Cette hypothèse sur le thème, qui comme on le constate, reste au ras du contenu manifeste en essayant d'intégrer au mieux les valeurs des éléments du récit et leurs relations sémantiques, se rapproche de très près de la formulation du « noyau du rêve » par FREUD. Ce « noyau », qui n'est certainement pas conscient chez la malade n'est pas non plus inconscient, et il est probable qu'aucune dénégation ni résistance n'auraient été produites par elle en l'entendant [13].

Sur ce point d'ailleurs JUNG apporte à la méthode de compréhension freudienne, des modifications profondes dont certaines me semblent intégrables à l'analyse phénoméno-structurale des rêves. Selon lui, en effet, le rêve apporte une sorte de bilan de la situation psychologique actuelle du sujet. Au lieu de le considérer comme une énigme ou un cryptogramme, JUNG y voit une variante dramatisée d'une structure actuelle de l'existence, et, pour la saisir, il se sert, comme on le sait, de la « méthode des amplifications » consistant à chercher des « variantes parallèles » c'est-à-dire ayant analogiquement la même structure de signification.

Comme le remarque à ce propos G. DELPIERRE [14], ces contenus, variantes d'une même forme sont d'ailleurs pratiquement donnés par le malade dès que la structure du rêve est élucidée.

Sur ce point, les idées de STECKEL sont à évoquer avec encore plus d'à-propos. Pour cet auteur, « l'interprétation » des rêves doit être « une intuition directe de leur structure », sans association d'images-souvenirs, et le problème psychologique qu'ils expriment est ancré dans la situation actuellement vécue par le malade.

Pour élucider les thèmes au cours de la psychothérapie, il faut donc passer du plan des images à un plan formel, du contenu à sa structure de sens, à peu près comme on passe dans une pièce à thème (ou dans un roman à thème)

[13] Cf. ci-dessous troisième partie, chapitres 1 et 2.
[14] In Les psychothérapies, p. 54.

de l'histoire dramatique à l'intention de l'auteur, à ce qu'il veut signifier par le jeu des situations concrètes, et qu'il aurait pu aussi bien signifier par un autre contenu [15].

3. *Les scénarios*

L'analyse comparée de situations subies ou créées par le malade dans sa vie quotidienne et des réactions émotionnelles qui s'ensuivent pour lui, fait apparaître des opérations transactionnelles qui, par série, ont une forme constante. Le même scénario est joué et rejoué (sans qu'ici les verbes « jouer » ou « rejouer » fassent oublier le sérieux ou le tragique réels de ces situations pour le sujet concerné) à travers des situations concrètes variables.

> R. (homme de 39 ans, marié, 2 enfants, employé de bureau) arrive chez lui nerveux, tendu, l'air épuisé et surmené, et dans les moments qui suivent saisit le moindre motif de mécontentement (quelque chose qui ne va pas comme il aurait voulu ou qui n'était pas prévu) pour se fâcher contre son épouse. Celle-ci, qui est sur ses gardes en le voyant dans cet état, se met précipitamment à distance et devient de marbre. Elle ne répond pas. R. change alors d'humeur, devient sombre et s'enferme dans une bouderie hostile. Son sentiment de frustration est intense et, à l'analyse de cette frustration, il découvre que son comportement de départ (perçu comme une agression injustifiée par son épouse) a pour but de se faire plaindre et cajoler. Comme il obtient le résultat inverse, il s'enfonce dans le sentiment de sa solitude malheureuse. Son « jeu » consiste donc à chercher une consolation

[15] La différence (importante en ce qui nous occupe) est que le « metteur en scène » du rêve n'a pas conscience du sens de sa production ni des moyens d'expression qu'il utilise.

maternelle par un comportement de revendication agressive. Le « jeu » complémentaire de Madame R. (qui ne comprend pas le jeu de son mari — et inversement) consiste à se changer en statue sous l'effet de ce qu'elle appelle « des aboiements injustifiés » et qu'elle éprouve comme une culpabilisation abusive, et à espérer, par cette réaction, que son mari, devenu conscient de son « injustice », va s'excuser et venir l'embrasser pour la dégeler. Le « système des attentes »[16] de l'un et de l'autre des époux R. est non conscient pour l'un et l'autre, dans la mesure même où leur conscience est occupée du contenu actuel de la dispute et non attentive à la Forme constante de ces situations répétitives.

S. (femme de 30 ans, épouse d'un photographe installé à son compte, mère de 2 enfants) trouve que son mari (qu'elle aide au magasin) se laisse absorber par son métier ; elle souffre du manque d'intimité. Elle tombe malade ce qui entraîne de nouveaux soucis pour son mari et des frais intempestifs. Monsieur S. réagit par un redoublement de travail et une humeur massacrante (il perçoit la maladie de son épouse comme un refus de l'aider au magasin). Cette frustration accentuée conduit Madame S. à aggraver sa maladie jusqu'à faire envisager son hospitalisation. A ce moment elle guérit et la vie active reprend jusqu'à un nouvel accès de saturation. Le « jeu » de Mme S. consiste à provoquer l'attention inquiète et amoureuse de son mari à son égard en se faisant malade jusqu'à la limite de sa propre sécurité. Le « jeu » de son époux consiste à fuir ses soucis conjugaux dans le travail.

B. (homme de 35 ans, sans enfant, en instance de divorce, membre d'une équipe de télé-enseignement, vivant actuellement seul) ne peut supporter, dit-il, la solitude. La catégorie de « solitude » est pour lui synonyme

---

[16] L'analyse de ce concept important dans les interactions conjugales a été faite dans un autre de mes ouvrages *(Psychologie de la vie conjugale)* à paraître.

de face à face angoissant avec soi-même et d'incitation à la folie. Il ne se sent bien qu'en groupe. Mais dans cette situation, il est accusé d'exhibitionnisme et de volonté de prendre le leadership, et il finit par s'en accuser lui-même ce qui le renvoie à la solitude ou à des compensations sentimentales-sexuelles avidement recherchées. Son comportement a une structure répétitive qui apparaît, à l'analyse, comme *le besoin de savoir qui il est par le moyen de l'opinion des autres*, la recherche de l'estime de soi par le détour de l'estime que lui manifesterait autrui, et c'est devant l'autre ou le groupe qu'il se veut « bien », c'est-à-dire créateur, participant, actif, généreux, donnant le meilleur de lui-même pour être bien jugé, c'est-à-dire pour *être*. Le résultat de ses entreprises le désespère sans qu'il ait compris leur scénario. Il commence à faire ce qu'il appelle des « fantasmes de meurtre ou de suicide », sur un fond d'angoisse qui se développe.

Dans un ouvrage récent [17], le docteur américain Éric BERNE après avoir proposé une conception tripartite de la psyché qui ne nous intéresse pas ici [18], aborde dans un chapitre intitulé *Analyse des jeux et des scénarios* une méthode d'analyse du comportement proche de ce que nous présentons dans ce paragraphe. Il accentue intentionnellement l'aspect « jeu de société ou d'équipe » pour faire comprendre de quoi il s'agit, et décrit certains types. Il décrit par exemple « le jeu le plus courant entre deux époux, le jeu *Sans toi...* » : celui-ci consiste à aboutir à la remarque finale « sans toi, je pourrais faire ceci ou cela qui me ferait plaisir ou qui favoriserait mon épanouissement ou qui m'apporterait

[17] Dr Éric BERNE, *Analyse transactionnelle et psychothérapie*, trad. fr., Payot, 1971.
[18] Il reprend et redéfinit la trinité freudienne sous le nom de « le parent », « l'adulte », « l'enfant » en chacun de nous, ce qui, dit-il, permet de savoir facilement « qui parle » en nous dans chacune de nos attitudes ou de nos déclarations.

quelque chose ». Pour cela Madame D. devait d'abord amener son mari à lui imposer une interdiction. Cette interdiction alimentait son ressentiment féminin, lui permettant de formuler des reproches amers à son époux, de se plaindre auprès de ses amies femmes (sur le thème du « sans lui... »), et d'éviter l'intimité sexuelle avec bonne conscience.

Dans un autre « jeu » nommé *Pourquoi est-ce que vous ne... Oui, mais,* le sujet présente à tout ami ou parent une situation catastrophique (la sienne) et s'arrange pour provoquer les conseils. A chaque suggestion il répond par *Oui mais* et démontre l'inefficacité du conseil. Il reconnaît que, dans ce « jeu » il éprouve une grande sécurité intérieure en réussissant à prouver (et à se prouver) que personne ne peut lui apprendre quoi que ce soit.

L'auteur remarque que lorsque le jeu est rompu ou impossible, la personne qui joue éprouve soit de la fureur soit un désespoir déprimant. « Le jeu », dit-il, « n'est pas une attitude ni un passe-temps, mais un ensemble de transactions complémentaires dirigées vers un but d'exploitation »[19].

Arrivons-en, toujours selon Éric BERNE, aux scénarios. Dans son langage à dessein emprunté au théâtre, il écrit[20] « les jeux semblent être des segments dans des ensembles

[19] *Ibid.,* p. 109. On pensera ici à la remarque d'ADLER sur les façons dont le névrosé « s'arrange » pour arriver à certaines fins. Éric BERNE dit aussi (et ce phénomène éclaire un aspect de la résistance à la guérison, dont nous aurons à reparler) que lorsque grâce à l'avènement du contrôle conscient, le malade abandonne son jeu principal, l'une des questions qu'il se pose est « Qu'est-ce que je vais faire à la place ? » ou « Comment vais-je structurer mon existence maintenant ? » (p. 112).

[20] *Ibid.,* p. 118.

de transactions plus larges et plus complexes appelés *scénarios*... Du point de vue opérationnel, un scénario est un ensemble de transactions qui, par nature est cyclique [21], mais qui ne se répète pas forcément car la représentation complète peut s'étaler sur toute une vie [22]. On distinguera, dit Éric BERNE, le *protocole*, drame qui s'est joué pour la première fois dans l'enfance du patient, puis le *scénario proprement dit*, dérivé pré-conscient du protocole, puis les *adaptations* qui sont le résultat de l'ajustement du scénario aux données actuelles réelles de l'existence du malade. Dans certains cas, le malade cherche la répétition du protocole, dans d'autres le scénario consiste au contraire à chercher un autre dénouement [23].

« L'analyse des scénarios », écrit Éric BERNE, « a pour but de tirer un trait sur la pièce et d'en mettre en chantier une meilleure ». Le sujet doit, en effet, être délivré de l'emprisonnement de son existence dans la Forme stéréotypée qui la thématise et la stérilise ; il s'engagera sur une route nouvelle dont, *a priori*, il n'a, naturellement, aucune idée. En effet, le but de la psychothérapie n'est pas d'apprendre au sujet à mieux jouer les rôles que lui impose son scénario, mais de lui permettre de recouvrer sa liberté. On peut déjà entrevoir que le processus de la guérison [24] consiste en une extinction des significations thématisées lorsque la conscience perçoit la structure organisatrice, structurée et structurante.

---

[21] C'est-à-dire en principe répétitif, revenant régulièrement.

[22] On retrouve ici le rapport du scénario avec le « plan de vie » selon ADLER, ce plan de vie étant l'*organisateur non conscient de l'existence entière*.

[23] Nous verrons ci-dessous, troisième partie, chapitre 12, les jeux où le malade se donne un rôle et tente de forcer le thérapeute à prendre le rôle complémentaire.

[24] Cf. ci-dessous, troisième partie, chapitre 3.

4. Les attitudes chroniques

Proches des phénomènes précédemment décrits (et nous les en distinguons par souci didactique), des manières d'être spécifiques se rencontreront chez le malade, frappant par leur chronicité, celle-ci étant d'ailleurs associée à une non-conscience totale. Je désigne ici les attitudes qui se sont forgées au cours de l'histoire et qui se sont pour ainsi dire « incorporées » à la personnalité. La stéréotypie et l'absolutisme de ces réactions, lorsqu'elles sont névrotiques, me semblent autoriser leur prise en considération en dehors du « caractère » proprement dit. Je crois en effet, comme JUNG, KRETSCHMER, SHELDON, PAVLOV, PENDE, BINSWANGER ou LE SENNE (si souvent cité par BINSWANGER) que chaque individu humain a un caractère constitutionnel, un « style » typique dans sa relation au monde et à autrui, et que ce caractère constitutionnel s'exprime de multiples façons, y compris dans le choix de certaines valeurs, la création de certaines situations privilégiées. Le Moi, tout en étant ontologiquement Je, liberté et historicité, est par son individualisation même, empreint de déterminations non quelconques ou l'hérédité, la vie intra-utérine, l'équilibre neuro-endocrinien, le type de l'activité cérébrale jouent certainement un rôle.

C'est de tout autre chose qu'il s'agit, dans ce paragraphe, sous le nom d'*attitudes chroniques*, celles-ci étant, de toute évidence, *acquises*, et elles sont d'autant plus pathologiques qu'elles étreignent davantage le Moi dans des automatismes répétitifs.

Ces attitudes chroniques sont soit en liaison avec ce que j'ai appelé ci-dessus *le système des attentes et des besoins*, soit expressives d'un *type de défense*, également chronique, construit par le Moi à l'occasion de situations choquantes ou pénibles, insupportées et insupportables, dans le cours de son histoire. Quelle que soit leur origine (souvent confuse et amalgamant des expériences désagréables diverses), leur *actualité* justifie l'intérêt que nous devons leur accorder. La vie quotidienne, le présent, et toutes les relations inter-personnelles (y compris la relation thérapeutique) sont structurés par ces attitudes chroniques, qu'elles soient attentes et besoins ou défenses et « cuirasses ».

C'est Wilhelm REICH qui, vers 1930, reprenant sur cer-tains points les remarques déjà faites par GLOVER et par ALEXANDER, a orienté la psychanalyse orthodoxe (trop soucieuse des souvenirs et des contenus, dit-il, et de ce fait interminable) vers ce qu'il appelle l'analyse ca-ractérielle, entendant par là *des constantes formelles de l'être-au-présent* du malade et spécialement de ses attitudes défensives.

Dans *L'analyse caractérielle* (ouvrage paru en allemand en 1933), et malgré un vocabulaire résolument freudien qui distord l'exposé de son expérience directe, il démontre qu'il n'y a pas de symptôme névrotique sans une person-nalité névrotique et donc que le Moi et son Univers dans leur actualité doivent être l'unique « objet » de l'analyse. Il montre aussi que dans ce donné premier, le repérage et la formulation des modes chroniques de comportement et de défense sont à la fois les plus faciles, les plus capables d'éviter les « résistances », et les plus efficaces pour « la transformation dynamique du malade ».

Sans nous référer en aucune façon à l'arrière-plan naturaliste et freudien de W. REICH, nous constatons dans la pratique psychothérapique que l'élucidation des attitudes chroniques et des formes systématiques généralisées de défense est un mode important et efficace d'approche de l'Univers privé :

> Un premier exemple sera tiré de l'œuvre de W. REICH (pp. 67-69). « Pendant que je montrais au malade (un homme de 30 ans) à chaque séance, son attitude de défense, j'étais frappé par l'expression monotone de ses lamentations. Il ouvrait chaque séance par les mêmes propos : « Je ne ressens rien, l'analyse n'a pas la moindre prise sur moi, je ne vois pas comment j'irai jusqu'au bout, ma tête est vide, l'analyse n'a pas d'effet sur moi, etc... » Je ne voyais pas très bien ce que signifiaient ces jérémiades... Après 4 semaines de traitement je n'avais pas encore compris le sens profond de cette attitude... J'entrepris de formuler son sentiment d'infériorité à mon égard. Au début cela ne menait pas loin mais après plusieurs séances il s'ouvrit à moi sur ses sentiments d'envie et de jalousie non pas à mon égard mais à l'égard d'autres hommes qui lui inspiraient des sentiments d'infériorité. Je compris soudain que sa constatation « L'analyse n'a aucune prise sur moi » ne pouvait signifier que ceci : « L'analyse est sans valeur parce que l'analyste est un faible, un incapable, un impuissant ». *Les lamentations du malade étaient donc à la fois un triomphe sur l'analyste et un reproche.* Je lui révélai mes sentiments sur ses jérémiades. Le résultat m'étonna : le malade me cita un grand nombre d'exemples prouvant qu'il réagissait toujours de la sorte si quelqu'un tentait de l'influencer. La supériorité des autres lui était insupportable et il n'avait qu'un seul désir, celui de les abaisser. C'est la raison pour laquelle il faisait par principe le contraire de ce que ses chefs lui disaient... (Les lamentations stéréotypées sur son impuissance étaient sa manière à lui d'annuler l'influence et la puissance d'autrui dans l'inter-relation, pour se protéger à l'avance des mauvais traitements, rudes et froids, qu'il imaginait inévitables). »

La psychologie la plus sommaire reconnaît dans certains traits constants, des défenses, tels l'ironie ou le sarcasme comme agressivité larvée et de protection, mais ce contre quoi tel individu se défend reste obscur (et celui qui utilise ce mode de comportement nie d'abord qu'il s'agisse d'une agressivité) tant que ne sont pas élucidées les structures formelles des situations par rapport auxquelles surgit la réaction significative.

S. (jeune fille célibataire de 25 ans) utilise l'ironie et le sarcasme à l'égard de son fiancé (auquel elle « tient » beaucoup) au point que celui-ci en proie à des doutes sur l'amour qu'il inspire, espace les relations, ce qui plonge S. dans une dépression anxieuse.

S. reconnaît, en psychothérapie, que son attitude sarcastique est d'autant plus intense que la personne de son fiancé lui est plus chère. Son premier mouvement, dit-elle, serait de demander sans cesse si l'autre, aimé, l'aime, « et de se le faire répéter inlassablement » (sans qu'elle s'en lasse). Mais auprès d'un garçon, le besoin de savoir, de vérifier l'amour, est inhibé par la crainte de paraître « collante » et de passer pour une fille sans pudeur. Elle se moque d'elle-même en prenant une attitude sarcastique et, en même temps, provoque le garçon pour mettre à l'épreuve l'amour qu'il lui manifeste.

Comme, par ailleurs, ce même comportement a déjà détourné d'elle plusieurs garçons (d'où elle a conclu qu'elle n'était pas digne d'être aimée), elle n'ose pas s'engager absolument dans la relation actuelle, et elle veut signifier aussi, à l'avance, qu'elle ne souffrirait pas de n'être pas aimée (se le prouver à elle-même et le laisser entendre au garçon pour qu'il lui dise le contraire).

Ainsi c'est une *avidité d'amour*, contrepartie d'une *angoisse de rejet* qui est le centre de l'Univers vécu.

A ce point de la conscience de soi, S. décrit de nombreuses situations de son passé familial où elle demandait et redemandait sans cesse à ses parents s'ils l'aimaient, et associe ce doute à des échecs scolaires très anciens et d'autant plus péniblement ressentis que ses deux frères réussissaient bien à l'école (infériorité par rapport aux garçons).

La non-conscience d'attitudes aussi stéréotypées est un phénomène étrange et pourtant général. De même malgré la monstration d'attitudes de ce genre au cours de la séance de thérapie, beaucoup d'analystes, attentifs aux contenus latents ou au transfert, ne les voient pas. W. REICH raconte à ce propos l'anecdote suivante : un malade avait été psychanalysé pendant douze ans sans résultat appréciable. Il n'ignorait aucun de ses conflits infantiles, notamment le conflit fondamental l'opposant au père... Un jour je notai qu'il me parlait comme s'il récitait une prière et je lui en fis la remarque. Il me raconta alors comment son père l'avait forcé à aller prier à la synagogue. Il s'y était rendu régulièrement mais toujours à contrecœur. C'est exactement ce qu'il avait fait pendant douze ans — devant l'analyste !

Quant à l'effet de la formulation de ces traits, il est toujours important. Le malade, lorsqu'il aura perçu la forme et le sens de ces attitudes, les reconnaît de mieux en mieux dès qu'elles apparaîtront et les considèrera bientôt comme des « corps étrangers » dans son Moi.

5. *Les axiomes*

Il arrive un moment où le système quasi hypothético-déductif qui constitue l'Univers vécu du malade laisse voir ses principes régulateurs, et j'ai donné à ces principes le nom d'*axiomes* [25].

Il est intéressant de savoir que cette idée a fait surface dans les réflexions de nombreux psychothérapeutes sur leur expérience. SULLIVAN, par exemple, qui a par ailleurs souligné sous le nom de *distorsions parataxiques* ce que nous avons appelé les catégories, les thèmes ou les scénarios, cherchait à formuler « les hypothèses ou les postulats *(assumptions)* que le patient fait inconsciemment pour réagir comme il réagit dans sa relation actuelle au monde et à autrui » [26].

Certes, comme le lecteur l'aura compris, les diverses distorsions parataxiques, catégoriales, thématiques ou psychodramatiques sont, tout en restant hors de la conscience réfléchie actuelle du sujet, et à cause de cette non-conscience même, des certitudes vécues, des *vérités* qu'il ne lui vient pas à l'esprit de mettre en doute avant la thérapie. Mais ce sont les *axiomes* qui, de ce point de vue, ont la plus grande force d'indubitabilité pour le sujet. Il s'agit de « lois » ou de « postulats » qui se sont fixés comme principes régulateurs et organisateurs du système des significations, c'est-à-dire de la perception, de la conduite et de la « compréhension » toute personnelle des diverses relations existentielles.

> G. (jeune fille de 23 ans, douée pour le dessin mais ayant quitté l'École, vivant chez ses parents, sans profession) a le masque impassible, parle d'une voix sans timbre et sans portée, met le plus souvent sa main devant

---

[25] Cf. *Introduction à la psychologie structurale*, p. 249 de la troisième édition.

[26] Cité par Lewis R. WOLBERG, *The technique of psychotherapy*, *op. cit.*, tome I, p. 240.

la bouche, porte des lunettes noires et opaques, se déplace de façon raide et automatique, commence diverses actions (écrire une lettre, faire un dessin, s'habiller pour sortir, etc...) mais y renonce très rapidement. A la lumière d'une longue série d'entretiens difficiles, un axiome apparaît : *s'exprimer est un risque, le risque de provoquer l'agression et le rejet de la part d'autrui*. Or, tout peut être une expression de soi et pas seulement l'affirmation d'une opinion : un regard, un geste, la voix, l'attitude, etc... Pour G. la sécurité élémentaire implique le black-out absolu. Tout mouvement ou expression verbale spontanés déclenche automatiquement une angoisse.

Lorsque cet axiome est reconnu, G. en fournit une interminable liste d'applications et s'aperçoit qu'il commande la majeure partie de sa conduite. Elle ajoutera par la suite que la seule intention de faire quelque chose d'observable par autrui provoque réactionnellement une sorte de paralysie insurmontable du corps, paralysie qu'elle connaît bien et qu'elle attribuait à une maladie organique mystérieuse et secondairement angoissante ; elle rattachera ces phénomènes à son axiome, de même que le développement extraordinaire de sa vie imaginative autistique, celle-ci apparaissant dès lors comme le refuge de son expression spontanée. C'est *après* la découverte de son axiome [27] que G. retrouvera une situation d'enfance qui lui paraîtra avoir été l'expérience cruciale originaire de son postulat : ses parents, tous deux « dans les affaires » et obligés de se déplacer très souvent, l'emmenaient avec eux en voiture dès ses 3 ans n'ayant pas les moyens de la laisser à la maison. Sur le siège arrière de l'auto, pendant que ses parents parlaient sans cesse entre eux, la fillette se voyait imposer brutalement silence et immo-

---

[27] Phénomène important, souligné d'ailleurs il y a longtemps par ALEXANDER ; le souvenir traumatique *suit* la découverte de la structure actuelle dominante et apparaît comme une variante privilégiée de la Forme existentielle. C'est par là qu'il est signifiant. Le souvenir peut ne pas reparaître, et l'abréaction se fera dès la reconnaissance de la Forme.

bilité dès qu'elle voulait dire quelque chose, n'avait le droit que de parler à un chien en peluche (et encore « sans qu'on l'entende »). Aux escales, on la mettait dans une salle de café en lui recommandant d'attendre (interminablement) sans bouger... Ceci jusqu'à 6 ans, âge où elle fut mise en pension.

Pour V. (homme de 35 ans, marié, profession libérale) reconnaît avec choc un axiome de sa manière d'être au monde dans cette formule : *les relations interpersonnelles sont toujours des relations de Domination-Soumission, de Maître à Esclave ;* il n'y a pas d'autres formes de relation interhumaine, dans aucun secteur de l'existence, ni sentimental, ni familial, ni professionnel, ni contractuel, ni amical... ni thérapeutique. De ce fait, toutes les situations de la vie, sans exception, sont une compétition ou un ring où il y a un vainqueur triomphant et un vaincu méprisé.

Inutile de dire qu'il aborde toute relation avec l'angoisse irrépressible de l'issue défavorable, à quoi se surajoute l'angoisse de la perception intérieure de ce qu'il appelle « une agressivité folle se complaisant dans des images de violence et de sadisme » (symptôme pour lequel il demandait la psychothérapie).

J. (jeune femme de 24 ans, célibataire, actuellement employée de banque) est envoyée par ses parents en psychothérapie, ce qu'elle accepte, pour instabilité, incapacité à se fixer dans une profession ou une ligne de conduite, manque d'idées personnelles, suggestibilité hystérique. Elle se plaint de « n'être pas », et en éprouve une angoisse extraordinaire qu'elle fuit en sortant beaucoup avec des amies, ce qui la lui fait « oublier pour un temps ». Elle a pensé que les stupéfiants seraient un meilleur moyen, mais moralement elle s'y refuse, de même qu'elle refuse moralement toute aventure sexuelle. Elle sort d'une longue période de « dépression ».

Un axiome émerge, à la longue, de ses confidences : son existence doit être morale si elle veut conserver l'estime de soi et celle de ses parents qu'elle aime beaucoup, *or,*

> *la moralité est à chaque instant l'anti-égoïsme,* cette vertu
> consistant à éviter à tout prix tout ce qui peut être per-
> sonnel, une pensée personnelle aussi bien qu'un plaisir
> personnel. Tout soupçon d'égoïsme (et cette « catégorie »
> a un sens particulier) entraîne l'immoralité et le rejet
> social ou familial. *Il faut s'auto-détruire pour être.*

Tout effort de compréhension de l'Univers du malade
aboutit, lorsqu'il est authentiquement entrepris et réussi,
à la découverte des clés de ce genre dont nous soulignons la
place et l'importance dans la construction de l'Univers
morbide, et qu'il s'agit de formuler. Leur formulation a des
effets remarquables sur le patient [28]. Toute attitude critique
a priori a des effets désastreux.

Rollo MAY [29] rapporte un cas typique de compréhension
critique chez un thérapeute : « Madame Hutchens (femme
de 35 ans souffrant de tension du larynx qui lui donne une
voix rauque, par ailleurs très soucieuse de maîtrise de soi
et très prude) avait suivi un traitement de six séances par
mois auprès d'un thérapeute. Celui-ci, dans le but de la
rassurer, eut la malencontreuse idée de lui déclarer qu'elle
était trop *collet monté* et trop guindée. Elle en fut profondément choquée et interrompit le traitement. Or, le thérapeute
avait eu tort en négligeant de comprendre que cette pruderie
et cette anxieuse maîtrise d'elle-même, loin d'être des
attitudes dont Madame Hutchens aurait voulu se débarrasser,
faisaient partie de sa tentative désespérée pour protéger le
centre précaire qui lui restait. Elle semblait dire : « *Si je me
livre, je perdrai le peu de place que j'occupe dans la vie.* »

---

[28] Cf. ci-dessous, troisième partie, chapitre 2. La prise de conscience
et ses effets.

[29] In *Psychologie existentielle, op. cit.,* pp. 23-24 puis 79. Le passage
ci-dessus est p. 79.

Autour d'un axiome de ce genre, une part importante de l'existence de la malade s'organise comprenant non seulement ses attitudes et comportements « habituels », mais aussi le symptôme, qui fait partie du même contexte.

6. Les symptômes

FREUD a le premier mentionné un phénomène psycho-pathologique important, à savoir la polyvalence du symptôme. C'est dans *le cas Dora* [30] qu'il attire l'attention sur le fait qu'«un symptôme correspond *simultanément* de façon tout à fait régulière à plusieurs significations »; « un seul fantasme ne suffit presque jamais à engendrer un symptôme »; « qu'un symptôme ait plus d'une seule signification, qu'il serve à la représentation de plus d'une pensée inconsciente, c'est ce qui s'apprend bientôt lorsqu'on s'engage dans le travail psychanalytique ».

Nous savons par ailleurs que le sens de son symptôme échappe au malade, et spécialement dans les névroses où le symptôme est vécu comme une contrainte et une souffrance par le Moi conscient. C'est que le symptôme « tient » à cette texture thématisante dont nous avons déjà dit qu'elle échappe à la conscience du malade quoiqu'elle soit, et dès les premiers mots qu'il dit, organisatrice de son discours et de ses atti-

---

[30] In *Cinq psychanalyses, op. cit.,* trad. fr., pp. 20 note, 33, 38 et passim. Par la suite, FREUD a donné d'autres « explications » : le symptôme reproduit d'une manière ou d'une autre une satisfaction de la première enfance, satisfaction déformée par la censure et accompagnée de souffrance » (*Introduction à la psychanalyse,* p. 392); « la régression de la libido vers les objets imaginaires constitue une étape intermédiaire sur le chemin qui conduit à la formation des symptômes... Par suite de ce reflux la quantité d'énergie inhérente à ces objets se trouve augmentée au point qu'ils deviennent exigeants et manifestent une poussée vers la réalisation » (*ibid.,* p. 401). Les symptômes sont aussi, dit-il, des substituts.

tudes *actuelles*. Dans cette structuration dynamique dont les catégories, les thèmes, les scénarios, les attitudes chroniques, les axiomes, sont des points de repérage et des voies d'approche recommandés, des points de rencontre de thèmes,... il y a des croisements ou carrefours de vecteurs de sens qui s'expriment dans le ou les symptômes. Nous en verrons des exemples à propos du processus de la guérison.

De toutes façons *les sens du symptôme*, en psychopathologie, ne sont accessibles qu'après une pénétration avancée de l'Univers morbide. « Beaucoup de ce que l'on considère comme *problèmes psychologiques* » dit Érich FROMM [31] — et ceci nous paraît valable pour tous les points particuliers proposés ici comme buts de la compréhension du thérapeute — ne sont que les expressions de *la réponse fondamentale que le sujet donne à la question de l'existence*. Il est donc inutile d'entreprendre leur traitement avant d'avoir compris quelle est la réponse fondamentale du patient, sa religion secrète et privée ».

II. LES BASES MÉTHODOLOGIQUES

Tels sont les buts de la compréhension, déterminés ci-dessus par quelques points-repères. Il importe maintenant de préciser les techniques de leur approche, de leur découverte et de leur formulation, en entrant dans le détail et *sous couvert des deux grandes règles générales* déjà mentionnées, celles qui se réfèrent directement à l'exigence phénoménologique [32]. Par elles est éliminée toute trace de suggestion ou de directivité.

[31] In *Bouddhisme Zen et psychanalyse*, *op. cit.*, p. 101.
[32] Cf. ci-dessus, pp. 40 et 44.

I. L'empathie comme attitude générale

Malgré les anathèmes de BINSWANGER contre l'empathie, il faut reconnaître que la psychothérapie telle que nous la définissons tient là son moyen fondamental et profite sur ce point des apports considérables de toute une lignée de chercheurs et de praticiens qui se sont efforcés d'éclaircir cette notion confuse.

Je définirai l'empathie comme l'ensemble des dispositions posturales, conscientes et spirituelles qui découlent des deux règles fondamentales et permettent la découverte et la compréhension progressives de l'Univers singulier du malade. Elle est donc en même temps une disponibilité complète, sans *a priori*, une transparence personnelle intégrale, une intention de comprendre et une capacité à saisir les significations exprimées par le malade *dans leur contexte même*.

Cette définition toute opérationnelle qu'elle se veuille, implique naturellement une sympathie vraie pour la personne du malade (laquelle me paraît être ici une simple spécification de l'*humanité* profonde du thérapeute), une capacité de se représenter, sans l'éprouver réellement, tout ce qu'il éprouve. A aucun moment elle n'est fusion ou confusion affectives parce que la thérapie reste le but et que la conscience réfléchie du thérapeute, son attention vigilante permanente (« centrée sur le client » comme dit ROGERS), exigent qu'il ne soit jamais prisonnier du vécu de son patient.

Peut-être pouvons-nous par là échapper à tout un pathos plus ou moins délirant qui accompagne chez beaucoup la onception et la pratique de l'empathie.

Éliminons d'abord *l'identification* que FREUD, dans *Psychologie de groupe et analyse du Moi*, proposait comme processus de la compréhension empathique, et que certains de ses disciples ont reprise avec exagération, tels que FÉNICHEL [33], REIK [34] ou KATZ [35]. Éliminons aussi de notre méthodologie l'empathie selon SULLIVAN (1953) pour qui elle est une induction de nos sentiments par les sentiments d'autrui. Enfin éliminons le phénomène télépathique cher à plusieurs praticiens, qu'ils appellent « résonance » ou « communication des deux inconscients ». Je pense qu'ils parent d'un halo parapsychologique de music-hall ce qui est sans doute la relation interhumaine authentique et anté-verbale, faite de confiance et de sympathie, qui constitue la base permanente de la co-présence dans la situation thérapeutique que nous avons définie.

Dans un important article, SHESSIK [36] analysant les obstacles à l'empathie chez le psychothérapeute, en voit cinq :

— *l'anxiété* qui le pousse loin de l'intimité du patient par peur d'un danger personnel dans cette aventure, et qui

[33] FÉNICHEL, dans *Psychoanalytic Theory of Neurosis*, 1945, écrit que « l'empathie consiste en deux actes : 1) une identification avec l'autre personne, 2) une prise de conscience de notre propre sentiment ensuite ».

[34] Theodore REIK, dans *Listening with the third ear* (1949), dit que « pour comprendre l'inconscient d'une autre personne nous devons, au moins pour un moment, nous changer nous-mêmes et devenir l'autre personne ». Il fait, de l'empathie, une « introjection » d'autrui dans le moi du thérapeute !

[35] R.L. KATZ, dans *Empathy, its nature and uses* (1963), parle de « contagion des attitudes et des sentiments d'autrui, sensibilité aux signaux émanant de l'autre, et modification dans notre état émotionnel personnel » !

[36] Richard D. SHESSIK, *Empathy and Love in psychotherapy*, 1965, cf. bibliographie.

détermine, par réaction, une « absence émotionnelle » faite d'inhibition,...

— *le narcissisme* qui l'empêche de sortir de sa propre personne, de sa table de valeurs, et de son besoin de supériorité,...

— *la recherche de satisfaction de besoins personnels inavoués,* à travers la situation thérapeutique : besoin d'amour en particulier (mais aussi voyeurisme, besoin de connaître les secrets, besoin scatologique, besoin de puissance, etc...). Dans ce cas la relation gratifie le thérapeute mais le patient n'en retire aucun profit ;

— *la tendance à se raccrocher à des précédents et à des tableaux nosologiques,* dont nous savons déjà l'effet néfaste pour la compréhension de tel malade ;

— *l'absorption dans la technique* (serait-ce celle de la psychothérapie phénoméno-structurale) qui lui fait faire les gestes adéquats et les interventions techniquement opportunes mais dissout l'authenticité de la rencontre et la remplace par une artificialité que le patient sentira intuitivement et qui induira des réactions échappant à l'attention et au contrôle du thérapeute.

Nous reparlerons de l'empathie en tant que réponse au besoin de compréhension du client [37]. Retenons la dernière remarque de SHESSIK ; elle nous servira d'avertissement pour l'exposé des techniques qui va suivre, car celles-ci — indispensables — ne peuvent valoir par elles-mêmes, et ont besoin d'être à chaque moment vivifiées par l'authenticité et par l'empathie.

[37] Cf. ci-dessous, p. 238.

2. La reformulation

Cette « forme caractéristique » de l'approche rogérienne avec ses modalités et sa sanction immédiate par l'accord du patient, se présente, en psychothérapie phénoméno-structurale comme la méthode de base. Tout ce qui en a été dit ci-dessus [38] est à retenir. J'ai déjà dit que seule la référence phénoménologique donne à la découverte « technique » de ROGERS son cadre anthropologique sûr et son sens plein.

Si ces formes d'intervention (qui s'ajoutent aux modes déjà vus d'encouragement de la spontanéité et d'induction de l'initiative) demeurent des techniques courantes auxquelles on revient toujours et qu'on utilisera seules dans les premières séances,... l'orientation structuraliste permet de dépasser l'apport de ROGERS dans la même direction, en recommandant deux autres procédés.

— La reformulation-élucidation. La reformulation-reflet est insuffisante quoiqu'elle ait la vertu de prouver la centration de l'attention du thérapeute et de soutenir le patient dans son effort d'expression. En tant que miroir, le thérapeute offre déjà aussi une réflexion objectivée, c'est-à-dire qu'il présente à son client une image que celui-ci ne peut pas ne pas reconnaître. Par l'empathie, le client est assuré enfin d'être accepté tel qu'il est, situation nouvelle dont les effets portent loin en ce qui concerne l'apprentissage futur d'une nouvelle forme de relation. La reformulation-synthèse, au niveau le plus bas (celui de la synthèse d'un fragment du discours) permet davantage dans le même ordre d'effets. La reformulation par inversion figure-fond a un effet de choc car le patient, tout en « se voyant » de manière indis-

---

[38] Cf. ci-dessus, p. 142.

cutable dans l'image qui lui est reflétée, saisit soudain une implication imprévue de ce qu'il vient de dire, qui le force à réfléchir sur ses sentiments. La reformulation-clarification, en mettant en lumière un essentiel vécu (jusque-là perdu dans un halo accidentel ou habituel) a un effet plus fort encore car quelque chose de ce qu'il a dit et de ce qu'il éprouve est reflété au patient avec une intensité qui peut beaucoup l'émouvoir sur-le-champ. On sait que c'est là que commence le risque d'interprétation, risque mineur si le thérapeute sait profiter de la rectification que lui renvoie le malade dans un tel cas, pour reprendre sa progression dans la compréhension du vécu exprimé,... et s'il n'utilise ce procédé qu'après avoir réuni une quantité suffisante d'informations.

La reformulation-élucidation est un plus grand risque car elle prétend *formuler l'implicite,* étant entendu que l'implicite, ici, au niveau phénoménologique, n'est pas le caché mais *le contenu manifeste dans ses présupposés de signification.*

Le sujet (homme de 40 ans) m'expose à la dixième séance qu'il écrit depuis 3 ans un roman-fleuve dont l'idée est originale et qui consiste à partir d'êtres désincarnés purs esprits et pures libertés, et à leur attribuer progressivement des caractéristiques concrètes d'appartenance, de rôles sociaux, d'habitat, d'âge et d'implications situationnelles ou relationnelles, en essayant de voir ce que devient alors leur être originaire et comment ils se comportent.

Lorsque je me suis assuré par des reformulations-reflets, synthèses ou clarifiantes de ma compréhension de ce qu'il fait exactement, ma reformulation-élucidation consiste à remarquer que « *vous vous débattez dans un problème qui vous concerne personnellement et qui serait*

*celui-ci : comment puis-je m'engager dans les multiples déter-
minations de la vie réelle sans perdre ma liberté conçue comme
la préservation de tous les possibles que je sens en moi.* »

Le sujet reconnaît là *son* problème, problème qu'il
ne s'était jamais clairement formulé par peur de la réponse
à une telle question, et, après un instant de sidération,
reformule à son tour en disant *il est évident que j'ai peur
de me perdre comme liberté en acceptant tout ce qui pèse,
tout ce qui oblige, tout ce qui restreint,... tout... mon âge,
mon corps, mon métier, mes appartenances syndicales,
politiques, etc...* Dans cet éclairage, le roman devient
une succession d'essais en blanc, d'expérimentations
imaginaires, opérées par un homme que tout engagement
réel met mal à l'aise, et que la pression de l'ensemble
des engagements involontaires angoisse.

— *La formulation des réquisits logiques ou des conséquences
logiques.* Si l'on admet que l'Univers des significations
subjectives est comme un système et qu'il est doté d'une
organisation interne, donc qu'il a sa logique propre, il
devient assez facile, sans quitter le champ des significations
vécues, de voir les exigences antécédentes ou conséquentes
d'un ensemble déjà donné et compris.

Le sujet (une jeune femme de 30 ans, psychologue) m'a
dit précédemment qu'elle recherche beaucoup les situations de groupe, la participation active à des réunions,
l'occasion de s'exprimer dans des discussions à plusieurs.
Sur le moment j'ai reformulé ces données comme *une
recherche active de l'être-en-groupe* (ce qui est un simple
reflet). Mais voici qu'elle me dit beaucoup plus tard
qu'elle éprouve devant tout groupe une forme d'inhibition
angoissante car elle se sent jugée et perçoit la situation
comme un tribunal où elle serait l'accusée.

Il est aisé de reformuler en clarification cette confidence
en disant qu'*elle a honte d'elle-même et qu'elle craint
jusqu'à l'angoisse le jugement d'un public.*

Or ces deux contraires sont vrais au même titre et il n'y a aucune raison de penser que la personne a menti. Si les deux comportements font partie de son existence, il n'y a qu'une façon de comprendre : c'est que notre sujet a *honte de sa honte et qu'elle fait un effort surhumain pour dominer sa peur en s'obligeant à participer à des groupes*.

Après cette reformulation qui a commencé par le rapprochement des deux confidences, la jeune femme reconnaît cette déduction. Mais dans ce cas, son comportement n'est compréhensible que dans le contexte d'une lutte contre les sentiments jugés inadmissibles et d'une obligation qu'elle se fait d'éprouver le sentiment pénible jusqu'au bout en espérant s'en débarrasser ainsi.

On va probablement vers un axiome du genre *c'est en souffrant qu'on guérit* ou *c'est en m'imposant des épreuves pénibles et en y résistant que je trouverai ma propre estime ;* mais nous n'avons pas alors assez d'éléments pour l'affirmer. Quelqu'autre confidence peut remettre en question cette voie. Il sera important de situer dans le contexte ultérieur ce qu'elle attendait du métier de psychologue.

Il ne faut pas dépasser de trop loin le contenu dont on dispose, car la distorsion interprétative se glisse rapidement, et de plus on perd, par *la dénégation* alors provoquée de la part du patient, le bénéfice des prises de conscience successives. Naturellement les spéléologues de l'âme humaine trouveront que ceci reste en surface. Effectivement nous restons au niveau phénoménologique, le seul dont nous soyons certains.

3. *Les questions d'élucidation*

Il est bien reconnu que le thérapeute non directif ne pose pas de questions. Le praticien de la psychothérapie phénoméno-structurale ne posera de questions ni à partir d'une liste préétablie ou d'un plan de recherche d'informations relevantes, ni à partir des débuts de voies d'approche qu'il découvre par sa méthode même. Un genre de questions sera cependant admis : la question d'élucidation ; elle concerne soit un élément du contenu verbal, soit une situation confusément évoquée, soit encore une attitude ou un sentiment actuels. La question d'élucidation commence par « qu'entendez-vous par là ?... » ou « qu'est-ce que cela signifie pour vous ? », toujours posée sur un ton empathique. Il n'y a d'abord aucune raison de ne pas provoquer chez le client une nouvelle manière d'exprimer ce qu'il vient de dire, si malgré l'attention centrée et vigilante à l'égard du sens que cela peut avoir pour lui, vous n'avez réellement rien compris.

> *Le client* (C) (homme de 36 ans) : « Je me sens très mal à l'aise et bredouillant en face d'autrui, que ce soit des collègues ou des supérieurs ou un inférieur ou des inconnus et cependant j'éprouve un sentiment de joie intense quand je peux parler aux autres car enfin je me sens libre. Vous voyez ce que je veux dire ? »
>
> *Le thérapeute :* Non, pas du tout, que voulez-vous dire ?
>
> *C. (après réflexion) :* Pour être clair il faut que je distingue plusieurs cas. Première situation : c'est quand je suis regardé par hasard par un inconnu, même quand je passe devant lui sans aucune relation possible, que je suis le plus mal à l'aise. Je hâte le pas, je ne me sens pas bien. Deuxième situation : lorsque je dois parler en tête à tête à quelqu'un qui me connaît, enfin... qui sait au moins mon nom et mes fonctions,... je suis mal à l'aise et je bredouille. Troisième situation : en groupe ou en réunions de travail, je me sens alors tout différent et libéré de toute sensation pénible.

Grâce à la réaction du thérapeute qui ne comprenait pas et qui l'a dit tout simplement *avec une question-appel à clarification*, le discours du sujet s'est effectivement clarifié. En réponse à l'authenticité de l'attitude compréhensive du thérapeute, il fait un effort positif qui en soi a une grande valeur d'auto-connaissance, et qui permettra de repartir dans l'exploration de sa relation au monde et à autrui.

La question d'élucidation est d'autre part directement utilisable dans la recherche de définition des *catégories* du malade.

> *C.* (homme de 45 ans) : Je me dis qu'il doit y avoir une méthode idéale pour faire le petit déjeuner, je veux dire que les opérations successives si on les a bien définies doivent se faire dans un ordre qui permet la plus grande efficacité, tout en tenant compte des opérations commutatives. Tout est comme ça pour moi. Je suis dans la pression temporelle.
>
> *Le thérapeute :* Qu'est-ce que c'est, pour vous, la « pression temporelle » [39] ?
>
> *C. :* La « pression temporelle » est un mot que je me répète souvent. C'est le fait que le temps presse et que les menues actions quotidiennes dévorent un temps fou. Je me sens dans une extraordinaire tension intérieure par suite de cette pression du temps.
>
> *Le thérapeute* (qui peut alors tenter une reformulation-élucidation) : Vous éprouvez une angoisse du temps qui passe, du temps perdu, et cela devient une obsession pour vous.

---

[39] Il semble en effet que ce soit une catégorie importante puisqu'elle couvre beaucoup de conduites, dont celle du petit déjeuner n'est qu'un exemple. Par contre « opérations commutatives » se comprend plus directement et ne paraît pas mériter d'élucidation.

Il arrivera fréquemment que dans ce que j'appellerai la mise au point du contenu sémantique des catégories personnelles vécues, une série de questions d'élucidation, de reformulations, de rectifications de la part du malade et de nouvelles reformulations-synthèses, permettent de cerner clairement la catégorie régulatrice d'un secteur existentiel. De même que pour les thèmes, les scénarios, les axiomes, il est important de ne pas lâcher prise à ces moments essentiels qui vont avoir un grand retentissement aussi bien pour la compréhension de l'Univers que pour le progrès ultérieur vers la guérison [40].

> *C.* (femme de 28 ans) : Il faut absolument que je sois authentique. A mon avis la valeur morale n⁰ 1 est l'authenticité...
>
> *Le thérapeute :* Qu'entendez-vous par authenticité ?
>
> *C. :* C'est ce que tout le monde entend par authenticité : le devoir-être, l'obéissance aux devoirs, la vie intégralement morale.
>
> *Le thérapeute :* Voulez-vous dire qu'obéissance aux obligations morales supérieures et authenticité sont une seule et même chose ?
>
> *C. :* Oui naturellement, et ceci suppose une évacuation des plaisirs et désirs personnels !
>
> *Le thérapeute :* « Authenticité » serait le contraire d'« égoïsme » ?
>
> *C. :* Non, c'est plutôt le contraire de spontanéité.
>
> *Le thérapeute :* Qu'est-ce que c'est pour vous la spontanéité ?
>
> *C.* (réfléchit) : C'est l'abandon aux instincts de la nature, la non-résistance aux impulsions, aux sensations, aux besoins sexuels, aux appels sexuels venus des personnes de l'autre sexe.

---

[40] Cf. ci-dessous, p. 269, la redéfinition des concepts.

Le thérapeute (en reformulation-clarification ou synthèse) : L'authenticité c'est donc la suppression active en vous, au nom du Devoir, de toutes les tentations et les réponses irréfléchies — instinctives — aux sollicitations du monde, spécialement aux sollicitations sexuelles.

C. : C'est plus que cela. Il faut savoir si l'on accepte ou non de faire le malheur des autres. Or, c'est faire le malheur des autres que d'être incapable de résister à ses instincts.

Le thérapeute : Voulez-vous dire que, dans l'abandon à ses désirs personnels, il y a une responsabilité terrible, puisque cela peut faire le malheur d'autres êtres, et donc que pour être en règle moralement, ce que vous appelez être *authentique,*vous devez réfréner et étouffer tout ce qui est naturel en vous.

C. (silence puis larmes) : Mon père a abandonné ma mère quand j'avais 6 ans et nous avons vécu dans la détresse. Mon père est parti avec une autre femme. Mon père était un être d'instincts, sans souci de sa responsabilité. Je ne veux pas être comme mon père...

Le thérapeute : Il me semble que être authentique, pour vous, c'est vous débarrasser de toute spontanéité parce que la spontanéité en vous est identifiée à l'image de votre père.

C. (silence prolongé) : C'est ça, je comprends maintenant que ce que je veux, c'est tuer la partie de moi que je pense ressembler à mon père (silence prolongé). L'autre partie, l'authenticité, c'est la ressemblance à ma mère, qui a été le Devoir incarné et s'est sacrifiée pour nous élever mon frère et moi...

Feront aussi l'objet de questions d'élucidation tous les sous-entendus, toutes les allusions, mêmes vagues et fugitives, toutes les phrases non terminées, toutes les intentions obscures, les hésitations ou silences gênés du sujet.

4. L'analyse du comportement ici-et-maintenant, des mimiques et des réactions émotionnelles actuelles

Cette nouvelle orientation de l'attention du thérapeute a un rapport évident avec la relation thérapeutique ici-et-maintenant, et à ce titre, nous en reparlerons dans le chapitre consacré à cette relation et aux problèmes du transfert [41]. Nous ne traiterons ici que de l'analyse de l'ici-maintenant comme méthode de pénétration de l'Univers subjectif du patient. Dans cette perspective, les techniques de reformulation ou les questions d'élucidation doivent aussi être utilisées.

C. (homme de 35 ans) dit avec un grand sourire : « Ma femme commence à être elle aussi angoissée »...

Le thérapeute (d'une voix d'acceptation empathique) : « Vous en voilà visiblement très satisfait ».

C. : « Pourquoi me dites-vous ça ? »

Le thérapeute : « En disant que votre femme commençait à être elle aussi angoissée, vous aviez un grand sourire triomphant »...

C. : « Je ne m'en rendais pas compte,... mais il est vrai que l'état d'angoisse de ma femme me fait plaisir »...

C. (femme de 30 ans) parle depuis le début de l'entretien en évitant le regard du thérapeute qui est en face d'elle dans l'autre fauteuil.

Le thérapeute : « J'ai remarqué que depuis le début de l'entretien, vous semblez éviter de me regarder en me parlant »...

C. (sans regarder le thérapeute) : « Oui, c'est vrai »...

Le thérapeute : « Que se passe-t-il ? »

---

[41] Cf. ci-dessous, troisième partie, chapitre 1.

C. (d'une voix imperceptiblement agressive) : « Eh bien c'est comme ça, je préfère ne pas vous regarder... »

Le thérapeute (d'une voix encourageante et empathique) : « J'ai l'impression... mais c'est vous qui pouvez le mieux le savoir et le dire... que vous craigniez que je ne lise un certain mécontentement à mon égard dans vos yeux... »

C. (regarde le thérapeute) : « C'est vrai, je suis mal à l'aise depuis le début parce que je me sens agressive envers vous... »

Le thérapeute (d'une voix calme) : « Ben oui... vous êtes en ce moment agressive à mon égard »...

C. (qui sent que ses sentiments sont accueillis) : « Ça a commencé après notre dernier entretien (l'entretien continue sur le vécu de la relation)...

Il arrive que l'orientation du thérapeute vers le vécu actuel du patient provoque des rebondissements importants de l'exploration des significations ailleurs et toujours.

C. (jeune fille de 25 ans) vient de parler de la honte de son corps et de son sexe après de nombreux retraits et détours, et des formulations claires ont été obtenues.

Le thérapeute (croyant, par sa question, liquider la phase pénible et aller vers une conclusion de l'entretien) : « Qu'est-ce que vous éprouvez en ce moment, après avoir pu parler de tout cela ? »

C. s'enferme dans le silence et semble de plus en plus mal à l'aise, se tord les mains, souffre visiblement.

Le thérapeute (après avoir respecté le silence pendant quelques minutes et voyant le regard de bête traquée de C.) : « Vous voilà toute angoissée et inhibée. Que s'est-il passé ? » (Silence. Centration accrue sur C.).

C. (péniblement) : « Votre question m'a fait mal »...

Le thérapeute (voix interrogative) : « Ma question vous a fait mal... »

C. : « Oui, j'ai ressenti aussitôt une douleur là (elle se touche l'estomac), une angoisse, et comme une paralysie de tout le corps ».

Le thérapeute : « Ainsi une question bien anodine qui cherchait à comprendre ce que vous éprouviez a été reçue comme une flèche ou comme une menace »...

C. : « Oui, justement j'ai senti tout d'un coup votre sympathie... »

Le thérapeute : « La sympathie que je manifeste a déclenché une souffrance, une angoisse et une paralysie »...

C. (qui réfléchit péniblement) : « Ce n'est pas le mouvement de sympathie de l'Autre qui produit ces effets »... (Silence).

Le thérapeute : « Je ne comprends pas ce que vous voulez dire. »

C. (avec une voix voilée et la main devant sa bouche) : « Votre mouvement vers moi, votre ouverture, votre sympathie ont provoqué un autre mouvement en moi, un sentiment, un début d'élan affectif en réponse, et c'est mon sentiment personnel qui m'a paru une menace et qui a provoqué automatiquement la paralysie ».

Le thérapeute : « Vous avez peur de vos sentiments positifs ».

C. : « C'est idiot mais c'est comme ça... » (et elle raconte d'autres situations semblables, telle sa relation avec un neveu de 8 ans qu'elle aime bien ; elle ne peut répondre à ses manifestations d'affection) [42]...

C'est aussi dans l'art de répondre aux questions directes que l'analyse de la relation ici-et-maintenant peut quelquefois se trouver facilitée. La question directe est une interrogation pressante posée par le patient au thérapeute, malgré les

---

[42] Une suite de ce fragment se trouve p. 287.

règles générales annoncées au premier entretien [43]. La tentation est forte de répondre sur le fond, par rapport au contenu intellectuel; mais c'est au contraire l'attitude, l'état d'esprit ou les exigences a priori rendant possible et nécessaire-pour-le-sujet cette question,... qui doivent faire l'objet de la reformulation.

5. *La recherche des constantes structurales*

La méthode utile dans ce but comprend les techniques déjà vues de la définition des catégories, thèmes, schèmes de comportement réactionnel, scénarios, axiomes, etc..., mais demande en outre *l'attention aux analogies* perceptuelles, sémantiques, affectives, situationnelles, comportementales. L'analogie est précisément la parenté des phénomènes de même structure, l'expression de la constante formelle à travers la variété des contenus.

Une telle attention exige la *mémorisation exacte de ce qui a été déjà entendu,* quelquefois à des mois de distance, *et le rapprochement des expériences* différentes par leur référence quoique superposables par leur forme dynamique.

Car l'Univers singulier qui se découvre dans l'aventure commune, bien qu'il soit tout entier présent dans les premières confidences du malade, est à ce moment opaque et méconnu. Il se dévoile progressivement, et longtemps après, quelque chose qui avait été dit dès le début prend, par le plus large contexte disponible, un sens qui n'avait pas été d'abord saisi, ou plus exactement prend un autre et nouveau sens, attendant de la totalité découverte une signification définitive.

La compréhension de l'Univers du malade par le thérapeute, celle du malade sur ce qui se passe en lui et pour lui, l'intercompréhension des deux personnes en présence, progressent de concert tout au long de la cure.

III. QUELQUES POINTS D'ORGANISATION PRATIQUE

La première remarque en ce qui concerne l'organisation pratique sera sur les indications et contre-indications de l'analyse phénoméno-structurale.

Étant donné que ce genre de travail exige des capacités sérieuses d'expression verbale, une capacité primaire de communiquer et l'établissement d'une relation interpersonnelle positive fondamentale, une intelligence capable d'analyse introspective et de conceptualisation, un moi attendant l'aide et la demandant volontairement (parce qu'il souffre de sa restriction d'être, de symptômes ou de troubles psychosomatiques dont il veut se débarrasser) et donc une insatisfaction vivement ressentie de la manière-d'être-au-monde,... je crois, dans l'état actuel de mon expérience, que la psychothérapie phénoméno-structurale *ne peut être indiquée* avec :

— les enfants au-dessous de 7-8 ans ;

— les débiles mentaux vrais ;

— les psychotiques caractérisés opérationnellement par l'incapacité de l'introspection, de la communication et de l'auto-critique [44] ;

[44] Ce point mériterait discussion car il y a des états dits psychotiques chez lesquels ces caractéristiques ne sont pas réalisées totalement, il y a aussi des moments de récession, des moyens chimiothérapiques de facilitation de la psychothérapie. Un des praticiens de cette méthode doit publier un cas de psychose caractérisée traité et guéri par la psychothérapie phénoméno-structurale (Dr PHILIPPOT, *Le cas Don Thomas,* à paraître).

— les sujets ayant construit un équilibre qui les satisfait sur une structure de conscience qu'ils refusent de mettre en question, ainsi les délinquants vrais, les homosexuels des deux sexes qui sont contents de leur sort, les prostituées, certains psychopathes et certaines formes de névroses dites « de caractère »;

— les personnes trop âgées pour vouloir ou pouvoir changer leur existence.

1. *Le face à face*

Si le face à face dans deux fauteuils identiques [45] matérialise la situation de co-présence, de rencontre interpersonnelle et d'égalité dans le travail commun qui va être entrepris, il ne faut pas oublier que l'ensemble de la situation doit induire les mêmes facilitations.

Rien d'inhibant ni de solennel donc dans le cabinet de consultation, qui doit avoir tous les caractères d'une intimité mesurée et sécurisante,... ni dans la présentation vestimentaire du thérapeute qui doit n'éveiller aucune attention particulière,... ni dans les positions et attitudes. Rien ne séparera les partenaires (ni table, ni bureau, ni écrans) et ils seront à une distance correcte pour deux personnes qui ont à se parler à voix normale.

Naturellement aucun dérangement ne se produira pendant les entretiens.

2. *Le premier entretien*

Le premier entretien thérapeutique doit être lui-même précédé d'une consultation au cours de laquelle le théra-

---

[45] Il est également possible de donner au client un fauteuil-relax, le thérapeute étant sur un petit fauteuil droit.

peute doit apprécier avant tout si la psychothérapie est indiquée, et, si non, qu'est-ce qui convient. L'état mental du malade doit être évalué en fonction des conditions requises par cette forme de traitement et ses motivations doivent être sondées. Il est du devoir du médecin de donner un conseil différent s'il est de l'intérêt du malade, ou de faire procéder aux examens nécessités par la possibilité d'un trouble organique à répercussion psychologique.

Si la psychothérapie est indiquée et acceptée dans son principe de part et d'autre, le thérapeute prend l'initiative d'exposer, au cours de l'entretien préliminaire quelles sont les conditions générales du traitement (durée et horaire des séances, conditions financières), puis si cela est accepté, comment se passeront les entretiens, quelle méthode sera suivie. C'est sur ces derniers points qu'une préparation particulière est nécessaire.

Les séances seront hebdomadaires ou au plus bi-hebdomadaires, chacune durera de 50 minutes à 90 minutes sans qu'il y ait de temps fixé plus précisément. Le thérapeute informera le malade des règles suivantes :

1) Il s'agit d'entretiens et donc les échanges ne seront que verbaux. Cela signifie que le sujet doit dire et peut dire tout ce qu'il éprouve, sans pour cela passer aux actes. S'il a envie de sauter par la fenêtre, il est convenu qu'il le dira au moment où il en a envie, sans le faire réellement; s'il éprouve le désir d'écraser la tête du thérapeute, il peut le lui dire avec tous les détails qu'il imagine mais en s'abstenant de se précipiter sur lui, etc...

2) Le client a l'initiative absolue. Il a le droit d'interrompre le thérapeute si celui-ci parle, de présenter ses problèmes par le bout qui lui convient. Le thérapeute doit ici expliquer clairement la méthode dans l'aspect opérationnel

immédiat que le malade *a besoin de savoir* [46], c'est-à-dire d'abord que lui, le thérapeute accepté, s'efforcera de comprendre *la totalité de l'existence du sujet, existence qui est le contexte du problème pour lequel il recherche la psychothérapie.* Ceci situe la responsabilité du malade en ce sens que son effort d'expression est indispensable. Le thérapeute dit « je ne peux comprendre et vous aider que si vous exprimez ce qui se passe pour vous avec le maximum de sincérité ». En échange de cet effort d'expression, le thérapeute assure le maximum d'effort de sa part pour comprendre. Il assure également le secret médical sur ce qu'aura dit le malade.

Dès l'entretien préliminaire, la situation *de co-présence et de co-responsabilité* doit être clairement posée et comprise.

Le premier entretien a lieu à l'heure convenue et dans la situation annoncée. Il est très important car il sera abordé par le malade dans un état d'anxiété souvent très inhibante et, de plus, il sera un test du thérapeute, une mise à l'épreuve de la confiance. Le malade n'a *aucune habitude* de cette situation singulière et inoueï, et projetant ses craintes ou ses suppositions, s'attend malgré ce qui lui a été dit dans l'entretien préliminaire, à des jugements, à un interrogatoire, ou à des conseils, etc...

L'entretien, une fois les personnes installées, sera ouvert par le thérapeute qui dira quelque chose comme : « Nous voici donc à notre premier entretien et un travail de compréhension de vos problèmes est mis en route aujourd'hui où nous aurons besoin de nos deux cerveaux. C'est vous qui connaissez votre problème puisque vous le vivez. Vous avez beaucoup de choses à me dire... »

---

[46] Il n'y a et il ne doit y avoir aucun mystère. Le client a besoin de savoir et le droit de savoir. Cf. p. 229, note 47.

Le thérapeute se montrera tout au long particulièrement rassurant et ne manquera pas, à plusieurs reprises, de rappeler les règles de l'entretien, spécialement l'initiative absolue, le droit au silence et l'obligation que se fait le thérapeute de respecter les silences, le travail en commun, le droit du client d'accepter ou de refuser la reformulation éventuelle *puisqu'il est le seul à savoir de quoi il parle, et qu'il est l'être le mieux placé du monde pour connaître son problème et son existence personnels*. Le thérapeute doit, outre la sécurité, donner au client la démonstration qu'il attend, c'est-à-dire faire la preuve de sa centration, de son authenticité (au sens de sincérité et naturel), de sa capacité de compréhension (empathie), d'accueil inconditionnel et de respect de la personne du malade.

Il sera bon de s'en tenir aux reformulations-reflets-synthèses-clarifications, d'intervenir de manière mesurée, et de ne pas faire d'élucidation d'attitudes ou d'émotions ici-et-maintenant. *La sécurisation sera l'impératif du premier entretien, au même titre que l'apprentissage de la situation et de ses règles simples.*

Aussi détendu qu'attentif, aussi rassurant que compréhensif, aussi naturel que sincère, le thérapeute doit avoir conscience d'inaugurer une expérience nouvelle dont dépendra la guérison de son patient, l'expérience d'une relation nouvelle.

C'est seulement à la quatrième ou cinquième séance que les anxiétés du patient, ses a priori, ses réactions émotionnelles lors de la première séance pourront être rétrospectivement évoquées et analysées, et que le travail d'analyse phénoméno-structurale commencera réellement, la sécurité et l'apprentissage de la situation étant assurés.

3. Le rythme des progrès

La méthode permet un raccourcissement important de la cure dans les cas d'indication. Elle fait partie de ce qu'on appelle « les psychothérapies brèves », toujours suspectes aux yeux des psychanalystes, surtout par comparaison au record détenu, dit-on, par René LAFORGUE avec un client psychanalysé pendant 17 ans.

Cependant l'expérience semble montrer que la vigueur de la méthode (qui permet d'aller vite au but qui reste la guérison) est un défaut. La rapidité qu'elle autorise et qu'elle entraîne a le grave inconvénient de provoquer des désordres, particulièrement *l'angoisse existentielle* de la ruine trop brusque des repères habituels avant l'affermissement des premiers repères de remplacement. Ceci demande à être vérifié par d'autres praticiens de la psychothérapie phénoméno-structurale, mais il apparaît que la relative facilité avec laquelle on cerne les catégories, les thèmes, les axiomes provoquant ainsi le processus thérapeutique de leur inhibition critique, incite à la vitesse, surtout si le thérapeute a souci de l'efficacité, et produit des effets nocifs se répercutant sur la relation elle-même, ce qui prive alors le malade de tout recours et de tout secours au moment où son Univers vacille.

Il faudra donc, au nom de l'efficacité elle-même, éviter systématiquement les points-clés, les catégories-maîtresses, les thèmes dominants et les principes parataxiques fondamentaux,... pendant un nombre important de séances, et se contenter d'éclairer des aspects mineurs — quoique d'importance pratique immédiate — de l'Univers vécu du sujet, *tant que son expérience de la relation interhumaine nouvelle n'est pas solidement établie, entrée dans ses habitudes et ancrée dans sa manière d'être, comme changement premier à opérer.*

Autrement dit encore, il faut savoir perdre du temps pour en gagner finalement, et accepter de passer des séances sans provoquer d'*insight* [47]. En règle générale d'ailleurs, il est nuisible pour l'équilibre relatif du malade et pour son rééquilibre ultérieur de provoquer l'*insight* sur plus d'*un point par séance*, ces points, on l'a vu, étant d'abord mineurs.

Pour les mêmes raisons, il est opportun de ne prévoir qu'une séance par semaine au début et de passer à deux au bout d'un certain temps si l'évolution positive est bien engagée.

Pendant toute cette durée, le malade a une liberté assez grande. Il peut, s'il le veut, venir avec des notes, en prendre pendant la séance, vous appeler au téléphone s'il en a envie, venir en catastrophe pour un entretien supplémentaire entre deux séances, etc...

La notion de *limites réalistes*, tout comme dans la définition et la délimitation des entretiens, doit être cependant assez fermement marquée avec certains malades en faisant appel à leur compréhension et en prenant garde à leur interprétation de ces limites réalistes comme rejet de leur personne. C'est la qualité de la relation établie qui permet sans effets désastreux ces mises au point. Mais dans cette question si étroite comme dans tout le reste de la pratique, la relation thérapeute-client est engagée dans son essence, ce qui exige que nous la traitions plus complètement et dans son ensemble. Les problèmes de la fin de la cure et de l'interruption des entretiens seront retrouvés ensuite, à propos des processus de la guérison.

[47] Cf. ci-dessous, troisième partie, chapitres 2 et 3. Prise de conscience et processus de la guérison.

LES CHEMINS DE LA GUÉRISON

I

LA RELATION THÉRAPEUTIQUE

> « *Le malade est étranger à lui-même,…
> il est retranché du vaste champ de
> l'expérience humaine. Il reste un être
> fragmentaire, un infirme, qui n'expé-
> rimente qu'une petite partie de sa
> réalité et de celle des autres.* »
> Érich FROMM, *Bouddhisme Zen et
> psychanalyse*, p. 121.

> « *L'analyste ne doit pas être que
> l'historien d'un passé psychologique
> mais le catalyseur d'une évolution dans
> le présent, le promoteur d'une renais-
> sance du sujet à lui-même.* »
> G. DELPIERRE, *Les psychothérapies*,
> p. 51.

Que la relation thérapeute-malade soit un facteur essentiel dans la psychothérapie, c'est ce que BREUER devait
découvrir à sa grande inquiétude au cours de la catharsis
hypnotique d'Anna O. en 1882. Mais FREUD, devenu très
vigilant après son séjour à Nancy (1889) auprès de BERN-
HEIM à l'égard de ce qui se passe dans la relation, eut le génie
de comprendre le premier l'importance et l'étendue de ces
phénomènes, qu'il rassembla sous le nom de *transfert*.

Sans doute est-il juste de dire que le transfert, surtout
dans la première acception qu'il lui donna, est la plus grande
découverte psychologique de FREUD, plus grande que celle
de l'inconscient dont l'exploration et la définition avaient

commencé avant lui, comme en témoignent les ouvrages de RIBOT et, plus encore, de Pierre JANET.

En quoi consistait cette découverte sinon en ceci que *le malade thématise la relation qu'il a avec le thérapeute* et que dans le cas des névroses et de leur psychothérapie cette thématisation est non l'œuvre de la névrose, mais *la névrose elle-même* ? La « situation de psychothérapie » a pour effet de « précipiter » et d'intensifier *ici-et-maintenant* au cours de la cure, la thématisation qui se produit *ailleurs et toujours* dans l'existence du névrosé.

Cependant la découverte de ce phénomène se trouva réduite en portée par le fait que FREUD en chercha l'explication à partir de son système déjà établi et de ses idées sur l'étiologie des névroses. De plus il ne poussa pas à son terme l'analyse psychologique de la situation thérapeutique qu'il organisa, et qui à son tour *induisait* d'autres phénomènes rangés sous le même nom. Nous voudrions, après avoir défini la conception de FREUD, retrouver l'essentiel du phénomène découvert par lui dès 1890 et reprendre sur d'autres bases la manipulation de la relation comme aspect essentiel de la cure.

I. LE TRANSFERT

Dès son chapitre dans *Études sur l'hystérie* (1895), FREUD écrit : « la malade est effrayée de découvrir qu'elle transfère sur la personne du médecin les idées angoissantes qui naissent du contenu de l'analyse. C'est une chose qui arrive fréquemment et régulièrement dans l'analyse ». A propos du *cas Dora* (rédigé dans les premières semaines de 1900), FREUD parle *des transferts* (au pluriel) et marque nettement

que « la source des transferts est le processus névrotique » [1].
Le rattachement du transfert à l'ensemble de l'existence est,
dans certains écrits, assez net :

> « Tout individu, de par l'action concomitante d'une
> prédisposition naturelle et des faits survenus dans son
> enfance, possède une manière personnelle, déterminée,
> de vivre sa vie amoureuse, c'est-à-dire que sa façon
> d'aimer est soumise à certaines conditions, qu'il y satis-
> fait certaines pulsions et qu'il se pose certains buts.
> On obtient ainsi une sorte de *cliché* (quelquefois plu-
> sieurs), cliché qui, au cours de l'existence, se répète
> plusieurs fois, se reproduit quand les circonstances
> extérieures et la nature des objets aimés accessibles
> le permettent, et peuvent, dans une certaine mesure,
> être modifiés par des impressions ultérieures [2]... Il est
> ainsi tout à fait normal et compréhensible de voir l'inves-
> tissement libidinal en état d'attente et tout prêt... se
> porter sur la personne du médecin... Cet investissement
> va s'attacher à des prototypes, conformément à l'un des
> clichés déjà présents chez le sujet en question. Ou encore,
> la patiente intègre le médecin dans l'une des séries
> psychiques qu'elle a établies dans son psychisme » [3].

Mais la doctrine de l'appareil psychique, du refoulement
et des pulsions conduit FREUD à une *explication*. En effet, la
névrose, pour lui, n'est pas une flexion pathologique de la

---

[1] « Dans leur production, le médecin ne joue aucun rôle bien que le patient s'accroche à des détails réels; la source du transfert est le processus névrotique » (cité par D. LAGACHE, in *Revue fr. de psychanalyse*, XVI, 1952, n° 1-2, p. 10.
[2] Nous avons vu que, chez le névrosé, ces clichés sont résistants et d'autre part nous verrons que l'expérience de la relation interpersonnelle dans la psychothérapie va les modifier.
[3] FREUD, *De la technique psychanalytique*, trad. fr., pp. 50-52.

relation Moi-Univers, elle n'est pas une thématisation
étouffante *de l'existence totale*, elle est le résultat complexe
du refoulement, du dynamisme des pulsions refoulées et des
réactions défensives du Moi. De ce fait le transfert lui
paraît le réveil et l'actualisation, *pendant la cure*, de tendances refoulées; l'inconscient est attaqué pendant la séance
psychanalytique et les images refoulées sont « forcées dans
leur cachette ». Le mécanisme du refoulement, ainsi battu
en brèche, provoquerait alors le processus qui est « l'explication » définitive : résistant à l'exigence de remémoration,
*le souvenir du passé se convertit en comportement dans le
présent*, et le malade se conduit, dans la relation ici-et-
maintenant comme il s'est conduit là-bas et autrefois avec
les figures œdipiennes de son enfance oubliée.

Selon cette explication et dans cette perspective, l'analyse
du transfert est le moyen le plus sûr de tirer au clair les relations libidinales infantiles refoulées dans l'inconscient,
relations qui seraient à l'origine de la névrose.

Dans *La dynamique du transfert* (1912), FREUD considère
son explication comme définitive :

> « Les sentiments inconscients cherchent à éviter la
> reconnaissance que réclame la cure; ils visent au contraire
> à la reproduction, avec tout le pouvoir d'hallucination
> et la méconnaissance du temps caractéristiques de
> l'inconscient. Juste comme dans les rêves, le patient donne
> cours et réalité à ce qui résulte de l'éveil de ses sentiments
> inconscients; il tend à « agir » ses émotions sans tenir
> compte de la réalité de la situation. Le médecin requiert
> de lui qu'il mette ces émotions à leur place dans le trai-
> tement et dans l'histoire de sa vie, qu'il les soumette
> à une considération rationnelle et qu'il les apprécie à
> leur réelle valeur psychique. Cette lutte entre le
> médecin et le patient, entre l'intellect et les forces de

l'instinct, entre la reconnaissance et l'aspiration à la décharge, s'accomplit presque entièrement sur le terrain du transfert » [4].

Le transfert est la *mise en acte* d'un souvenir refoulé dans l'inconscient, et, par cette mise en acte, le refoulé structure la relation actuelle avec le médecin. La mise en acte elle-même *(acting out)* surgit de la résistance à la remémoration obligée et évite la remémoration, parce que « c'est l'issue la plus avantageuse » (le refoulement du souvenir étant sauvegardé). On comprend par là pourquoi « tous les conflits se rassemblent sur le terrain transférentiel ». Mais (on le conçoit clairement si l'on continue à réfléchir dans la logique de la théorie freudienne), *la résistance provocatrice du transfert comme échappatoire avantageuse pour elle* n'a de sens que dans la situation analytique, celle où un analyste veut pénétrer dans l'inconscient, forcer les associations vers la mise en lumière du premier terme historique refoulé. Cherchant comment la *résistance de transfert* « rejette ainsi complètement le patient hors des relations réelles avec son médecin », FREUD écrit : « les facteurs sont dus à la situation psychologique où l'analyste a placé son patient » [5]. Enfin la dernière touche est donnée par l'exploitation du transfert dans la cure. « Sans transfert, la cure est impossible » [6]. Cette évidence théorique s'est imposée au point que dès son époque FREUD dut s'insurger contre des pratiques de séduction du patient par le médecin, pratiques qui

---

[4] FREUD, *La dynamique du transfert*, 1912, pp. 321-322, et dans une autre traduction in *Rev. de psychanalyse*, XVI, n° 1-2, *op. cit.*, p. 177.

[5] *Ibid.*, p. 321 du premier texte, p. 177 du second.

[6] FREUD, *Ma vie et la psychanalyse*, p. 65.

s'établirent aussitôt parmi les psychanalystes soucieux de provoquer le transfert pour pouvoir travailler ensuite!

Mais la notion jusque-là claire par rapport à l'explication a priori, s'obscurcit rapidement dans la suite des écrits de FREUD et de ses disciples parce que la réalité débordait de toutes parts le cadre étroit dans lequel on prétendait la traduire ou l'enfermer.

D'abord on remarqua qu'il y a différents degrés d'intensité du transfert, et que le degré « faible positif » favorisait les associations, soutenait le désir de guérir chez le patient, alors qu'un degré « positif fort » devenait rapidement intraitable car le refus du médecin de répondre aux « exigences amoureuses » provoquait des humiliations et des vengeances chez les malades (chez les femmes traitées par des hommes, ce qui était le plus souvent le cas aux débuts de la psychanalyse).

Ajoutons à cela que le transfert peut aussi bien être négatif que positif [7], et que le transfert négatif mérite une manipulation plus attentive sinon le malade abandonne tout simplement sa psychanalyse.

Enfin les psychanalystes se demandèrent *qui* ils représentaient pour le malade : l'imago du père? l'imago de la mère frustrante? le grand frère?... Questions relativement faciles encore quoique l'incarnation de la « bonne mère » fasse problème lorsque l'histoire du patient révèle qu'il n'a effectivement connu qu'une « mère frustrante »,... faciles aussi si l'on reconnaît que le thérapeute peut incarner « hallucinatoirement » dans le transfert plusieurs imagos successives (encore faut-il qu'il repère quel est le « cliché »

---

[7] Les désaccords allèrent bon train pour savoir si le transfert premier est négatif ou positif, si le négatif n'est pas du positif refoulé, si le positif n'est pas du négatif refoulé.

qui structure la relation au moment considéré). Plus ardue et plus débattue la question de savoir si, dans le transfert, le patient ne met pas le thérapeute à la place de son *Moi idéal* [8], et comme la théorie ramène le Moi idéal à un rejeton du Sur-moi, la question devient celle des rapports transférentiels qui font du psychanalyste le Sur-Moi, ou même un « Surmoi parasite » [9], position confortable pour certains qui, partisans d'un rôle plus actif, souhaitent utiliser cette identification pour « rééduquer le Surmoi »!

Après cette rapide revue qui confirme la conclusion de Daniel LAGACHE selon qui « la définition du transfert et des concepts connexes n'est pas exempte de confusion » [10], revenons à l'analyse psychologique de la situation thérapeute-patient pour y étudier la relation d'une manière à la fois plus descriptive et plus ordonnée. Nous pouvons y discerner quatre aspects :

1. *La thématisation névrotique de la relation thérapeutique*

Si la névrose est une thématisation des rapports du Moi avec l'Univers, avec le réel, avec Autrui,... si elle est une flexion de l'ensemble des relations vécues et de l'existence du malade, la relation thérapeutique n'échappera pas à cette inflexible distorsion. Le transfert serait, de ce premier point de vue, le nom spécifique que porte la distorsion névrotique de l'être au monde lorsqu'elle s'applique à la relation au thérapeute. L'*ici-et-maintenant* révèle l'ailleurs et toujours, et c'est pourquoi l'analyse de la distorsion actuelle apprendra

---

[8] Problème soulevé en 1920 par FREUD.

[9] Expression de RADO en 1924.

[10] D. LAGACHE, Rapport sur le transfert à la XIVe conférence des psychanalystes en 1951 in *Revue française de psychanalyse*, 192, n° 1-2, *op. cit.*, p. 73.

au thérapeute quelque chose sur l'Univers morbide qu'il cherche à pénétrer, et *inversement* la compréhension de l'Univers morbide permettra de comprendre la manière actuelle de vivre la relation thérapeutique chez le malade.

A. (jeune fille de 23 ans vivant chez ses parents) me dit un jour en évoquant les premières séances de psychothérapie où, apparemment terrorisée elle ne disait que quelques mots d'une voix blanche et difficilement perceptible : « Tout ce que vous faisiez était pour moi chargé d'un sens symbolique (et pour elle, ce mot signifie magique et énigmatique ayant pour but de l'envoûter). Que vous tiriez une cigarette d'un paquet jaune, que vous l'allumiez d'une certaine façon, que vous secouiez la cendre, ou que vous me regardiez d'une certaine manière, tout m'indiquait que vous connaissiez parfaitement mes pensées et que vous opériez selon un rituel dont je devais être la victime ». A cette époque, un bruit fortuit au-delà de la fenêtre ou de la porte était pour la malade un élément dans un scénario préparé, dont elle cherchait désespérément à percer la signification pour se défendre.

Inutile de dire que toute son existence était prisonnière des mêmes thématisations.

B. (médecin, 35 ans, marié) me dit vers la dizième séance : « J'ai passé une mauvaise semaine à cause d'une recrudescence de l'angoisse : la dernière fois, en résumant un des cercles vicieux où s'enferme ma relation conjugale, vous avez dit quelque chose comme « ce qu'il y a de tragique c'est que plus vous essayez de capter à votre profit les attentions de votre femme, plus elle cherche à s'en échapper en fuyant dans des activités universitaires, et plus elle vous échappe plus vous exigez avec de plus en plus de violence qu'elle se consacre à vous, ». Eh bien, vous avez dit « tragique »... *Tragique*, ce mot m'a résonné aux oreilles toute la semaine, j'y sentais *votre* angoisse et le poids insoulevable de *mon destin...* Tragique, tragique... »

Les exemples sont innombrables où le malade structure la relation avec tel ou tel des schèmes, des thèmes et des distorsions chroniques qui constituent son monde de significations. Dans le premier cas ci-dessus, le médecin fait partie de l'entreprise générale de possession et d'anéantissement; dans le second, il est l'oracle du Destin angoissant. Sous cet aspect, on peut dire, selon une des hypothèses avancées en psychanalyse, que « le transfert est essentiellement un transfert de signification fonctionnelle » [11], aspect « dynamique du transfert », accepté par les psychologues et psychanalystes dissidents, tels que LEWIN, Karen HORNEY, ALEXANDER, « aspect démontrable expérimentalement » [12].

Du même point relève la structuration de la relation sur le modèle d'une autre, vécue ailleurs ou sur un mode archaïque, expression de ce que, comme le dit Médard BOSS, « le patient, dans certains secteurs de ses relations, n'a jamais développé ses sentiments au-delà des formes limitées et restreintes d'expériences, caractéristiques de l'enfant qu'il était. Il perçoit sa femme ou le médecin à travers les verres déformants de cette expérience archaïque » [13].

> Ainsi dans *l'Homme aux rats*, FREUD raconte : « Le malade finit par m'injurier, moi et les miens, de la façon la plus grossière et la plus ordurière, cependant que consciemment, il n'éprouvait pour moi que le plus grand respect. Son comportement, pendant qu'il me faisait part de ses injures, était celui d'un désespéré : « Comment pouvez-vous supporter, Monsieur le Professeur, disait-il, de vous laisser ainsi injurier par le sale type que je suis ? Il faut que vous me mettiez à la porte,

[11] *Ibid.*, p. 92.
[12] Même revue, intervention de M. BÉNASSY, pp. 118-119, aspect qu'il oppose au *génétique* ou recherche de l'image originaire historique.
[13] In *Existence, op. cit.*, pp. 78-79.

je ne mérite pas mieux ». En disant cela, il se levait du divan et courait à travers la pièce... Bientôt il trouva l'explication [14] de ce comportement : il s'éloignait par crainte d'être frappé par moi » [15].

Les schèmes relationnels mis en jeu varient selon les conditions vécues par le malade. Ainsi FREUD, dans *Le cas Dora* s'est bien aperçu que la relation était structurée par la malade de telle sorte qu'il jouait le rôle de son père, mais il reconnaît ne pas avoir compris à temps qu'il joua ensuite le rôle de Monsieur K. et que Dora se vengea sur lui de M. K. (en abandonnant la cure).

> « A cause du quantum inconnu en moi qui rappelait Monsieur K. à Dora, elle se vengea de moi comme elle désirait se venger de lui, et elle m'abandonna comme elle croyait avoir été elle-même trompée et abandonnée par lui... Les allusions nombreuses et claires au traitement que contient le second rêve de Dora se rattachent à une signification essentielle de son existence [16] : « les hommes sont si détestables que j'aimerais mieux ne pas me marier ; c'est ma vengeance »... Comment Dora pouvait-elle prendre une vengeance plus effective qu'en démontrant sur sa propre personne l'impuissance et l'incapacité du médecin » [17] ?

Contrairement à l'explication (toujours la même) que FREUD plaque sur le phénomène, on constate que le transfert n'est pas un comportement qui remplace le souvenir refoulé

---

[14] Il ne s'agit évidemment pas d'« explication », mais de signification.
[15] FREUD, l'Homme aux rats, in *Cinq psychanalyses*, trad. fr., p. 235.
[16] Cette phrase montre bien qu'il s'agit de l'existence, et d'une *unité de sens* entre l'existence et le comportement dans la relation thérapeutique.
[17] Cité par Daniel LAGACHE, in Rapport..., *Revue française de psychanalyse, op. cit.*, p. 12.

inavouable, c'est un comportement qui fait partie de l'existence thématisée de la malade, comme tous ses autres comportements, toutes ses perceptions, toutes ses réactions. En tirant au clair le principe organisateur du comportement de sa malade, en formulant l'axiome secret, FREUD eût pu remonter à ce qui était peut-être, si l'on en croit LACAN, le problème existentiel fondamental de Dora, celui de l'assomption de son propre corps, l'acceptation de sa féminité autrement que sur le mode oral [18].

Le scénario rejoué par Dora nous introduit dans une troisième façon pour le malade, de se comporter dans la situation de psychothérapie en fonction de ses modes permanents :

Comme le remarque incidemment LAGACHE [19] : « l'intention affective visant le psychanalyste ne peut être dissociée d'un cycle de comportement complet comprenant à la fois la motivation... les conduites instrumentales tâtonnant à la recherche des moyens, les buts d'assouvissement ou de défense,... les objets sur lesquels ces buts s'accomplissent ». Le malade va reprendre un de ses rôles habituels pathologiques et faire en sorte que le thérapeute prenne l'autre rôle du scénario répétitif (adapté et transposé) qui fait partie de son pauvre répertoire.

I. (homme de 42 ans, comptable, célibataire, vivant avec son vieux père veuf) passe du temps à « avouer » toutes sortes d'impulsions immorales, de désirs cou-

---

[18] Intervention de Dr J. LACAN à la XIVe Conférence des psychanalystes, in *Revue française de psychanalyse, op. cit.,* p. 159. LACAN dit plus loin (p. 162) à propos du transfert : « le transfert n'est rien de réel dans le sujet sinon l'apparition, dans un moment de stagnation de la dialectique analytique, *des modes permanents selon lesquels, il constitue ses objets* ».

[19] Rapport..., *ibid.,* p. 88.

pables, de tendances honteuses. Je me dis *in petto* qu'il veut que je le considère comme un dégoûtant personnage. Comme j'écoute sans rien dire, il « en rajoute » de plus en plus dans le même sens. Je devrais lui dire : « Vous semblez tenir beaucoup à ce que je vous prenne pour un homme parfaitement répugnant » [20]. Je dis pour voir : « Ce n'est vraiment pas beau tout ça ». Il s'arrête alors, prend l'air accablé et pitoyable qui appelle l'absolution et la réconciliation dans l'effusion du remords et du pardon. Je reformule alors le scénario entier et le malade rapporte de nombreux exemples de variantes de ce scénario dans son existence quotidienne.

Parlant des « jeux » des malades [21], le Dr Éric Berne écrit [22] : « La *Jambe de bois* est un jeu important en psychothérapie... C'est l'équivalent existentiel de ce que plaider l'irresponsabilité représente sur le plan juridique »... Le jeu consiste à mettre sur le compte de la maladie (infirmité qui justifie l'incapacité ou l'inertie) le refus d'essayer ou d'entreprendre d'autres conduites que les actuelles et à pousser ainsi le médecin dans un contre-rôle parental compensatoire.

Nunberg [23] rapporte le cas suivant : « Un patient montra dès le début une bonne volonté étonnante. Ses associations venaient aisément, il sortait d'importants souvenirs et ainsi de suite. Les choses allèrent de cette façon pendant assez longtemps; cependant l'analyse ne fit pas de progrès jusqu'à ce qu'il apparut que sa mère l'avait habitué à lui raconter chaque soir tout ce qu'il pensait et faisait pendant la journée. C'était pour lui un grand plaisir : elle s'asseyait sur le bord de son lit et, à travers sa légère chemise de nuit, il pouvait voir le contour de ses seins. Il lui racontait tout sauf le secret

[20] Autrement dit ne pas prendre le rôle imposé et reformuler au niveau de son rôle.
[21] Cf. ci-dessus, p. 163.
[22] In *Analyse transactionnelle et psychothérapie, op. cit.*, pp. 113-114.
[23] Hermann Nunberg, Transference and Reality, in *Int. Journ. of Psychoanalysis*, vol. 32, 1951, part. I, pp. 1-19.

de ses intérêts à ce moment-là. Dans son analyse, il essayait de duper l'analyste comme il avait dupé sa mère. Dans ses relations avec les gens, il était sincère mais réservé et méfiant, de telle façon qu'il n'avait jamais eu d'amis vraiment intimes. C'était un solitaire ».

Ainsi l'analyse de cet aspect du transfert le fait apparaître comme une thématisation de la relation, cas particulier de la thématisation de l'ensemble de l'existence. FREUD lui-même s'est trouvé devant cette répétition des scénarios, et, dans son ouvrage de 1914 [24], il a avancé le nouveau concept de « compulsion de répétition » pour définir le transfert. Nous avons suffisamment montré qu'il ne s'agit pas de compulsion à répéter le même segment de comportement (comme dans un rituel par exemple ou comme dans la compulsion obsessionnelle) mais tout simplement à intégrer la situation thérapeutique dans le système de la névrose.

2. Un second aspect de la situation thérapeutique doit maintenant être décrit, nettement différencié du précédent. Il s'agit des expressions d'espoir de guérir, de confiance et de sécurité. C'est à cela, et non à un prétendu « transfert positif » [25], que l'on peut rapporter les sentiments qui

---

[24] S. FREUD, *Remémoration, répétition et élaboration.*

[25] La théorie freudienne interdit la compréhension *per se* de ces sentiments. Pour FREUD, la confiance, le respect, l'admiration, l'espoir dans le médecin ne sont que des manifestations cachées ou sublimées de la libido, et, s'il s'agit d'un malade homme dans ces sentiments pour un médecin homme, ce ne sont que des manifestations « d'homosexualité latente ». « Nous en concluons que tous les rapports d'ordre sentimental utilisables dans la vie, tels que ceux où se marquent la sympathie, l'amitié, la confiance, etc... émanent, par effacement du but sexuel, de désirs vraiment sexuels... La psychanalyse nous montre que des gens que nous croyons seulement respecter ou estimer continuent pour notre inconscient à être des objets sexuels » (FREUD, *La dynamique du transfert*, *po. cit.*, p. 175).

facilitent la cure et en font accepter les règles. Opposant ce « transfert » à la « névrose de transfert », beaucoup d'analystes pensent que « c'est en s'aidant du transfert à prédominance positive *basé sur la confiance* que l'on peut vaincre la névrose de transfert »[26].

SILVERBERG en 1948, pour les besoins, il est vrai, de sa démonstration de la nature toujours négative du transfert, affirmait que « les sentiments d'amitié et de coopération du patient ne sont pas du transfert... tout comme certaines conduites banales, comme lorsque le patient sourit en disant bonjour à l'analyste »[27].

> L'effet positif du transfert n'est pas que le patient aime le psychanalyste, dit NUNBERG[28]. C'est là un aspect pas toujours nécessaire et en tout cas partiel de la situation,... c'est que le patient apprenne à trouver dans la séance d'analyse... un champ où il peut exister et s'exprimer librement. Ce qui implique à coup sûr que la présence de l'analyste... soit une présence de moins en moins inquiétante et de plus en plus rassurante. Et M. BALINT parle à ce propos d'« états d'élation », de sentiments nouveaux de liberté intérieure, de capacité de se réaliser soi-même.

Quoique la limite soit imprécise à première vue entre les cas de thématisation amoureuse de la relation (qui relèvent de l'aspect 1 de notre description) et les cas de sentiments de sécurité-confiance provoquant un de ces « états d'élation » dont parle BALINT,... et quoique chez certaines femmes frustrées sentimentalement la sensation de sécurité complète

[26] Cité in *Revue française de Psychanalyse, op. cit.,* p. 143.
[27] Cité *ibid.* par D. LAGACHE, p. 63.
[28] Rapporté par D. LAGACHE, *Revue française de psychanalyse, op. cit.,* p. 106.

se transforme en amour sexualisé,... on doit rattacher l'idéalisation du thérapeute à l'impression rassurante et à la confiance absolue qui l'exprime.

Peut-être pourrait-on ramener aussi à cet aspect, ce que JUNG a « expliqué » par la mise en jeu de l'Archétype du Père, puissance tutélaire, ou de l'Archétype de la Mère, puissance vivifiante et consolatrice, ce qui nous met loin de la remémoration des imagos infantiles historiques.

> B. (homme de 24 ans, célibataire, ajusteur, victime d'accidents du travail à répétition) me dit, longtemps après la fin de la cure, à l'occasion d'une visite de simple amitié reconnaissante : « Vous étiez pour moi, à un certain moment, à la fois mon père, ma mère et mon bon Dieu ».

Il est bon de rappeler à cette occasion, banale en psychothérapie, que FREUD âgé disait que « on ne saurait nécessairement considérer comme un transfert tout bon rapport entre analyste et analysé » [29].

On peut voir dans ces attitudes du malade, d'un autre point de vue, plus proche de la description phénoménologique, une relation non plus archétypale, mais profondément humaine, celle de l'être-en-détresse cherchant secours. BARAHONA FERNANDEZ [30] décrit un *transfert vital* comme impulsion fondamentale à être protégé, dans une situation d'angoisse et d'urgence. Analogue à une conduite infantile pré-verbale, ce transfert vital (qu'il remarque au cours des chocs pharmaco-psycho-dynamiques) « est d'un ordre autre

---

[29] Rapporté par Hans CHRISTOFFEL, in Le problème du transfert, *Revue française de psychanalyse, op. cit.*, p. 184.
[30] Pr BARAHONA FERNANDEZ, Catharsis et transfert vital, in Revue *Annales de Psychothérapie*, 1971, n° 2, pp. 34-41.

que le transfert décrit par la psychanalyse ». Nous pourrions ajouter que ce transfert, lié à l'*appel à l'aide* et au besoin de sécurité, se retrouve comme une variable dans toute psychothérapie.

Notons au passage que la confiance absolue qui se développe au cours d'une cure où sont vécus des changements salutaires ne va pas sans s'accompagner d'une suggestibilité particulière chez le malade. Les psychanalystes orthodoxes y voient la possibilité de « faire accepter les interprétations » [31] ce qui est peut-être une manière d'abuser de la situation.

3. Le troisième aspect descriptif, qui doit être différencié des deux précédents, concerne la tendance du malade à s'identifier au thérapeute.

C'est là que gît l'origine de quelques controverses des freudiens orthodoxes cherchant à faire entrer, sans y réussir, les cas d'identification dans la définition doctrinale. Le concept d'« idéal du Moi » se trouve réduit, dans la psychanalyse, à une « introjection de l'objet dans le Moi » ou à un aspect du Surmoi (ce qu'il est dans les névroses stabilisées) et ne comprend jamais la réalisation de soi ou l'épanouissement de l'être [32].

Tous les thérapeutes ont pu constater qu'à un certain moment de la cure (et cela se produit encore plus clairement en analyse existentielle et en psychothérapie phénoménostructurale où la relation authentique constitue une expérience exemplaire) le malade voit dans la personne de l'analyste un Moi (disons un Je) qu'il voudrait être. Et c'est

---

[31] Mélita SCHMIDEBERG, in *Revue française de psychanalyse*, op. cit., p. 266.

[32] Ceci en rapport avec l'impossibilité de concevoir l'homme sain comme *Dasein* ayant recouvré son essence. Cf. ci-dessus, première partie.

cet aspect qui est interprété, en psychanalyse, comme
« identification de l'analyste au sur-moi » avec une incohé-
rence inévitable puisque le sur-moi (« imbécile et féroce »
selon le mot de HESNARD) est par ailleurs défini comme
l'introjection des interdits du milieu éducatif archaïque,
formant un « contre-Moi » agresseur, punitif et culpabilisant.

« Transfert narcissique », « projection du surmoi »,
« surmoi auxiliaire » [33], les concepts ne manquent pas pour
cerner la « difficulté ».

En fait il s'agit d'une phase d'arrachement du Moi à ses
modèles archaïques et d'une quête d'être sur le chemin
de laquelle l'analyste représente un premier idéal identifi-
catoire. Et l'identification, décrochée de ses supports anciens
qui ont caché finalement l'être à lui-même, prend un nouveau
départ, en passant par des phases très naïves, comme l'imitation toute extérieure du thérapeute, jusqu'à des phases
plus efficaces comme l'application à l'auto-analyse, des
méthodes d'élucidation structurale « apprises », et, en phase
terminale, par l'édification d'un style personnel de relation
fondé sur l'ouverture authentique au présent et à autrui.

Dissident sans le savoir, Hans SACHS, au Congrès de
Psychanalyse de Salzbourg (1924), disait très ingénument,
en se fondant sur cet aspect du « transfert », que « le but du
traitement est que le patient adopte *l'idéal impliqué par
l'analyse* : parfaite sincérité envers soi-même, suppression
des refoulements [34], sans se laisser influencer par les imper-
fections et les idiosyncrasies de l'analyste » [35].

4. Le dernier aspect à mentionner dans un souci de

---

[33] La liste en est faite dans la *Revue française de psychanalyse, op. cit.*,
pp. 134-136 et passim.
[34] Nous dirions plutôt suppression de la peur d'être soi-même.
[35] Rapporté par D. LAGACHE, rapport cité, p. 33.

description de la relation indistinctement qualifiée de
« transférentielle » par les psychanalystes, concerne *les inductions de la situation d'analyse elle-même.*

Sur ce point les trois opinions abstraitement prévisibles
ont été soutenues : a) la situation analytique est caractérisée
par une liberté totale, liberté d'expression, liberté d'exister,... et donc le transfert n'est en rien induit par la situation [36]; b) la situation analytique intensifie et grossit les
phénomènes de transfert qui se produisent de toute façon et
toujours (dans toutes les psychothérapies). Elle a le mérite
de les prendre en considération et de les analyser [37]; c) le
transfert est entièrement et intentionnellement créé par le
psychanalyste et la relation spécifique qu'il institue dans les
conditions d'environnement qu'il aménage [38].

[36] C'est l'opinion que semble soutenir sans ironie D. LAGACHE
(Rapport..., p. 86 et note). Il écrit : « la séance de psychanalyse offre au
patient une chance d'exister librement ». Notons que l'aménagement de
la situation dans ce sens est expressément le but de l'analyse existentielle et de la psychothérapie phénoméno-structurale.

[37] Certes FREUD dit dans *La dynamique du transfert, article cité,* Revue
p. 172 : « il est faux que le transfert soit dans une analyse plus intense
et plus excessif qu'en dehors d'elle », mais par ailleurs il écrit (cité par
LAGACHE, *Rapport...,* p. 20) : « le nouvel état d'esprit a absorbé tous
les traits de la maladie, il représente une maladie artificielle en tout
point accessible à nos interventions ». L'intensification par la situation
est soutenue par d'autres chercheurs ; ainsi on peut lire sous la plume de
Mélita SCHMIDEBERG (*ibid.,* p. 265) : « l'inégalité (de la situation) est
encore accentuée par la position étendue du patient. Comme conséquence,
les patients passent à l'acte *(acting out)* ou se comportent sur un mode
auquel ils résisteraient si la régression n'était encouragée ; la preuve en est
qu'en règle générale, les réactions sont plus rares ou plus modérées
lorsque l'analyste est moins rigide, par exemple lorsqu'il n'insiste pas
pour que le patient s'étende ».

[38] Il est classique de souligner que la situation est vécue comme
frustration par l'analysé et que la méthode l'oblige à une régression.
Ainsi frustré, régressif, infantilisé et infériorisé, l'analysé développe, dans
cette situation qui par ailleurs met la réalité et le Moi hors circuit,
des sentiments infantiles positifs ou défensifs-négatifs, qui constituent

Nous retiendrons surtout, pour notre propos l'importance des attitudes du thérapeute et de la situation totale dans laquelle est plongé ici et maintenant le patient, pour la formation des attitudes et des sentiments relationnels de celui-ci. Le « climat » des séances et la manière d'être du thérapeute suffisent à faire que la relation s'oriente vers des réactions défensives dont le client sort comme il peut par le transfert ou par des *acting-out* en dehors de la séance, ou à l'autre pôle vers l'assimilation positive d'une expérience nouvelle de la Relation. Et ceci nous engage vers l'exposé plus complet de cette expérience relationnelle dans la forme de psychothérapie qui est notre pratique.

II. LA RELATION THÉRAPEUTE-MALADE DANS LES ANALYSES EXISTENTIELLES ET DANS LA PSYCHOTHÉRAPIE PHÉNOMÉNO-STRUCTURALE

Rappelons pour situer l'analyse situationnelle qui va suivre et ses retentissements sur le transfert, les principes directeurs des psychothérapies d'inspiration existentielle, dans le cadre desquelles s'inscrit la psychothérapie phénoméno-structurale. On peut les schématiser comme suit :

1. Mise entre parenthèses de toute référence, chez le thérapeute, à un tableau nosologique ou à une théorie explicative *a priori*.

2. Relation de face à face avec le malade.

le transfert. FREUD, en 1919, dans *Tournants dans la voie de la thérapie psychanalytique* introduit l'exigence de frustration : « Nous devons susciter toujours de nouvelles privations éprouvantes » et dans les pages suivantes il expose les applications de la *règle d'abstinence*, « opposition énergique à toutes satisfactions substitutives demandées ou essayées par le patient » dans la situation d'analyse et en dehors d'elle.

3. Contrôle continu des interactions et de la dynamique de l'entretien thérapeutique.

4. Non-directivité du thérapeute. Dépendance du thérapeute à l'égard du patient dans le cheminement vers la compréhension de l'Univers morbide.

5. Empathie et authenticité du thérapeute, dans toutes ses attitudes et toutes ses interventions.

6. Centration de l'attention sur le vécu actuel du malade.

7. Analyse progressive de ce vécu en termes de structures de significations.

8. Considération de la relation thérapeutique comme co-présence, et comme relation de personne à personne constituant pour le malade une expérience nouvelle et salutaire.

9. Développement de l'auto-compréhension du malade, ce qui entraîne une nouvelle compréhension d'autrui et des situations interpersonnelles de son existence.

10 Développement de l'initiative, du choix, de la responsabilité, de l'autonomie et de la réalisation d'un Soi.

Sur ces principes s'accorderaient aussi bien les praticiens des psychothérapies existentielles et phénoméno-structurales que nous avons présentées, que Carl ROGERS [39] et que toute l'École américaine dite de l'*humanistic psychology* [40] ainsi que les praticiens des diverses psychothérapies dites « humanistes ».

[39] Rappelons que Carl ROGERS s'est expressément réclamé de l'analyse existentielle dans l'ouvrage collectif *Psychologie existentielle*, trad. fr., Éd. Épi, p. 91.
[40] Avec Charlotte BUEHLER, Arthur MASLOW (1962) et les participants à la Ire Conférence internationale sur la psychologie humaniste (Amsterdam, août 1970). Cf. article Ch. BUEHLER in bibliographie dans lequel elle se rattache à DILTHEY.

Nous allons montrer que, si ces principes directeurs sont maintenus, le problème psychanalytique du transfert est profondément modifié et que les progrès du malade vers sa guérison, dans ces conditions, apportent la preuve empirique décisive de la *non-nécessité du développement du transfert* pour la réussite de la cure.

1. *La mise entre parenthèses de toute référence a priori chez le thérapeute* (règle fondamentale qui situe l'analyse comme existentielle dans le cadre de l'anthropologie de HUSSERL et de HEIDEGGER) crée des problèmes particuliers qui risquent d'influencer la relation dans la mesure où elle détermine chez le thérapeute non entraîné une insécurité profonde. La certitude que la compréhension de l'Univers singulier du malade (comme contexte de toutes ses paroles et de tous ses comportements) exige notre apprentissage de ses flexions catégorielles, de ses structures de sens, de ses existentiaux imprévisibles et de leurs relations thématiques, doit *compenser la perte des sécurités que représente la mise entre parenthèses de notre cadre de référence personnel.*

L'absence de toute supériorité et la disparition de tout savoir a priori favorisent normalement, chez le thérapeute formé à ces méthodes, sa *disponibilité intégrale* à l'égard du client, et ceci a un premier résultat qui va se trouver bientôt renforcé : c'est *la non-rencontre des résistances*, artefacts avec lesquelles ont à lutter les psychanalystes.

2. *Le face à face* a aussi ses inconvénients et il suppose au moins, chez le thérapeute, la capacité de supporter le regard, situation considérée comme « éprouvante » par FREUD. Il a l'avantage de placer la relation à un niveau inégalable de simplicité, d'égalité et de co-présence dont les effets positifs

sont de grande portée. Par là, tout l'aspect mythique du thérapeute en situation psychanalytique orthodoxe, ne peut se développer. Les « suppositions » du malade sur ce que pense ou croit le thérapeute, si favorables aux projections affectivement chargées, perdent le plus clair de leur puissance proliférante. L'*articulation au réel* de la relation leur coupe les ailes. « Le face à face », écrit E. AMADO LÉVY-VALENSI [41], « inhibe le transfert sans toutefois l'empêcher de s'exprimer. Il constitue dans bien des cas, le cadre optimum pour que le transfert soit manié à meilleure distance et articulé au réel ».

Si le face à face « inhibe le transfert », ce n'est pas parce qu'il empêche un phénomène normal d'apparaître, c'est parce que le transfert est induit par la situation psychanalytique classique. BINSWANGER a amplement montré que l'existence du transfert au sens freudien était due à l'*inauthenticité de la relation interpersonnelle dans la cure orthodoxe*. Il a attribué à cette situation particulièrement les projections, sur la personne du thérapeute, des images archaïques du parent frustrant, avec la double réaction infantile possible : *effort pour se faire aimer et pour retrouver ainsi la sécurité, ou hostilité revendicatrice*,... ces deux réactions étant à titre égal indicatives de l'anxiété du malade dans une relation asymétrique et falsifiée.

3. Si le transfert comme activation de réactions infantiles à la frustration et à l'infériorisation est évité par nos deux premiers principes directeurs de la psychothérapie [42], il n'en

---

[41] In *Les voies et les pièges de la psychanalyse*, op. cit., p. 345.

[42] Ce qui ne signifie pas que ces réactions n'existent pas chez le malade comme comportements réels de son existence quotidienne. Dans ce cas, elles sont vraies (non induites par la situation) et nous les retrouverons donc au niveau du vécu.

est pas moins vrai que d'autres formes du transfert (déformation parataxique de la relation comme faisant partie du monde singulier du client, manipulation de la relation par le client en vue de ses valeurs subjectives, « transfert vital », idéalisation, amour de la personne idéalisée, etc...) apparaîtront, et tout spécialement la thématisation pathologique de la relation ou les thématisations successives, avec leur lot d'interprétations des signes verbaux et non verbaux des interventions du thérapeute. Sur ce point essentiel, la vigilance du thérapeute d'une part envers ses attitudes et ses formulations, d'autre part envers la signification des actions et des réactions du malade ici et maintenant, c'est-à-dire en somme sa vigilance à l'égard de la dynamique des interactions de la situation, permettra de comprendre au fur et à mesure *les constantes des déformations parataxiques.*

Le face à face facilite étonnamment la saisie de ces significations, et cette forme de transfert est toujours et tout de suite « analysée » au sens que nous donnons à ce mot (ce que nous reverrons ci-dessous au point 7).

4. Mais c'est sans doute la *non-directivité* elle-même qui élimine les artefacts du transfert et de la résistance. Il peut paraître choquant aux doctrinaires de la psychanalyse que nous parlions ici sans honte, de dépendance du thérapeute à l'égard de l'analysé,... choquant d'une part parce que le mot de « dépendance » tout chargé de connotations pour eux leur répugne, et d'autre part parce que dépendre de l'analysé signifierait rester à la surface de sa conscience et renoncer aux profondeurs.

Entendons-nous sans *a priori* sur « non-directivité » et « dépendance à l'égard de l'analysé », et aussi sur « superficialité » et « profondeurs » : au sens rogérien strict, comme nous le savons, la non-directivité signifie l'abandon des attitudes de « grand détective », de directeur de conscience, de toute suggestion, évaluation, interrogation, soutien affectif, conseil de résolution du problème, interprétation ou explication,... et la remise intégrale de l'initiative au patient dans l'expression de ses problèmes et de son vécu. Cette « initiative laissée au patient » implique clairement que *le thérapeute dépend alors du patient* pour pénétrer dans l'Univers singulier à découvrir ensemble, et qu'il a abandonné la conduite autoritaire de l'entretien (ce qui est autre chose que le contrôle de ce qui s'y passe puisqu'il y a des interactions). La dépendance (n'ayons pas peur des mots) est donc opératoire, et elle est même redoublée du fait que c'est *l'accord du sujet sur les réflexions du thérapeute* qui est *la seule garantie* de la compréhension recherchée par celui-ci.

Avant de voir ci-dessous les effets de cette approche, justifions une fois de plus le mode opératoire : n'oublions pas que la psychothérapie présentée ici accepte comme base de travail les conclusions de la démonstration husserlienne et heideggerrienne, c'est-à-dire *la phénoménologie*. Notre recherche restera au niveau phénoménologique parce qu'il est la totalité du réel interhumain et du vécu singulier. La structure du phénomène, ses essentiels sont au niveau phénoménal. Nous n'avons donc pas à traduire *ce qui apparaît* en un autre code, *nous n'avons pas à interpréter*, mais à comprendre sans rien perdre du vécu du malade. Notre compréhension ne s'accomplit pas dans l'explication mais dans la saisie des essentiels par rapport à un contexte grandissant. Ce contexte est et demeure l'Univers des significations dans lequel perçoit et se comporte le malade.

L'accusation de superficialité n'est intelligible que par référence à une certaine conception de l'inconscient comme une réalité située au-delà de ce qui est exprimé, enfouie, cachée, située « dessous » ou « derrière » ou « plus loin et plus bas » que ce qui est formulable par le malade. La conception phénoméno-structurale de l'inconscient, en accord avec la phénoménologie, affirme au contraire que *l'inconscient est dans le phénomène comme sa trame permanente actuelle*, il est déjà là, toujours là, dans le vécu présent du malade. Dans les troubles pathologiques, disons dans les Univers morbides, formes tronquées où s'emprisonne le *Dasein, le passé n'existe pas comme passé*, précisément parce qu'il ne peut plus être « mis au passé », parce qu'il n'est pas passé. Il est, au présent, la thématisation du plan phénoménal que nous ne pourrons découvrir qu'en suivant le malade dans l'expression soutenue et favorisée de son monde singulier.

Dans cette perspective et dans ce cadre de travail, il est pratiquement impossible de rencontrer la résistance, que ce soit sous la forme fruste de la dénégation [43] ou sous les formes subtiles de l'évitement, de la fuite, ou du blocage involontaire. Le transfert au sens psychanalytique, surtout dans ses formes défensives et protectrices, ne peut pas se développer.

5. L'empathie et l'authenticité du thérapeute, qui par ailleurs constituent à la fois la forme d'approche la plus efficace pour le thérapeute et l'expérience la plus nouvelle de la relation pour le malade, dissipent et dissolvent le mystère dans lequel s'enveloppe intentionnellement le psychanalyste, et par là font obstacle aux fantasmes transférentiels que le mystère nourrit et qui n'ont de réalité que par rapport à la situation spécifique de l'analyse freudienne.

L'empathie n'est pas pour nous un moyen (le seul) pour

[43] La rencontrer signifie qu'on n'a pas formulé le phénomène tel qu'il était offert.

pénétrer par la compréhension, dans l'Univers pathologique de tel malade, irréductible à tout autre univers ; nous ne l'abandonnons pas à un moment de la cure pour opérer l'interprétation comme si l'empathie était uniquement une méthode de moisson d'informations qu'il s'agit postérieurement de décoder avec une grille *a priori*. Elle est le climat constant de l'entretien, alliée substantiellement à l'authenticité de la présence comme être-à-autrui, disponibilité, acceptation de soi et de l'autre. Elle crée, grâce à son effet direct et immédiat, chez le malade, la certitude d'être compris et d'être aidé, et cela remplace opportunément le fameux *transfert de cure* qui soutient le malade dans son cheminement et lui fait accepter la perspective de guérir.

Or, nous l'avons vu, cette forme du transfert, qui n'est autre que *la confiance* répondant à l'authenticité de l'empathie, quoiqu'elle puisse dans beaucoup de cas se développer en idéalisation du thérapeute, se situe *au niveau de l'être* et non au niveau des pulsions. L'identification au thérapeute comme être authentique développe quelque chose de positif chez le client : sa propre authenticité, l'acceptation de ce dont il avait peur en lui, de sa liberté, de ses propres possibilités d'être, de son *Dasein* comme projet, création et amour.

Car ici l'empathie n'est pas une gratification, elle n'empêche pas la neutralité puisqu'elle est accueil indistinctement de tout le vécu du malade, ici et maintenant dans la relation, aussi bien qu'ailleurs et toujours ; elle est au-delà de l'entreprise de séduction et de la peur d'être séduit. C'est parce que le psychanalyste dramatise les dangers réels de la relation qu'il a finalement « peur d'être » [44].

---

[44] « Que signifient ces dangers que redoute l'analyste ? Être désintéressé, se montrer « humain » à travers n'importe quelle forme de gratification, signifient pour lui le danger et la peur concomitante aux-

6. La centration sur le vécu actuel du malade « tient » à l'ensemble des principes directeurs déjà commentés. Elle implique le désintérêt méthodique pour la recherche des événements ou des situations du passé historique du malade, le refus de l'attitude du « grand détective » ou de ce que BRACHFELD, disciple d'ADLER, appelle dans un autre contexte « la ténacité du chien policier et l'œil scrutateur d'un procureur général chez FREUD » [45]. Ces événements du passé, s'ils resurgissent dans l'expression spontanée actuelle du client, seront considérés comme son vécu présent et objet de la même formulation structurale dans leurs rapports, toujours isomorphiques, avec les distorsions pathologiques de la réalité.

La centration sur le client implique aussi une autre forme d'attention que l'attention « flottante » des psychanalystes, attente des expressions significatives, leur « signification » ne surgissant que par rapport au cadre de référence explicatif *a priori*.

L'authenticité et l'efficacité de la centration sur le vécu du client, signe visible du souci de comprendre, désarme à la longue les projections sur la personne du thérapeute, et réduit progressivement le transfert comme réédition des situations infantilisantes ou frustrantes.

7. En rappelant maintenant les modes d'intervention verbale du psychothérapeute au cours des séances, notre propos est ici d'en étudier les effets sur la relation inter-

---

quels il s'expose : peur de « se laisser avoir », de se laisser aller à répondre humainement à un quelconque transfert, peur de donner quelque chose, peur d'être présent, d'être soi-même. » E. AMADO LÉVY-VALENSI, *Les voies et les pièges de la psychanalyse, op. cit.*, p. 172.

[45] O. BRACHFELD, *Les sentiments d'infériorité*, Éd. du Mont-Blanc, 1945, p. 85.

personnelle. Les interventions verbales du thérapeute, s'effectuant *après l'écoute compréhensive* de ce que le client lui dit de ses divers modes d'existence, n'ont pas seulement pour but d'encourager cette expression spontanée, mais de chercher à les comprendre (et à les faire comprendre au malade) en dévoilant leur structure de sens par rapport au contexte de l'Univers pathologique vécu. Dans cette intention, comme on le sait, le thérapeute ne donne *aucune explication;* il cherche, dans le discours qui lui est offert, à définir les catégories-clés et leur champ sémantique vécu, les thèmes et les Formes dynamiques donatrices de sens aux situations ou aux réactions, les intentionnalités réelles des dires et des attitudes, les constantes qui apparaissent à la confrontation des contenus concrets variables.

Ainsi les interventions ne sont pas seulement des mimiques non verbales d'encouragement de l'expression libre dans un climat d'accueillance intégrale, elles ne sont pas seulement (ce qu'elles sont pourtant la plupart du temps) des reformulations-reflets, reformulations-résumés, reformulations-synthèses, reformulations-clarifications,... elles sont à des moments essentiels, des formulations explicitant une structure de signification, dévoilant un type de thématisation du vécu en fonction de ce qui a été déjà appris dans les entretiens antérieurs ou par la formulation du sens d'une attitude actuelle.

Les axiomes de la conception de l'existence, les catégories-clés, les *a priori* existentiels, les structures et les sous-structures du système que représente l'Univers vécu du malade, sont ainsi mis en lumière sans quitter le plan phénoménal (c'est-à-dire le contenu du discours ou des communications non verbales), et, si elles sont *vraies* (c'est-à-dire *reconnues par le malade* comme impliquées par son vécu, donc vraies-pour-lui), elles provoquent *non pas une résistance mais une prise de conscience réfléchie*, une « nouvelle perception » *(insight)* de ce qu'il est ou de ce qu'il fait actuellement dans sa vie.

Or, ce travail, *si radicalement différent de l'interprétation psychanalytique*, est un travail commun, une coopération. Assez rapidement, après un nombre de séances plus ou moins grand, le malade comprend le genre de travail qu'est l'analyse et participe du mieux qu'il peut [46]. Le thérapeute ne manque pas, d'ailleurs, de rappeler périodiquement au malade qu'il s'agit d'un travail commun, et que lui, l'aidé, est co-responsable de l'analyse [47]. Son rôle en effet (si l'on pose le problème de la situation de l'entretien en termes de rôles) est d'abord et immédiatement double : d'une part il est le seul à pouvoir *décrire* sa manière d'être au monde, de percevoir les situations de sa vie et d'y répondre,... d'autre part il est seul à pouvoir dire au thérapeute si ses reformulations ou ses définitions structurales (catégorielles, thématiques, axiomatiques) sont vraies-pour-lui [48].

Saisir ce rôle grâce à la préparation opérée par le thérapeute lors de la première séance et grâce à ses rappels périodiques, c'est pour le client coopérer à la thérapie et

---

[46] Le type de travail effectué requiert chez le patient une intelligence normale. La débilité ou la détérioration mentale sont parmi les contre-indications de notre psychothérapie.

[47] Nous disons ici « co-responsable » pour être clair. En fait, cette expression risque au début d'inquiéter le malade surtout s'il attache au concept de responsabilité des connotations subjectives angoissantes. Le thérapeute insistera prudemment sur le rôle effectif que le malade a à jouer dans la situation thérapeutique.

[48] La non-reconnaissance, la résistance, la dénégation sont en effet pour le thérapeute les signes objectifs qu'il a quitté le plan de l'Univers vécu de son client et donc qu'il n'a pas compris.

donc à sa guérison. Il comprend que le thérapeute ne peut jouer son propre rôle sans la coopération de l'aidé [49].

Au-delà de ce rôle immédiat qui s'épure progressivement des distorsions pathologiques de l'image du rôle de l'autre, le malade apprend un type de relations nouveau ainsi que des comportements niés ou perdus, tels que l'initiative, la responsabilité, le choix.

La situation évolue ainsi nécessairement vers une étroite *collaboration avec répartition des rôles* et acceptation de cette répartition nécessaire pour une efficacité commune au bénéfice mutuel, le « bénéfice » du thérapeute (ses honoraires) étant d'un autre ordre que celui du patient (son soulagement, ses progrès le satisfaisant, sa guérison). De cette collaboration naissent des sentiments nouveaux qui remplacent les sentiments transférentiels des débuts. Ceux-ci provenaient de l'aperception de la situation et du rôle à travers les déformations chroniques qui sont la maladie, et qui se manifestaient ici comme ailleurs (aspect numéro 1 du transfert).

Les sentiments nouveaux qui naissent (et qui constituent en soi des progrès existentiels) sont ceux de la coopération, de la confiance et de l'amitié. Ils ne sont nullement transférentiels, ils marquent la libération lente du *Dasein* comme être-homme et être-avec.

8. Durant cette évolution, le thérapeute a toujours traité le malade comme *une personne* et institué la relation comme une *relation de personne à personne*... Cela signifie d'abord que l'autre (le malade) n'est pas considéré comme le ni^{ème} exem-

---

[49] Naturellement la situation ici et maintenant peut alors être manipulée par le malade pour réduire le thérapeute à l'impuissance. Mais dans ce cas, ce comportement ici et maintenant peut être formulé comme une intention et clarifié dans sa forme structurale.

plaire d'une maladie dont on connaît à l'avance les formes et les symptômes ou dont on reconnaîtra les signes à travers les dires de ce malade-là (attitude médicale et chirurgicale classique, au point que les médecins désignent le malade par le nom de sa maladie),... il n'est pas considéré comme *un cas*, original ou banal, a-typique ou typique de complexe d'Oedipe et de castration,... ni comme un problème de diagnostic. Il n'est pas « celui qui ne sait pas » en face de « celui qui sait ». Il n'est évidemment pas considéré non plus comme « objet satisfacteur » ni comme « rôle satisfacteur » par rapport à des besoins obscurs du thérapeute ou à ses scénarios personnels [50]. Le médecin ne doit pas s'imaginer que l'accumulation des informations objectives et des détails historiques va le faire progresser d'un pas dans la compréhension de la personne. Nous sommes là devant une idée très souvent développée de l'anthropologie existentielle : en nous référant seulement à BINSWANGER [51] nous distinguerons deux modalités de l'appréhension de la personne, d'une part la prise en considération de *celui qui parle* en tant que personne, d'autre part le mode dual de l'existence.

— C'est d'abord au niveau de *la direction de la perception* que BINSWANGER caractérise la considération de l'Autre comme personne. Le thérapeute doit toujours faire attention au malade dans son *unité*, dans son comportement total, sans jamais isoler pour les prétendues nécessités de sa compréhension tel ou tel fragment ou tel ou tel aspect de l'expression du client. Et BINSWANGER nous dit à ce sujet [52] :

[50] D'où la nécessité de la formation et de l'analyse existentielle didactique du futur thérapeute.
[51] Il faudrait aussi évoquer entre autres JASPERS, Gabriel MARCEL, Max SCHELER, Martin BUBER (et particulièrement l'ouvrage de ce dernier « Le Je et le Tu », publié à Leipzig en 1923).
[52] In *Discours, parcours et Freud, op. cit.,* trad. fr., pp. 158-159.

« La vie psychéique [53] d'autrui, nous l'appréhendons dans le « Tu », dans l'unité sensible, psychophysiquement neutre, de la personne étrangère, dans son *maintien* ou son *comportement total*, dans la mesure où il s'offre à nous comme sa sphère d'expression, dans sa *Gestalt* et sa mimique, dans ses gestes, ses attitudes et dans ses expressions parlées... Nous pouvons certes, sur la base de l'expression parlée totale, percevoir immédiatement du psychéique (ainsi par exemple, sur la base de l'intonation et du tempo de la parole, pouvons-nous percevoir le deuil ou l'angoisse), mais en plus, sur la base de l'expression parlée, nous apprenons aussi indirectement quelque chose sur la vie psychéique de l'Autre ; nous l'apprenons par le détour des significations (rationnelles) des mots et des phrases, c'est-à-dire par le détour de ce que la personne *nous fait savoir d'elle* dans ses manifestations parlées. Là aussi nous parlons d'une compréhension ; mais *la compréhension des expressions parlées n'a rien à voir encore avec la compréhension psychologique,* puisque nous ne comprenons là que *ce qui est dit* et que nous ne prenons pas encore en considération *celui qui parle* ».

Toute l'accumulation possible d'une compréhension rationnelle de ce qui est dit ne nous donnera finalement qu'un *savoir* de l'Autre, et ce savoir [54] n'est pas encore la perception d'autrui, car il ne constitue jamais une « appréhension directe des expériences vécues de l'Autre » et ne peut aboutir au mieux qu'à une « représentation » de

---

[53] *Psychéique,* selon le traducteur français de l'ouvrage correspond à l'allemand *seelisch,* qui signifie *de l'âme.* Il s'agit de s'évader du mot *psychique* par lequel FREUD élimine précisément la Personne en la réduisant à un appareil psychique.

[54] On pensera ici aux admirables pages de Gabriel MARCEL sur l'ignorance où l'on est encore de l'Autre lorsqu'on possède tous les renseignements de sa « fiche anthropométrique », tant qu'on en reste au *Lui* au lieu de percevoir le *Toi.*

l'Autre, avec toutes les illusions et les erreurs projectives possibles que cela comporte.

— La considération de l'Autre comme Personne ne s'effectue que dans le mode de relation *dual*, qui implique un « nous ». Car s'il est vrai qu'il y a diverses manières d'exister (dans le « on » impersonnel, dans « la personnalité » comme mode individualisé — et individualiste — d'exister, dans le « nous » plural du groupe) la Personne n'existe que comme un Tu pour un Je, dans la Rencontre...

> « (Le thérapeute) ne fera donc pas du malade un objet face auquel, soi-même, il est un sujet; mais il verra en lui le partenaire dans l'être-présent. Ce qui relie les deux partenaires, il ne le définira donc pas, selon l'analogie du contact entre deux batteries électriques, comme un « contact psychique », mais comme une *rencontre* « sur l'abîme de l'être-présent » pour reprendre les termes de Martin BUBER, un être-présent, qui, *essentiellement*, n'est pas seulement « dans-le-monde » comme un *ipse*, mais aussi comme un être-avec ou rapport, comme un être-ensemble ou amour. Ce que depuis FREUD nous appelons *transfert* est aussi, au sens analytico-existentiel, un mode de la rencontre. Car la rencontre est un être-ensemble dans un *présent intrinsèque*, c'est-à-dire dans un présent tel qu'il se temporalise absolument hors du passé, et porte aussi, absolument, en soi, les possibilités de l'*avenir* » [55].

Nous voici donc bien devant une forme d'Amour qui n'a plus rien de transférentiel au sens où cela signifie la reproduction compulsive, provoquée par la situation psychanalytique, d'un attachement libidinal archaïque. Cet

---

[55] BINSWANGER, Analyse existentielle et psychothérapie, in *Discours, parcours et Freud, op. cit.*, p. 118.

Amour est, au sens de BINSWANGER que nous adoptons, le dévoilement d'une dimension ontologique de la Personne comme Relation à autrui et ouverture à l'Avenir. Cette capacité essentielle, le malade l'avait perdue, et il a à la redécouvrir comme sa transcendance de *Dasein*.

9. Nous en arrivons ainsi à la mise en mouvement que la psychothérapie doit accomplir chez le malade par la vertu d'une *relation authentique* exemplaire de personne à personne, définition ultime du face à face thérapeutique orientant toutes les attitudes, les sentiments et les interventions du thérapeute.

Ce qui se produit d'abord — et ce que le thérapeute induit par son propre effort de compréhension — c'est *une auto-compréhension nouvelle chez le malade*. Car le malade, dans la maladie, fuit sa réalité, et sa peur fondamentale est d'être lui-même, d'être au réel et à l'avenir. Toujours occupée de ses contenus variables, de ses sentiments vécus dans telle ou telle situation effective de son existence, des conditions historiques de ses comportements, sa conscience ne perçoit pas les formes constantes, les principes jamais mis en question, les catégories thématisées et les axiomes de l'être-au-monde tronqué et emprisonné qui est le sien.

Par la réflexion-reflet au niveau des formes dynamiques et structurantes de sa relation actuelle à l'Univers, il obtient de lui-même une compréhension nouvelle, qu'il ne peut pas ne pas reconnaître dans les conditions méthodologiques où elle est opérée, et dans les conditions interpersonnelles d'acceptation et d'amour qui le rassurent en permanence.

> « Se réveiller — et aussi en un sens guérir — c'est sortir de cette identité numérique où le soi était suspendu au *thème* de l'existence, se dérobait donc à l'historicité de

la présence pour se réfugier dans l'inconscient et y reconnaître son implacable destin, et c'est accéder au *Mitwelt* par lequel seulement l'individu peut prendre sens comme soi-même et participer au monde universel de la présence *(koinos Cosmos)*, qui est le monde de l'historicité, du logos et de la compréhension » [54].

Qu'est-ce à dire sinon que dans la maladie, la non-compréhension de soi prisonnier d'une thématisation aveuglante détermine chez le malade une non-compréhension radicale d'Autrui jamais perçu comme Personne mais toujours dans le rapport égocentrique de l'Univers immobilisé dans ses significations subjectives.

La compréhension de soi progresse de concert avec une nouvelle perception d'Autrui et de la réalité.

10. Cette nouvelle perception rétablit l'Avenir dans sa dimension temporelle essentielle qui est historicité, c'est-à-dire *à faire sous la responsabilité personnelle*. La guérison est une réintégration de l'avenir dans l'exacte mesure où la maladie était une soumission à la répétition des thèmes, cette répétition elle-même signifiant la perte de l'historicité et l'isolement absolu d'un Soi coupé du Temps vivant et de toute communication interhumaine authentique.

> « La transformation pathologique du monde intervient dans le moment où *se défait* l'historicité de la présence... C'est pourquoi la transformation du monde signifie toujours en même temps transformation de soi... Le Soi n'est plus capable désormais d'affirmer son indépendance dans le monde, de s'élaborer à partir du monde en un Soi différencié ou authentique, en un mot il n'est plus capable d'exister en tant que Soi, mais il s'en remet et

[54] Pierre FÉDIDA, in Préface à l'ouvrage de BINSWANGER, *op. cit.*, p. 29.

> s'abandonne au simple pressentiment et se trouve même dominé par lui. Un Soi dépendant ainsi du pressentiment n'est plus maître de lui-même. C'est *le thème* pressenti, l'atmosphère menaçante qui règnent ici en maîtres... La thématisation du monde va de pair avec l'isolement et l'objectivation de Soi, et ainsi avec sa déshistoricisation » [57].

De ce fait la psychothérapie en dissolvant les thèmes recrée les conditions de possibilité d'une transcendance appartenant ontologiquement au Soi, rend au Soi son être historique hors des limitations, fixations, interprétations thématiques du Monde qui l'avaient, jusqu'à la guérison, abstrait de lui-même.

La possibilité de conceptualiser à partir de l'expérience *actuelle* (ce qui implique la découverte du Présent et la possibilité de faire des expériences nouvelles), de choisir et de décider, de créer des valeurs, de projeter et de réaliser avec le sentiment de responsabilité personnelle, ne sont pas autre chose que l'épanouissement du *Dasein* qui, en constituant le monde, dans l'Action aussi bien que dans la connaissance, se constitue indéfiniment comme Soi.

III. LE RÔLE DU PSYCHOTHÉRAPEUTE

Le véritable problème de la relation psychothérapeute-malade est celui de *la bonne distance relationnelle* à trouver. Les deux extrêmes nous guettent :

d'une part les effusions extravagantes d'une *Einfühlung* mystique :

---

[57] *Ibid.*, à propos du *cas Suzan Urban*, p. 30.

« L'analyste ne comprendra son patient que dans la mesure où il expérimentera en personne ce que le patient expérimente... En cet engagement total envers le patient, en cette réceptivité totale et cette *totale communion* avec lui, en cette *immersion partagée* dans une relation de centre à centre gît l'une des conditions essentielles du traitement... L'analyste analyse le patient mais le patient aussi analyse son analyste, car l'analyste, en participant à l'inconscient de son malade, ne peut faire autrement que d'éclairer son propre inconscient; d'où l'analyste soigne le patient mais est soigné par lui, comprend le patient mais est compris par lui. C'est en atteignant ce niveau-là qu'on atteint *la solidarité et la communion* » [58].

d'autre part l'objectivisme froid et « chirurgical » qui définirait l'indispensable maîtrise de la situation et l'attitude « aseptique » du thérapeute :

Dans les *Recommandations* de 1912, FREUD énonce sa conception du rôle du thérapeute : « Le médecin devrait être *impénétrable* au patient, et, comme un miroir, ne refléter rien d'autre que ce qui lui est montré ». Il condamne l'ambition thérapeutique, la réciprocité des confidences, l'action éducatrice... Il recommande *la froideur du chirurgien* qui n'a pas à se préoccuper d'autre chose que de bien opérer [59].

On est sollicité aussi par ce que j'appellerai le pôle activiste et le pôle passif, entre lesquels ont oscillé les disciples de FREUD, sans doute selon leur tempérament et leur interpré-

---

[58] Érich FROMM, in *Bouddhisme Zen et Psychanalyse*, p. 125. Ce passage mystique est d'ailleurs contredit ensuite sans que se pose apparemment à l'auteur le problème de la cohérence. Chez d'autres auteurs, la « communion totale » prend appui sur la notion magique de la communication des deux inconscients ou de leur fusion mystique!

[59] Cité par D. LAGACHE, *Rapport, op. cit.*, p. 18. On sait par ailleurs que FREUD a varié dans sa définition du rôle.

tation personnelles des directives du Maître. Un orthodoxe comme FERENCZI est passé, dans sa vie, d'un extrême à l'autre.

Revenons comme toujours à la réalité de la situation. Il est évident qu'il y a chez le malade, avant tout, lorsqu'il demande l'aide, un *besoin d'être compris*. Comme le dit fort justement JANULIS [60] l'attente d'être compris est légitime, et, lorsqu'elle est déçue, il s'ensuit des réactions d'anxiété, de désappointement, des délais et des obstacles à la guérison (qui n'ont rien à voir avec le transfert négatif et qui relèvent des inductions dues à la situation). Nous devons certes considérer qu'il y a, dans les besoins totaux du malade tels qu'ils se manifestent dans son désir d'aide, quelque chose d'exagéré et peut-être d'infantile. Tout thérapeute a remarqué l'abaissement des défenses sociales normales du Moi dans la participation, pleine de confiance, du malade à la thérapie, dans le besoin de « raconter sa vie » sans aucune préoccupation du médecin comme existant, ni du temps qui passe ni des autres obligations éventuelles du thérapeute. Un égocentrisme dévorant, lié à l'incapacité quasi absolue d'empathie authentique envers autrui, accompagne le besoin d'être écouté et compris.

De nombreux chercheurs ont étudié la situation thérapeutique du point de vue des attentes-besoins du malade (en ce qui concerne la compréhension de la part du médecin) et du degré de comblement de ces besoins par le thérapeute [61]; tous ont conclu que les progrès des patients vers la santé sont proportionnels au degré de compréhension qu'ils

[60] Peter T. JANULIS, The Need for intervention. A variable in psychotherapy Research, in *Arch. Gen. Psychiatry*, U.S.A., 1970, XXIII, n° 3, pp. 384-387.
[61] Ainsi COHEN et COHEN (1961), ALEXANDER (1961), J. FLEMING (1967). Cf. bibliographie.

trouvent chez le psychothérapeute. L'inverse est facile à vérifier, car les exemples abondent tel celui-ci :

> Une femme névrosée de 25 ans met brutalement fin à sa psychothérapie après 3 mois. Depuis le début des séances, elle était mécontente parce qu'elle n'avait pas retrouvé une relation de « camaraderie » qui l'avait satisfaite avec une assistante sociale antérieure. Au cours du second mois, elle exprima son anxiété à son nouveau thérapeute, disant qu'il ne la comprenait pas. Le thérapeute, qui était très irrité parce que la cliente vantait toujours son assistante sociale, considérait cette femme comme une patiente « difficile ». Lors d'une séance (qui devait être la dernière) elle avait parlé d'un chagrin à la suite d'une relation amoureuse dans son existence, chagrin que le thérapeute rapporta à sa « maladie ». Elle prit cela pour une critique, s'arrêta de communiquer et déclara : « C'est tout ce que je peux vous dire maintenant... Je ne peux rien dire de plus. Il m'arrive de penser que je n'ai pas été aidée... Peut-être pourriez-vous me donner quelques pilules ». Le thérapeute ne devait plus la revoir [62].

Ce besoin d'être compris, qui se traduit tout simplement par le besoin d'être écouté et entendu, appelle des réponses de compréhension dont nous avons souligné ci-dessus la distance par rapport aux autres attitudes et spécialement à l'*interprétation*. Toujours selon les recherches expérimentales, on sait que *l'intervention du thérapeute la plus efficace* doit éviter à la fois l'écho superficiel (qui ne produit pas l'impression de compréhension) et l'interprétation « en profondeur » (qui provoque la dénégation et la résistance), celle qui n'est pas « reconnue » par le sentiment de soi. Avant d'étudier la valeur de ce sentiment de soi et ses rapports avec l'*insight* recherchée par la psychothérapie,

---

[62] Rapporté parmi d'autres cas, par JANULIS, *article cité*.

il nous faut clarifier « la bonne distance relationnelle » à laquelle doit se placer le thérapeute.

Ni effusion mystique ni interpsychanalyse ni transformation du client en objet par un observateur détaché, la relation à bonne distance (à la distance efficace) est *celle de la réflexion par rapport à la conscience spontanée.* Ceci me semble être une définition plus proche de notre objectif, que celle d'«observateur-participant» proposée par H. S. SULLIVAN pour caractériser le rôle.

Ni reflet ni juge ni pouvoir de décision, le thérapeute doit être par rapport au client comme la conscience réfléchie par rapport à la conscience spontanée chez la même personne. Ceci implique la connaissance « de l'intérieur » autant que l'effort de distanciation propre à *assurer une réflexion valable sur ce qui est vécu.* La réflexion implique un certain effort de compréhension qui est autre chose que l'immersion commune dans l'émotion partagée, et, parce que cet effort est recherche sincère et objectivation d'un sens, clarification conceptualisation et formulation du vécu, il doit éviter 'engluement dans ce vécu *sans en perdre la référence sous peine de réfléchir sur une illusion,* ou mieux, d'avoir l'illusion de réfléchir. Ceci est d'autant plus important que le malade est, au début, *incapable de réfléchir efficacement,* ce qu'il appelle réflexion n'étant qu'une rumination de contenus dont le sens est obnubilé.

Par là se comprennent les hésitations et les difficultés de ceux des psychanalystes qui, ayant bien aperçu que le thérapeute représente un des Moi du patient, ne pouvaient dans leur optique étroite le définir davantage. Par là se comprendra plus facilement surtout la dialectique de la conscience et de l'inconscience dans l'efficacité de la psycho-thérapie phénoméno-structurale.

2

CONSCIENCE ET INCONSCIENT

*Le névrosé, une fois élucidé le sens de
son symptôme, dira : « Je l'ai toujours
su. »*
A. de WAEHLENS, Préface à l'ouvrage
de DEMOULIN, *op. cit.*, p. 14 note.

Il est probable qu'il n'y a pas *un* mais *des* inconscients,
et que les sciences de l'homme n'ont pas fini de les découvrir,
d'élucider leur place et leurs fonctions dans l'existence
humaine.

Les enregistrements oubliés et sans charge affective de
la mémoire inconsciente pressentie par BERGSON, démontrée
expérimentalement par PENFIELD, semblent distincts du
souvenir des scènes traumatiques qui sont à l'origine d'un
trouble mental, scènes perdues à l'état de veille mais qui
sont intégralement rejouées en état de somnambulisme, dans
les expériences récentes du Dr FAURE, et reperdues immédiatement après. Ces expériences confirment, si besoin en
était encore, l'existence d'un inconscient au sens de
BERNHEIM-JANET-BREUER-FREUD.

J'ai décrit ailleurs [1] une autre forme encore d'inconscient
sous le nom de *proto-conscience*. C'est à ce type de conscience
qu'on doit se référer lorsqu'on observe par exemple qu'une

---

[1] In *Philosophie de la médecine psychosomatique*, Aubier, 1961.

femme qui dort ne se réveille pas lorsque son mari vient plus tardivement se coucher dans la même chambre, même s'il fait du bruit (bruit « reconnu » au niveau proto-conscientiel) mais se réveille si des bruits plus faibles insolites se produisent dans la même pièce, ou si un cri plus faible mais chargé de sens se produit dans la chambre des enfants. Les expressions de cette proto-conscience pendant l'état de veille sont très différenciées des opérations de la conscience claire.

L'inconscient des tout-petits, peut-être assez voisin de la proto-conscience dont il vient d'être parlé, leur permet de percevoir les postures spontanées de leur mère ou de son substitut, et d'y réagir au niveau organismique, comme l'a démontré SPITZ.

L'inconscient familial selon SZONDI, l'inconscient collectif archétypique de JUNG, l'inconscient groupal selon LEWIN ou MORÉNO, l'inconscient de la personnalité culturelle pour Abram KARDINER,... ne peuvent se ramener à aucun des précédents.

Le bouddhisme Zen et les psychologues qui partagent ces vues mentionnent un inconscient porteur des virtualités de développement de la conscience, un Soi latent transpersonnel qui rejoint à bien des égards, il faut le reconnaître, le Soi de JUNG et l'être-potentiel ou la vocation de l'être en chaque existant, dont parlent HUSSERL, HEIDEGGER ou BINSWANGER.

A ces inconscients infra-conscientiels, supra-conscientiels ou paraconscientiels, dont la liste est loin d'être close, il nous faut ajouter l'inconscient structural, intra-conscientiel, auquel nous nous référons depuis le début de cet ouvrage.

I. LES AUTOMATISMES NEUROPHYSIOLOGIQUES ET LA STRUCTURATION DU VÉCU

PENFIELD [2], étudiant les « réactions psychiques » à la stimulation électrique des zones temporales du cortex [3], découvrit en 1954 qu'il y avait deux groupes de réponses : les « réactions vécues » *(experiential responses)* et les « réactions interprétatives » *(interpretive responses)*. La « réaction vécue » est facile à saisir sur un exemple :

> Plaçant l'électrode en avant du gyrus de HESCHL et demandant au patient ce qu'il ressent, il me répond : « J'entends maintenant des gens qui courent,... des amis en Afrique », et si on lui demande s'il peut reconnaître de qui il s'agit, il dit : « Je les connais, je suis avec eux ». A la fin de l'excitation électrique, il confirme qu'il se croyait réellement en Afrique, en train de courir avec des amis et il se rappelle de quoi ils riaient... mais qu'en même temps il était dans la salle d'opération, parlant aux docteurs et immobile sur la table. Il était donc simultanément dans le présent et dans le passé [4].

Si l'on arrête la stimulation, le déroulement du souvenir oublié cesse et l'amnésie redevient complète à son égard. Si on reprend la stimulation au même point, le film recommence sans confusion ni changement de vitesse ou de sens.

[2] Wilder PENFIELD, Memory Mecanisms, in *Arch. Neurol. Psychiat.*, 1952, n° 67, pp. 178-198, et autres articles. Cf. PENDIELD et ROBERTS, *Langage et mécanismes cérébraux*, trad. fr., P.U.F., 1963.

[3] Il appelle « cortex interprétatif » les parties des lobes temporaux et de l'insula qui sont le siège de ces phénomènes.

[4] D'après un article de PENFIELD, cf. aussi *Langage et mécanismes cérébraux*, pp. 50-53. Les expériences ont été refaites, avec les mêmes conclusions psychophysiologiques par BANCAUD et TALAIRACH (1965). Cf. à ce sujet BARRUCAND, *op. cit.*, in bibliographie, pp. 242-243.

Les scènes revécues sont sans charge affective; elles sont parfaitement distinctes du souvenir volontaire qui n'a à aucun moment cette vivacité hallucinatoire. Elles sont la reproduction de ce qui a été perçu (avec autant de « trous » qu'il y a eu de données non perçues) et cela les distingue d'une reproduction du genre cinématographique.

Les « réactions interprétatives » sont plus curieuses. Ce sont des sensations (sans image) de tonalité de la situation : sensation de familiarité, ou d'étrangeté, ou émotion; la relation de l'individu avec l'ambiance peut sembler perturbée, les relations spatiales et temporelles sont modifiées.

> Lorsque l'électrode fut appliquée aux points 14 et 15 [5], elle provoqua un sentiment soudain de familiarité que la malade rapporta d'abord à son expérience présente. Cela se produisit sans aucun rappel du passé. La situation présente lui parut du « déjà vu » et elle eut le sentiment qu'elle savait ce qui allait se passer. C'était une conclusion non consciente [6].

Ces réponses, dit PENFIELD, correspondent aux jugements utiles qu'un individu normal fait constamment en comparant l'expérience présente et l'expérience passée. Pour cela, il faut disposer de l'expérience enregistrée auparavant, et les données de l'expérience actuelle doivent être ordonnées et rapprochées de l'ancienne pour pouvoir comparer. Dans les circonstances normales la « réaction interprétative » affleure à la conscience, mais le processus de comparaison est non conscient.

[5] Points correspondant à une topographie conventionnelle du cortex marquée par l'auteur; ces points sont pratiquement situés sur la face externe du lobe temporal droit, nettement en arrière, près de l'aire 21 de BRODMANN.

[6] D'après PENFIELD et ROBERTS, *op. cit.*, p. 47.

L'auteur conclut que le cortex temporal, outre les enregistrements disponibles de toutes les minutes de l'existence passée, possède « un mécanisme capable d'examiner et de sélectionner les expériences comparables dans l'enregistrement antérieur » [7].

PENFIELD ne s'étend pas sur ce phénomène auquel il ne consacre malheureusement que quelques lignes. Mais on sait par ailleurs [8] que tout système nerveux (et pas seulement le cerveau humain) est *capable de saisir la Forme dynamique,* la *Gestalt,* d'un concret informationnel quelconque, correspondant à son *Umwelt* spécifique, qu'il mémorise cette forme abstraite et s'en sert pour décoder ultérieurement son expérience. Des expériences de Jérôme S. BRUNER aussi bien que de celles de GREY WALTER, il résulte que, *à travers les tâtonnements, les hasards et les risques de l'expérience, un travail d'assimilation-différenciation se fait au niveau du système nerveux* (en dehors de toute conscience) *consistant à chercher les Formes stables et significatives permettant de construire à la fois la connaissance et l'action.* Les phénomènes que PAVLOV et les chercheurs de sa descendance appellent « généralisation du signal et de la réponse » ne sont que des expressions de la perception et de l'enregistrement immédiat de la *forme générale* de l'événement ou de la situation vécus. L'analyse du donné sensoriel est une opération d'abstraction active [9].

---

[7] *Ibid.,* p. 49.

[8] Cf. R. MUCCHIELLI, *Introduction à la psychologie structurale,* pp. 102-142.

[9] MERLEAU-PONTY écrivait en 1949 dans *La structure du comportement* : « Sans doute les récepteurs sont-ils aptes — eux-mêmes ou leur projection centrale — à enregistrer *les propriétés de forme* des stimuli qui, beaucoup plus que le lieu ou la nature de l'excitant, décideraient de la réaction. »

Or, ces Formes abstraites sont seules susceptibles de fournir au mécanisme « interprétatif » repéré par PENFIELD, les moyens de sa sélection-comparaison des enregistrements passés pour interpréter le présent.

Il y a donc une activité inconsciente permanente de structuration du champ existentiel (associée à l'activité d'analyse formelle de ce champ et aux mécanismes de remodelage continu du système de décodage) par ces formes abstraites donatrices de sens. C'est cette activité et ces moyens qui donnent leur portée véritable aux mécanismes localisés par PENFIELD en ce qui concerne le vécu [10].

Pour un individu humain normal la grille de catégories par laquelle il donne un sens aux situations présentes est non seulement étendue, mais encore en perpétuel aménagement (ou tout au moins assez plastique) pour s'enrichir des expériences nouvelles. De plus il est capable, et c'est une des possibilités de la conscience humaine sur laquelle nous reviendrons, de s'arracher au mécanisme catégorial pour analyser le donné à d'autres niveaux (intellectuel par exemple, ou esthétique ou instrumental et prospectif) ou pour inventer des catégories nouvelles. Il est probable que cette liberté n'est pas possible avec la même qualité dans tous les secteurs, si je puis dire, de l'existence de l'individu dit « normal », et que dans certaines zones dites de « sensibilisation » (zones qu'il vaudrait mieux nommer « de thématisation »), sa conscience sera captive de formes perceptuelles et comportementales déterminant irrésistiblement des impressions et des réactions. Et ces formes structurantes sont inconscientes.

_____

[10] Ces mêmes mécanismes (ou du même genre) doivent se retrouver nécessairement dans les activités supérieures d'apprentissage et de mise en œuvre des *concepts*, au niveau du langage.

Il y a indubitablement un rapport entre les expériences de l'histoire personnelle depuis la relation la plus archaïque à l'*Umwelt*, et ces Formes structurantes qui chargent de sens certaines situations précisément isomorphiques (leur analogie n'existant qu'en référence à ces Formes).

Autrement dit il y a un rapport entre d'une part l'inconscient historique, tel que FREUD l'a découvert et décrit, inconscient « fait » des souvenirs activement oubliés, et d'autre part l'inconscient structural qui est la trame des significations actuellement vécues. Dans certains cas privilégiés, ceux où l'abréaction suit la réminiscence d'une expérience archaïque traumatique (cas sur lesquels s'appuient les conceptions de JANET, de BERNHEIM, de BREUER et toute la métapsychologie de l'inconscient dynamique de FREUD), la liaison des deux inconscients apparaît nettement : la thématisation actuelle de certaines situations et la grappe des réactions émotionnelles ou comportementales que ces situations déclenchent, reproduisent une expérience infantile fixée et oubliée. La découverte du rapport (c'est-à-dire au sens strict du *transfert* comme application, au réel actuel, d'une expérience acquise dans une autre situation et dans le passé) donne effectivement un sens nouveau à la manière d'être actuelle, en même temps qu'elle est décharge de tension et libératrice par là même.

FREUD a reconnu que l'expérience infantile de référence est dans ce cas une *réalité psychologique* plus qu'historique, c'est-à-dire que ce qui s'est passé réellement n'a aucune importance et aucun intérêt, puisque c'est ce qui a été vécu ou imaginé par l'enfant qui est constitutif de cette expérience, laquelle acquiert, par la charge émotionnelle du trauma qui la fixe, un haut potentiel de façonnement des perceptions et des réactions ultérieures.

Dans la plupart des univers névrotiques, ce cas privilégié simple ne se retrouve pas parce que la thématisation actuelle est l'expression complexe d'une suite d'expériences enchevêtrées, et la recherche systématique du traumatisme oublié n'aboutit pas (l'échec ne signifiant pas du tout alors, que le « refoulement » soit particulièrement vigoureux).

Par ailleurs la pratique psychanalytique de quelques grands chercheurs (Wilhelm REICH, Franz ALEXANDER, pour ne citer qu'eux) les a amenés à penser que la connaissance consciente du ou des souvenirs générateurs de la distorsion actuelle de l'existence, n'était pas nécessaire à la guérison. Seules seraient nécessaires la conscience de la structuration pathologique du présent, la mise en lumière des schèmes répétitifs et leur « confrontation à la réalité » telle que le Moi *réfléchi* est capable de la percevoir.

Car le souvenir originel, celui qui fait partie de l'inconscient dit historique individuel, n'intervient pas en tant que tel. Ce qui a été fixé (comme on peut le dire en première approximation), c'est non pas un contenu mais *une forme*, et ce sont ces caractéristiques *formelles* qui font l'analogie (l'isomorphisme, à strictement parler) des situations thématisées et des réactions automatiques qui surgissent alors. Le rapport entre le passé inconscient et la structuration non consciente de l'existence actuelle est celui de l'apprentissage. C'est l'apprentissage qui a été pour ainsi dire « faussé » par la fixation précoce d'un schème expérimental, fixation qui implique la perte de la plasticité normale de toute formalisation de l'expérience. Ainsi le rapport entre le passé et l'existence présente est au niveau de la formalisation de l'expérience, disons de l'apprentissage de la vie. Il n'est pas autre chose que le processus même *de la formation des schèmes* perceptifs-posturaux-comportementaux, niveau inférieur homologue au processus supérieur de *la formation des concepts*, schèmes perceptivo-moteurs et concepts étant activement construits à partir de l'expérience et des souvenirs enregistrés de l'expérience [11]. Enregistrement, processus de formation des schèmes perceptivo-moteurs ou conceptuels, et processus de comparaison et d'activation de ces schèmes à partir des exigences de réponse adaptative au présent, sont tous inconscients.

Par là-dessus il semble hors de doute qu'il existe des zones de « tension » (quoiqu'on ne sache pas trop si à une tension psychologique correspond une tension électrophysiologique) ayant pour « centre » un souvenir marquant et pénible, ou une Forme aussitôt stabilisée et prégnante référée à ce souvenir. De même que le souvenir marquant et intense semble résister plus que les autres souvenirs (ceux qui sont sans charge émotionnelle) à l'amnésie accompagnant l'enregistrement automatique, de même les tensions intrapsychiques ou intracérébrales qui paraissent référées à ces souvenirs ou à leurs Formes tendent à se « décharger ». Les voies de la décharge de tension sont multiples : l'action directe (et ce serait l'*acting out*), l'activité substitutive isomorphique (activités dites de *défoulement*), l'imaginaire (combiné avec la précédente dans l'activité ludique thématique), le rêve,... et la liste n'est pas close [12].

[11] Ce qui revient à la formule que Leibniz opposait à Locke : *Nihil est in intellectu quid non prius fuerit in sensu, sine intellectus ipse.*

[12] Dans un article célèbre, l'*abréaction autogène* (cf. bibliographie), Luthe a relaté les expériences faites au cours du training autogène de Schultz, où il obtenait des « décharges de tension » liées à des zones corticales précises. D'autre part on sait que dans les psychothérapies par le *rêve éveillé* (Robert Desoille), la décharge de tension est obtenue au niveau imaginaire symbolique. Un « symptôme » psychopathologique pourrait être, dans certains cas, soit une décharge de tension soit une formation réactionnelle empêchant la décharge directe de tension.

Toujours est-il que les schèmes perceptivo-réactionnels, les concepts et pseudo concepts, les « implexes » affectifs (selon la dénomination d'Albert Burloud), les configurations séquentielles que l'on appelle les habitudes (tous greffés, dans la complexité inépuisable de l'organisme humain vivant, sur une structuration stratifiée [13] de la relation à son milieu quotidien) interviennent à chaque instant dans la signification individuelle du vécu, en tant que filtres sélecteurs, en tant que formes de la connaissance ou de la reconnaissance, en tant que donateurs de sens au bombardement interrompu d'« informations » provenant du présent à l'état de veille.

Ainsi à côté et en dehors de l'inconscient tel que se le représente Freud, un autre inconscient, tout aussi dynamique, structure à chaque instant l'aperception du présent. Les catégories, thèmes, scénarios, axiomes de la conduite, dont nous avons parlé depuis le début de cet ouvrage, sont quelques dénominations-repères de ces formes dynamiques organisées en système par leurs articulations ou leurs concaténations également non-conscientes. C'est leur ensemble qui forme ce que nous conviendrons d'appeler l'inconscient structural, les « structures » étant ces configurations à la fois formelles et informantes (au sens de « mettant en forme ») qui, agissant au niveau de la signification, donnent un sens aux contenus divers de l'expérience individuelle concrète.

---

[13] Allusion ici aux structures organisatrices qui sont caractéristiques de l'espèce Homme, puis en chaque individu aux structures organisatrices congénitales et constitutionnelles (caractérologiques), puis aux structures acquises par l'acculturation auxquelles se superposent celles de la subculture, des rôles sociaux, des formations et déformations professionnelles, etc...

II. LA PRISE DE CONSCIENCE

La conscience, toujours au présent dans son orientation vers le monde extérieur, est toujours « occupée » par ce que nous appellerons en première approximation ses « contenus ». Le « sens du réel » que décrivait Pierre JANET est d'abord, au niveau le plus élémentaire, l'intentionnalité fondamentale, la conscience *de quelque chose*. Au niveau supérieur, il est perception *du présent comme tel* (et inclut déjà la temporalité).

La conscience des processus d'appréhension du réel n'est pas naturelle, elle n'est pas possible de façon immédiate, ce qui justifie la formule existentialiste selon laquelle *la conscience thétique de soi* (conscience de la conscience) n'existe pas.

Toujours occupée de ses contenus variables, la conscience ne perçoit pas les constantes structurales de ces contenus. L'impression de « déjà vu », dans les cas non pathologiques, se produit lorsque les contenus sont analogiques ; le sentiment de familiarité de la situation n'entraîne en aucune façon la conscience des conditions formelles de l'analogie.

Dans les Univers morbides qui font l'objet de notre étude, l'inconscient structural dont nous venons de voir le fonctionnement normal, utile à l'adaptation et à la prospection, avec sa marge de plasticité et de renouvellement, présente des caractéristiques spéciales qui font son anormalité :

— il s'est développé au point de restreindre, voire de supprimer, la marge de plasticité, c'est-à-dire d'inhiber les processus de modification des structures d'aperception-réaction en fonction de la nouveauté essentielle du présent. *Le point critique au-delà duquel l'intégration et la conceptualisation des données nouvelles ne se font plus, est atteint ;*

— l'activité propre de la conscience humaine comme perception de l'originalité des données présentes est réduite, et elle a atteint aussi le point critique au-delà duquel *le présent disparaît comme tel*. C'est pourquoi *la flexion de la temporalité* est forcément au centre de la phénoménologie des univers morbides;

— la grille des catégories, schèmes perceptivo-moteurs et concepts ou pseudo-concepts s'unifie et se systématise, sans doute en relation avec l'amenuisement de cette marge de flexibilité où joue normalement à plein le sens du réel présent. L'Univers vécu se verrouille et se clôt dans une unification qui tend naturellement vers l'atemporalité. L'historicité (et la liberté) du Dasein disparaît proportionnellement à l'automatisation qui traduit cette systématique;

— le nombre des formes structurantes diminue, c'est-à-dire qu'au lieu de la gamme variée de schèmes et concepts qui est normalement à la disposition de l'activité de la conscience (dans son travail de décodage et de formation de nouveaux schèmes et concepts), ne sont plus disponibles que quelques schèmes et concepts, et, à la limite, un seul. Cette extrême pauvreté de toutes les gammes schématiques se traduit, en corrélation avec les autres phénomènes pathologiques ci-dessus décrits, par la *thématisation* de l'être-au-monde. C'est là l'aspect le plus manifeste de ce que les phénoménologues appellent la restriction ou l'étouffement du Dasein.

> « La catégorie qui sert de fil conducteur au projet-de-monde de notre jeune patiente, écrit BINSWANGER à propos d'un cas [14], est la catégorie de la *continuité*, de la connexion et de la cohérence continues. Cela signifie

[14] BINWANSGER, *Discours, parcours et Freud, op. cit.*, pp. 68-70.

une formidable restriction, simplification et évacuation du contenu du monde, de l'ensemble de ses connexions de conduction. Tout ce qui rend le monde signifian' tombe sous la dénomination de cette seule catégorie. C'est elle qui confère au monde et à l'être-en-lui, leur assise... Nous ne devons donc pas nous rendre les faits intelligibles en disant que le trop grand attachement à la mère (qui est effectif et important) est la cause explicative de la phobie. Il nous faut bien plutôt reconnaître qu'un tel attachement exagéré à sa mère n'est possible que sur la base d'un projet-de-monde qui s'édifie uniquement sur la catégorie de la cohérence et de la continuité (car la malade a une angoisse phobique de tout ce qui sépare, de tout ce qui se décolle ou se déconnecte).

Une telle compréhension du monde n'a pas besoin d'être consciente (elle est *non consciente*), mais nous n'avons pas non plus le droit de l'appeler *inconsciente* au sens psychanalytique du terme, car elle est au-delà de cette opposition ».

Des phénomènes comparables peuvent être retrouvés dans la plus grande partie des cas décrits par les psychothérapeutes de toutes les écoles lorsque leur compte rendu n'est pas réinterprété en fonction d'une théorie a priori. Toujours apparaissent des formes perceptives, affectives, réactionnelles ou comportementales *constantes* à contenus concrets variables, occasionnels ou circonstanciels.

Il ne s'agit pas d'un souvenir cherchant de toute l'énergie d'une prétendue pulsion à forcer la résistance du Moi, ni d'un comportement de conversion du souvenir en acte pour échapper à la remémoration, ni même d'une contrainte de répétition d'une même scène archaïque,... mais de la structuration des perceptions et des conduites dans des formes a priori, ou dans une forme a priori, paralysant du même coup toute liberté (et toute adaptation humaine vivante) de la relation au monde et à autrui. La « force » de ces schèmes organisateurs est leur automatisme inconscient, dominant la conscience du présent et l'assujetissant. Comme « la force de l'habitude », il s'agit d'une métaphore que, dans ses premiers temps, la psychologie a substantifiée.

Que cet inconscient soit structuré, nous pensons l'avoir amplement montré. Qu'il soit structuré « comme un langage », selon la formule de LACAN, c'est une très bonne image, si, ainsi que le dit RICŒUR [15], « on donne à l'adverbe *comme* le sens convenable ». Mais si l'on va jusqu'à croire, à partir de cette image, que « ça parle dans l'inconscient », on superpose au réalisme de l'inconscient opéré par FREUD, une personnification magique de l'automate. Par contre il est vrai de voir dans la *métonymie* (comme le soutient LACAN) le secret du double registre sur lequel se situent les récits des malades, car dans ce trope se joue toujours l'analogie formelle des concrets variables.

La prise de conscience est, dans sa définition théorique, la reconnaissance par le sujet lui-même des formes a priori qui structurent les significations de son Univers et de sa conduite,... c'est la perception du sens de ce qu'il dit ou de ce qu'il fait, au niveau de ces catégories constantes. Car il y a forcément et toujours deux sens : celui du contenu circonstanciel dont s'occupe normalement la conscience dans son présent (même illusoire) et celui qui est référé à la catégorie inconsciente qui structure le même contenu et en réorganise les éléments d'une autre façon. Lorsque la forme inconsciente a une tonalité affective forte, le malade a

---

[15] In *De l'interprétation, op. cit.*, p. 389.

conscience d'une discordance inquiétante entre ce dont il a conscience (avec le sens premier ou littéral qu'il y perçoit) et ce qu'il éprouve sans rien y comprendre. Lorsque la forme inconsciente du perçu est connectée à une forme déterminante du comportement, le malade a conscience d'une discordance entre le sens littéral du perçu actuel et la stéréotypie d'une réaction qu'il ne peut maîtriser.

« Ce sont, dit le malade à FREUD [16], des moments de ma vie ou des passages de livres... particulièrement beaux qui provoquent la masturbation. Ainsi par exemple lorsque j'entendis par un bel après-midi d'été, le beau son de cor d'un postillon,... une autre fois quand je lus un admirable passage de *Dichtung und Wahrheit* de Gœthe »... Mon patient trouvait assez étrange d'être contraint de se masturber justement à des moments si beaux et si exaltants...

Se faisant raconter les circonstances dont la conscience avait retenu l'aspect « beau et exaltant », FREUD apprend que le postillon avait sonné du cor jusqu'à ce qu'un agent de police le lui interdise en invoquant un règlement,... que dans le passage du livre de Gœthe, il s'agit d'une malédiction prononcée par une femme jalouse, malédiction qui devait frapper celle que le héros embrasserait sur la bouche.

FREUD écrit alors : « Je fis remarquer *le trait commun à ces deux exemples :* l'interdiction, et la négation de l'interdiction par un acte répréhensible ». Le malade raconte alors son comportement quand il préparait ses examens... et FREUD écrit : « Son singulier comportement faisait partie du même contexte » (insurrection, par l'obscénité, contre un commandement).

[16] L'homme aux rats, in *Cinq psychanalyses*, trad. fr., pp. 231-232. Cette fois, FREUD ne donne pas d'interprétation et fait sans le vouloir une intervention au niveau de la structure inconsciente.

La prise de conscience — qui doit être effectuée par le sujet lui-même — est donc une torsion de la conscience, un changement de son orientation naturelle, et la perception de cet autre sens *formel*. Plus exactement encore (et l'on voit ici la place de la formulation par le thérapeute) elle consiste en une *conceptualisation* (mise en forme verbale du sens) de la structure inconsciente qui intervient dans son perçu ou son vécu à un autre niveau qu'à celui du contenu littéral.

Une fois de plus nous constatons qu'*il ne s'agit pas d'une interprétation,* mais de l'élucidation tâtonnante d'un essentiel transcendantal (au sens kantien du terme).

En découvrant l'autre sens, jusque-là non conscient, de ses réactions, le Moi découvre la mystification dont la conscience était prisonnière. Dans ce qui était jusque-là les certitudes les plus indubitables de son Univers, il découvre l'illusion dont il était le jouet.

Si on analyse le processus de démystification, on y voit le passage d'une certitude illusoire à une réalité reconnue, *ce qui métamorphose de fond en comble* la signification des éléments disponibles dont se dégageait la certitude antérieure. Il est très important de constater qu'il n'y a rien de retranché ni d'ajouté d'aucune manière au contenu disponible. C'est sa configuration de sens qui est radicalement différente, c'est la structure de conscience le concernant qui bascule. Il s'agit bien d'une *nouvelle perception des mêmes faits.* L'ensemble des connexions entretenues jusque-là se dissocie et d'autres rapports apparaissent pour le même contenu.

> Reprenons un exemple déjà présenté partiellement.
> R. (39 ans, 2 enfants, souffrant de ce qu'il appelle des troubles du caractère).
> La vie familiale et surtout conjugale est difficile parce

que R. est très irritable et coléreux. La moindre insatisfaction, déception, frustration provoque des fureurs disproportionnées qui ont pour résultat de sidérer la famille puis d'entraîner une lassitude excédée de tout le monde (surtout de Madame) avec le sentiment vif de l'impuissance complète à satisfaire R. quoi qu'on fasse.

Ces conséquences elles-mêmes rendent R. très malheureux et il s'enferme après coup dans un silence hostile avec une conscience très dépressive.

L'*explicitation* des mots et des sentiments à l'occasion des situations concrètes telles qu'il les évoque met au jour un système d'attentes par rapport auxquelles il est frustré. Son comportement originaire n'est pas, remarque-t-il, agressif, alors que les personnes qui ont à supporter ce comportement (Madame en particulier) perçoivent uniquement une agressivité gratuite. Ayant pris conscience de la différence des perceptions, il décrit son comportement comme « une amertume, une fatigue par suite des soucis qui le rendent nerveux, un bilan permanent des raisons d'insatisfaction dans une tonalité de mécontentement et de lassitude ». Le psychothérapeute reformule alors en remarquant que la manière dont R. dit cela et ses mimiques signifient qu'il cherche à ce moment *à se faire consoler*. R. rectifie et dans un éclair de sa réflexion, dit qu'il cherche *à se faire plaindre des malheurs qu'il subit*. Il est étonné lui-même de ce qu'il vient de reconnaître comme étant le sens véritable de ses attentes. Du même coup il s'aperçoit de deux choses : d'une part qu'il a choisi la voie de l'irritation-colère pour provoquer la compassion (et que ce mode indirect de demander la compassion aboutit à recevoir tout autre chose, à savoir l'exaspération des autres), et d'autre part qu'*il ne peut pas* se plaindre directement (et que ce comportement lui est « comme interdit » — ou qu'il se l'interdit) sous prétexte que « se plaindre c'est faire l'enfant, alors qu'il est et veut être un homme fort ».

Le scénario lui apparaît alors sous un sens tout différent : il arrive accablé-irrité, et, pour montrer son malheur, il est mécontent de tout; en agissant ainsi il attend secrètement une effusion «maternelle» consistant à le plaindre et à le rasséréner par la sollicitude et la compassion. Moins il obtient ce comportement complémentaire attendu, plus il intensifie ce qu'il croit déclenchant, à savoir l'irritation, la nervosité, le mécontentement et il devient agressif contre les réactions que ses premières conduites ont *en fait* provoquées (il est traité de « râleur »). Il s'enferme alors dans la rumination solitaire de l'*incompréhension* et de l'*abandon*, d'où la conscience malheureuse (au cours de laquelle il avoue avoir des idées de suicide).

L'inadéquation absolue de ses colères clastiques lui apparaît en pleine conscience réfléchie. Elles ont d'ailleurs elles-mêmes, dit-il, un caractère infantile dans la mesure où elles simulent la crise de nerfs ou la convulsion pour obtenir « la caresse calmante » et le bercement. Il ne se permet pas de se plaindre ou de demander la compassion calmante qui seraient pourtant, s'il veut être consolé, la manière la plus efficace. *Il dit, par sa colère, quelque chose que les autres n'entendent pas parce qu'ils perçoivent la colère pour la colère,... et il s'enfonce dans l'abandonnisme parce qu'ils ne l'ont pas entendu.*

Le comportement de R. sur ce point s'est métamorphosé du jour au lendemain après cette découverte.

La prise de conscience est l'œuvre de la réflexion, et c'est parce que le psychothérapeute tient le rôle de la conscience réfléchie de son patient qu'il permet (et aide) la prise de conscience. Occupée jusque-là des « motifs de mécontentement » (dans notre exemple) la conscience de R. était forcément toujours au présent (un présent méconnu, mais un présent-pour-lui). La réflexion est ce retour de la conscience sur elle-même qui permet la vision *(insight)* des intentions, des attitudes latentes, de *l'autre sens des conduites.*

L'objectivité est une fois encore la plus grande subjectivité, puisque « objectivement » (en prenant ce mot dans sa dénotation behavioriste) la colère est agression ou mime d'agression, alors qu'« objectivement » (par la distance de la réflexion sur soi-même qui atteint la trame du besoin subjectif réel qu'elle exprime) elle est désir-de-se-faire-plaindre. La sémantique réelle (la vraie au niveau vécu) n'est pas portée par le véhicule adopté qui transporte une sémantique « objective » non voulue, et récusée par l'émetteur. La communication avec autrui était faussée et la conscience spontanée s'abîmait dans la contemplation de cette impossibilité. Le sujet ne se disait pas dans sa vérité. On peut dire ici, en reprenant la formule de LACAN, que seule la démystification opérée par la prise de conscience, permet « l'accord du verbe et du sujet ».

La prise de conscience n'opère pas directement une dédramatisation, elle est apparition du sens implicite (et vrai) sous le faux-sens explicite. Elle n'est pas non plus acceptation (ni découverte) d'une *explication;* elle est compréhension, auto-compréhension, sur un registre à la fois plus objectif et plus subjectif, où le texte initial (par exemple la succession des situations interpersonnelles, ou la description des faits) n'est pourtant pas changé.

Un inconscient structural, vécu mais absolument *méconnu* par la conscience personnelle, se trouve, après la prise de conscience, reconnu, compris et accepté comme la réalité actuelle du sujet. D'une certaine façon la prise de conscience a étendu les prises de la conscience et, si l'on veut, la formule freudienne *(« wo Es war, soll Ich sein »)* se vérifie si on ne conçoit pas le *Es* comme une énergie, une puissance, que le Moi lui ravirait, lui qui n'en a aucune dans l'anthropologie naturaliste de FREUD.

III. LES PUISSANCES DU MOI

Il serait facile — trop facile — de retrouver dans le fragment d'existence de R., les trois « instances » freudiennes : le Ça (le besoin d'être plaint-consolé-calmé), le « Surmoi » (devoir paraître un « homme fort ») et le Moi écrasé entre les deux exigences, sombrant dans le désespoir de son impuissance. On retrouverait de même le schéma guignolesque de Éric BERNE ou l'Enfant en R. demande la tendresse maternelle consolante lorsqu'il est « nerveux » ou convulsif, le Parent en R. demande qu'« on se montre un vrai garçon et non pas une petite fille, et qu'on ne se plaigne jamais », pendant que l'Adulte en R. est le malheureux d'aujourd'hui, incapable d'être lui-même.

Selon la perspective freudienne orthodoxe, il n'y a pas eu prise de conscience parce que le psychothérapeute n'a pas été « en profondeur » vers la réminiscence de la situation infantile, parce que la *perlaboration*[17] des résistances ne s'est pas accomplie qui eût permis l'abréaction.

Ces arguments sont cohérents par rapport à la conception du Moi chez FREUD. C'est en neurologiste que FREUD a défini la conscience et le Moi, termes pour lui synonymes[18]. « La conscience est, selon nous », dira-t-il, « la face subjective d'une partie des processus physiques se produisant dans le système neuronique, nommément les processus percep-

---

[17] Terme créé, on le sait, par LAPLANCHE et PONTALIS (in *Vocabulaire de la psychanalyse, op. cit.*) pour traduire *durcharbeiten*, travail de l'analysé sur lui-même au cours duquel il passe de la compréhension intellectuelle de l'interprétation faite par l'analyste à une reconnaissance vécue de la vérité de l'interprétation, par « usure lente des mécanismes de défense ».

[18] Plus exactement le Moi est, pour FREUD, « le système Préconscient-Conscient » (in *Le moi et le ça*).

tifs ». Il donne ainsi, dans la définition du phénomène conscience, la place essentielle à la perception du monde extérieur et aux moyens de réalisation des désirs dans le monde extérieur (« principe de réalité »). Il l'assimile donc à la fonction de *vigilance*, bien connue en psychologie animale et humaine. Il lui attribue des réflexes de défense contre les exigences de satisfaction immédiate du Ça (« principe de plaisir » des pulsions et besoins du Ça) au nom de la réalité et des interdits moraux qui font aussi partie de la réalité telle qu'elle est « apprise » au cours de l'enfance.

Parler donc d'une *causalité du Moi* au sens où celui-ci disposerait d'un potentiel spécifique est psychanalytiquement un non-sens, de même que parler d'un pouvoir de la conscience, d'un dynamisme du Je, d'une capacité propre de la réflexion comme conscience de soi… ou d'une volonté.

Et pourtant, en maints endroits, malgré le voile que la théorie jette sur la vérité de l'Homme pour satisfaire sa logique interne, la Valeur et la Puissance du Moi sont allusivement mentionnées par FREUD. Et, chose curieuse, c'est toujours à propos de la guérison ou du chemin vers la guérison que les psychanalystes évoquent cet autre Moi, comme si le Moi défini par FREUD était, dans sa théorie, *une extrapolation du Moi malade*, du Moi *sans être*.

Dans *L'avenir d'une illusion* (1927), FREUD, évoquant l'image d'une humanité débarrassée de la religion écrit : « L'infantilisme, n'est-il pas vrai, est destiné à être surmonté. Les hommes ne peuvent être des enfants à jamais ; il leur faut s'aventurer dans l'Univers hostile. Nous pouvons appeler cela éducation à la réalité ». *L'éducation du Moi par la réalité* est aussi une idée d'ALEXANDER. Reprenant à son compte une idée de STERBA (1934), FÉNICHEL (1941) déclare que l'on doit considérer chez l'analysé, deux Moi,

le « Moi raisonnable » et le « Moi expérientiel », le premier
« observe » et l'autre « éprouve ». Selon STRACHEY [19] le but
essentiel de « l'interprétation mutative » est de faire constater
au Moi raisonnable du patient qu'il répète le passé au lieu
de s'ajuster au présent, et l'on espère ainsi « qu'il arrêtera
le disque » (comme dit W. V. SILVERBERG en 1948). On
sait que Daniel LAGACHE a décrit une *interprétation de
confrontation* qui consiste en fait à montrer au Moi critique
et réaliste, le Moi expérientiel dans ses conduites effectives
dont le sens fonctionnel a été dévoilé [20].

Il suffit d'aller jusqu'au bout de ces maigres allusions
pour retrouver le phénomène de la conscience et de la
réflexion. « La conscience est une tâche », écrit RICŒUR [21],
« et elle est une tâche parce qu'elle n'est pas une donnée ».
La prise de conscience est une réappropriation de notre
effort pour exister; « son but est de saisir l'ego dans son désir
pour être ». Car il nous paraît évident qu'il y a, dans l'ego,
un désir d'être qui n'a rien à voir avec la satisfaction des
pulsions du Ça ou des besoins sexuels — infantiles ou
adultes —, rien à voir avec le souci de la réalité comme
ensemble des possibles satisfacteurs,... mais qui est une
aspiration à se libérer. Cette dimension de l'ego, soulignée
par HUSSERL et par HEIDEGGER, échappe complètement à
l'« appareil psychique » de FREUD parce que les observations

---

[19] Richard STRACHEY, The fate of the Ego, in Analytic Theory, in
Int. J. Psychoanalysis, XV, 1934, pp. 127-159.

[20] D. LAGACHE, Rapport..., *Revue française de psychanalyse, op. cit.*,
p. 111. L'auteur ajoute d'ailleurs (p. 91 note), ce qui rejoint nos conclusions sur la prise de conscience, que « le sens est un être à la fois *abstrait*,
en tant que la compréhension l'extrait des données de la conduite et de
l'expression, et *concret* en tant qu'il s'agit d'une réalité immanente à la
conduite et inséparable de sa matérialité.

[21] *De l'interprétation*, p. 51.

de ses malades ne lui donnaient que l'image d'un Moi qui a peur d'être. « Des expressions comme *conscient*, *peu conscient*, *demi-conscient* et finalement *inconscient*, concernent simplement les différences modales de l'*être-à-côté-de-soi* par rapport à l'*être-avec-soi*, et la forme la plus inconsciente est la forme *corporelle* au sens de corporéité *(Leib)* et non au sens anatomo-physiologique *(Körper)*, forme cachée de notre ipséité » [22]... La prise de conscience est donc déjà un accroissement d'être, un pas vers un au-delà du Moi actuel, vers un Soi qui reste à faire. Il y a, comme dit BINSWANGER, un *supplément d'être* dans la prise de conscience. Une nouvelle conscience est substituée à la fausse conscience, ce qui se traduit davantage en accroissement de puissance qu'en extension du champ.

« La conscience de soi, comme le dit Kurt GOLSDTEIN, est la possibilité donnée à l'homme de s'élever au-dessus de sa situation présente et réelle pour vivre dans le domaine du possible. Sur elle repose la possibilité de créer un langage et des symboles... elle est le fondement de la liberté psychologique » [23].

Parmi les puissances de la conscience où le Moi se reprend à être, notons d'abord la puissance d'arrêt, connue depuis DESCARTES, suspension de l'acte commencé, « nolonté » qui fait essentiellement partie de la *réflexion*. A cela j'ajouterai un phénomène banal mais rarement décrit, qui est la dissolution du comportement machinal. Tout un chacun a remarqué que la concentration de l'attention réfléchie sur

---

[22] L. BINSWANGER, *Über Psychotherapie...* article cité (non traduit), p. 49. BINSWANGER fait allusion, par l'inconscient à forme corporelle *(Leib)*, aux troubles psychosomatiques et hystériques.
[23] Cité par Rollo MAY, Les fondements existentiels de la psychothérapie, in *Psychologie existentielle*, ouvrage collectif, *op. cit.*, p. 82.

un automatisme, ne serait-ce que pour le refaire mieux, provoque sa perturbation. C'est lorsqu'on cherche intentionnellement un nom qu'il échappe, lorsqu'on veut s'assurer d'une orthographe qu'elle se brouille, lorsqu'on veut faire la démonstration d'un mouvement de gymnastique qu'on le rate alors qu'on le fait parfaitement sans y penser [24].

L'initiative du comportement (en cherchant éventuellement des supports idéaux, imaginaires ou réels) est aussi une fonction du Moi. *La décision* comporte toujours un élément d'indétermination, un risque à prendre, un mouvement dans une direction inconnue, ou en tout cas qu'on ne prévoit complètement. Quelles que soient par exemple les déterminations du caractère et les données du problème, le Moi se trouve toujours, comme le disait Pierre MESNARD, devant le choix d'un comportement qui, finalement, lui incombe et le qualifie.

Dans des cas-limites de mort imminente chez des malades, on sait qu'un changement moral peut survenir par reprise de l'espérance et que *la volonté de guérir* intervient parfois de manière spectaculaire pour retourner la situation médicale; de même le *refus de continuer à vivre* accélère le processus létal au niveau purement physique.

Le *courage*, si absent de l'anthropologie naturaliste et cependant (comme le disait BINSWANGER lors de sa conférence d'hommage à FREUD pour son 80e anniversaire) si évident chez l'homme FREUD, est le caractère fondamental du Moi fort; il est le correctif de l'angoisse existentielle de la liberté, angoisse qui détermine si promptement le Moi

---

[24] Une des techniques de déconditionnement des tics en *behavioral therapy*, la technique dite de la « pratique négative » (DUNLAP 1932, HULL 1943), consiste à obliger le malade à pratiquer avec attention et volontairement le tic dont on veut le débarrasser.

à se restreindre à ses sécurités, à se soumettre à la volonté d'autrui ou à se réfugier dans l'anonymat inauthentique du On. *Le courage d'être*, selon le beau titre de l'ouvrage de Paul TILLICH, nous paraît l'antithèse du Moi selon la métapsychologie freudienne, Moi, dont STRACHEY disait « il est si faible, tellement à la merci du Ça et du Surmoi, qu'il ne peut s'expliquer avec la réalité que si elle lui est administrée à toutes petites doses » [25].

Capable de se comprendre et, se comprenant, de s'unifier [26], le Moi, retrouvant la volonté qui est l'unité de la personnalité, redécouvre alors son être comme liberté et dépassement. Mais mieux que d'affirmer l'infini potentiel du Moi, nous pouvons montrer comment il se dévoile dans le processus de la guérison.

---

[25] Cité par D. LAGACHE, Rapport..., *op. cit.*, p. 42.
[26] Dans l'*Homme aux rats* (trad. fr., *Cinq psychanalyses*, p. 260) FREUD fait allusion à la santé de son client comme unité retrouvée des trois personnalités qu'il avait découvertes en lui.

LE PROCESSUS DE LA GUÉRISON

> « *L'homme s'imaginait tourner dans le cercle, et il éprouvait des consolations faciles, sa vie était apparemment réglée, il renouvelait même l'évidence et regagnait le paradis, il ne se sentait pas engagé dans une marche soutenue. Il le découvre... est-ce merveille qu'il en tremble? Le voilà désormais adulte et pourvu des moyens que son enfance attribuait aux Dieux. Que fera-t-il de ces moyens? Les traditions qu'il emporte ne le servent pas, il est sommé d'en créer de nouvelles, il n'ose se les donner.* »
>
> Albert CARACAO, *Huit essais sur le mal*, pp. 105-106.

Au début de la psychothérapie, le Moi, faible mais existant [1], est contraint, assiégé par des automatismes qu'il ne connaît pas. Sa peur est d'abord une peur métaphysique de ne pas être; il faut en déduire que l'appel à l'aide, le souci « d'en sortir », sont expressifs du *désir d'être*. On insiste toujours sur le répétitif dans la névrose, sur le refuge du Moi dans la maladie pour échapper à un réel insurmontable, et c'est vrai; mais il y a aussi le désir d'être qui malgré ses moyens de défense (ou à cause de sa condamnation à la

---

[1] Ceci rejoint les indications de cette cure (cf. ci-dessus, p. 192) qui ne peut s'entreprendre sans qu'il y ait appel à l'aide de la part du malade, possibilité de relation et de réflexion efficace.

défensive) éprouve ses limitations actuelles comme angoisse d'anéantissement.

Le Dr H. EY décrit à sa manière cette constriction anxiogène du Moi par la systématisation progressive de l'inconscient structural. Il dit[2] : « C'est que l'inconscient est construit sur le modèle d'une machine, d'un automate soumis aux lois de la répétition comme si ses structures fonctionnelles... s'opposaient aux créations des systèmes libres et ouverts caractéristiques de la construction du Moi... Ainsi l'inconscient est bien contenu dans l'organisation de l'être comme le non-être qui figure contre son autonomie, comme son automation. Cette machinerie de signifiants, ces choses qui ne sont que dans leur contresens comme des mots échappés au vocabulaire et à la syntaxe d'un discours impossible, comme des paroles « gelées »,... toute cette mécanique est bien celle d'une machine. C'est-à-dire que, sous l'organisation créatrice de l'être conscient, elle ne cesse de s'articuler et de se construire elle-même comme l'homunculus de l'Homme ».

Charles BAUDOUIN désignait aussi par « l'automate » l'ensemble des conduites répétitives qui réduisent à presque rien le Moi authentique (que BAUDOUIN appelle d'ailleurs le Soi, à la manière de JUNG).

Précisément la prise de conscience des catégories, thèmes, scénarios ou axiomes qui déterminent des segments de conduites ou des pans entiers d'existence s'accompagne d'un sentiment bizarre : le sujet s'y reconnaît mais s'en irrite, précisément parce qu'il s'éprouve profondément comme « autre chose », je veux dire comme autre que cette automatisation.

---

[2] Dr Henri EY, *La conscience*, *op. cit.*, p. 420.

I. LA NÉGATION

Lorsque les méthodes que nous avons décrites sont appliquées dans une relation elle-même décrite, et avec des malades pour lesquels cette psychothérapie est indiquée, les premiers résultats thérapeutiques sont ce que j'appellerai *la redéfinition des concepts*. Ce phénomène a été toujours connu dans toutes les formes de psychothérapie, même s'il n'est pas ce qu'il est en psychothérapie phénoméno-structurale, pris comme objectif premier et central du travail intérieur du malade sur lui-même. C'est lui qui est l'essentiel de la *confrontation au réel*, seule opération qui ait été expérimentalement confirmée comme effet des « interprétations » en psychanalyse [3].

La redéfinition des concepts n'est pas l'œuvre du thérapeute. Celui-ci, on l'a vu, par ses interventions méthodiques *reformule* tant qu'il s'agit de comprendre le contexte singulier, et *formule*, dès qu'il le peut, les catégories, thèmes, attitudes, scénarios ou axiomes qui structurent la manière-d'être-au-monde du malade dont il s'occupe. Le psychothérapeute aboutit par là à une prise de conscience, qui est *à la fois la sienne* (il prend conscience effectivement d'un rapport structural de l'Univers singulier qu'il s'efforce de pénétrer) *et celle du malade* sur les présupposés du monde vécu qui est le sien,... mais cette prise de conscience a un effet très spécial sur le malade. On peut schématiser en parlant d'un effet double : 1) découverte par le malade du sens d'un ensemble ou d'un sous-ensemble de son Univers existentiel, comme nous l'avons noté au paragraphe dernier

---

[3] Ceci correspond à ce que Gilberte AIGRISSE appelle, après BAUDOUIN, le « retrait de projection ».

du précédent chapitre; 2) découverte de l'absurdité de la structure qui dominait ainsi les significations de sa vie et de sa conduite.

Prenons un cas cité par Roger DUFOUR [4], cas qui est tout à fait conforme à tous les autres exemples possibles :

La malade, âgée de 25 ans, incapable de prendre son autonomie professionnelle et sociale, très dépendante de sa mère qui la maintient dans un statut de malade, refusant sa féminité, ayant une angoisse de la mort et des préoccupations constantes de santé,... prend conscience, dit l'auteur, du principe existentiel suivant : « *ma mère est la source unique de ma vie* ».

La prise de conscience de cet axiome fondamental de l'Univers vécu a des effets immédiats remarquables sur le sens d'un grand nombre de conduites actuelles. En effet : d'abord la dépendance absolue à l'égard de la mère (perçue au niveau non conscient comme source de vie), puis le refus de prendre les décisions professionnelles ou autres, puisqu'elles sont vécues comme des projets d'éloignement de la source de vie, donc comme des pas vers la mort (quitter la mère ou mourir sont des synonymes pour la malade), enfin tous les comportements de préoccupation de santé, de malaises physiques... sont autant de conduites d'évitement de l'indépendance et renforcent le lien avec la source de vie. La peur de quitter la mère est le sens de l'angoisse de la mort personnelle. S'organiser, s'accepter comme femme, c'est s'éloigner de la mère, d'où le refus de sa féminité chez la patiente.

Le scénario, ajouterons-nous, s'éclaire : se sentir malade, avoir des soucis de santé, est une conduite par laquelle la malade, tout en se donnant des raisons de rester près de sa mère pour être soignée et pour éviter de s'en éloigner, déclenche chez la mère un comportement surprotecteur-anxieux qui satisfait la malade en un

[4] In *Études psychothérapiques*, cahiers du Giredd, n° 3, mars 1971, pp. 35 et suiv.

sens (bénéfice de la maladie) mais qui par ailleurs accentue sa propre angoisse et aussi l'agace parce que la mère devient opprimante et la traite en enfant. La jeune fille se reproche cet agacement perçu comme désir d'échapper, désir qui renforce l'angoisse de mort puisque partir c'est mourir. La peur de la mort ne peut qu'augmenter avec le temps, dans la logique de ce système.

Une partie importante du vécu se clarifie donc. L'inconscient structural qui thématise ce sous-ensemble existentiel apparaît avec sa formidable rigueur de détermination des conduites. Passé le délai de compréhension intérieure des ramifications multiples de son axiome, la jeune fille s'aperçoit que *le système est logique, mais absurde*. Le « lien-à-la-mère-comme-source-unique-de-vie » incarné au point que « toute mise à distance signifie la mort » et donc que « toute existence professionnelle est interdite sous peine de mort » ne peut pas résister longtemps à la critique réflexive, et apparaît peu après comme un mythe ou un fantasme.

En règle générale, un des aspects qui provoquent la *remise en ordre* (qui signifie le retrait de la croyance, la dissolution de l'indubitabilité vécue de l'axiome jusque-là) est donc la *conscience de l'absurdité du principe* ou la stupidité de la catégorie. Ainsi encore une patiente, célibataire de 40 ans, venue par hasard le matin au lieu de l'après-midi (moment habituel de ses rendez-vous jusque-là) fait une crise d'angoisse qui l'inhibe pendant 20 minutes, sans que ni elle ni le psychothérapeute ne comprennent ce qui se passe. Invitée à *décrire ce qu'elle éprouve*, après le temps du paroxysme, la patiente explicite dans cette angoisse une tonalité de honte et de culpabilité, et finalement nous découvrons ensemble que ces sentiments sont liés... *au matin*. Le matin est pour elle défini comme « la partie de la journée où elle doit se consacrer aux travaux de la maison et surtout où elle doit éviter de prendre une satisfaction personnelle ». Une part importante de l'Univers vécu s'éclaire puisqu'on comprend : 1) que la psychothérapie est perçue comme « quelque chose qu'elle fait pour elle-même, quelque chose donc d'égoïste »; 2) que satisfaction personnelle et égoïsme comme vice moral, sont synonymes; 3) qu'elle a le droit de penser à elle seulement lorsque la totalité de ses devoirs est accomplie; 4) que, pour elle, « le matin » est consacré (au sens religieux) aux devoirs. A peine a-t-elle compris que le concept de « matin » a cette connotation que la patiente dit en souriant (fin de la crise d'angoisse) que « c'est bien l'idée la plus stupide qu'elle ait eue » et *elle s'étonne elle-même* « *d'avoir cru à ce point-là une chose aussi idiote* » [5].

La valeur du fantasme se dissout au choc de la réalité ou plus exactement la réalité du présent apparaît, elle qui était jusque-là obnubilée ou voilée par une pseudo-réalité, vécue non-mise en doute, imposée à la conscience à son insu. Une croyance s'effondre à l'examen, comme une ombre disparaît à la lumière.

Un autre aspect qui détermine la remise en ordre (ou la redéfinition des concepts) est l'aperception du fait que le système vécu aboutit à créer les situations que le sujet a justement le désir d'éviter. C'était typique dans le cas de R. cité ci-dessus [6]. Voici un autre exemple très simple :

---

[5] Ce jour-là je lui demandai (pour mon instruction personnelle, la catégorie étant relativement mineure) qu'est-ce qui lui faisait dire que cette croyance était stupide. Elle répondit « parce que ce n'est pas réel », posant *la réalité* comme ce à quoi elle confrontait son fantasme du « matin ». Ainsi le faux-concept apparaît comme mythe, fantasme ou mystification, par sa confrontation avec la réalité. Il s'agit de toute évidence de la réalité perçue au niveau réfléchi.

[6] Cf. pp. 161 et 256.

V. (homme de 34 ans, marié, profession libérale, réussissant parfaitement dans son métier qui lui assure une autorité socio-technique dans le tête-à-tête) découvre que son comportement en groupe (il participe à de nombreuses réunions de planning familial) est déterminé par l'axiome suivant : *Plus je parle, plus je risque de dire des bêtises et de me rendre ridicule, plus les autres — qui sont super-intelligents — vont s'apercevoir que je suis inintelligent.*

En conséquence de cet axiome, V. est inhibé, contracté, vigilant envers toute attitude d'autrui à son égard, et, lorsqu'on lui demande de donner son avis, parle difficilement d'une manière rapide et ultra concise. Résultat observé : personne ne comprend et les participants s'interrogent du regard.

V. s'aperçoit donc, en prenant conscience de son axiome, qu'il engendre la situation redoutée; ce qu'il appelle « nourrir son mal au lieu de s'en débarrasser ».

Si l'on réfléchit sur l'effet curatif de ce phénomène, on est amené à le décrire comme déterminant *l'entreprise de réorganisation perceptuelle de l'Univers.* Dans un article intéressant [7], G. HAIGH compare « l'apprentissage perceptuel » opéré par le sujet au cours de la psychothérapie, à l'apprentissage perceptuel impliqué dans les expériences de KILPATRICK avec la chambre distordue de AMES [8]. Cette « chambre distordue », comme on le sait, joue sur les illusions perceptives et les sujets la croient rectangulaire normale alors qu'elle est très truquée, avec un plancher trapézoïdal et non horizontal : par exemple, un « fond » de pièce très oblique à gauche et trapézoïdal, mais perçu

[7] G. HAIGH, Perceptual Learning in Psychotherapy, in *Bull. Menninger Clin.,* U.S.A., 1963, XXVII, n° 2, pp. 174-183.
[8] Cf. aussi R. MUCCHIELLI, *Introduction à la psychologie structurale,* pp. 126-127.

rectangulaire et droit par le truquage optique, des meubles et fenêtres en illusion de perspective, etc... L'ensemble est tel que, dans le coin loin gauche un homme apparaît tout petit (parce qu'il est en fait assez loin) et dans le coin loin droit, le même homme paraît très grand et touche le plafond de sa tête (parce qu'il est en fait très près et dans un angle où plancher et plafond sont à 1 m 70 l'un de l'autre). Lorsqu'on informe intellectuellement des truquages (avec plan et explications) le sujet d'expérience, sa perception reste la même et il a des comportements réjouissants quand on le met aux prises avec la chambre distordue, car *il agit en fait avec des hypothèses implicites que son savoir intellectuel n'ont pas entamées.* En prolongeant les expériences, il arrive à un point critique au-delà duquel sa perception se modifie vraiment et où le comportement devient congruent par rapport à la réalité.

Avant le traitement, dit HAIGH, le malade ne met pas en question ses orientations dans son environnement. Pour lui, les choses arrivent sans que sa participation intervienne; il est le récepteur passif et malheureux d'événements qui sont déterminés sans lui. Il a un contrôle très restreint sur sa destinée. Ses *a priori* sont considérés par lui comme évidents (indubitables). Les contradictions que lui inflige le réel sont méconnues ou activement transformées pour coïncider avec les *a priori* et devenir cohérentes par rapport au cadre de référence implicite, ou purement et simplement niées. Le pattern perceptuel régnant *(regnant pattern of perceiving)* est exclu de la conscience, c'est-à-dire que le cadre de référence accepté n'est pas reconnu.

Dans la psychothérapie, par la formulation des catégories et axiomes, *le cadre de référence devient explicite,* le pattern perceptuel régnant est amené à la conscience. *Cet examen*

des hypothèses suffit à leur faire perdre leur qualité d'absolu,
et elles apparaissent dès lors dans un contexte d'alternatives.
Autrement dit les hypothèses inverses deviennent du même
coup possibles.

Il arrive un moment où la perception des alternatives
entre en conflit avec la certitude de l'absolu de l' a priori
premier (ce que KILPATRICK appelle le balancement entre
la perception *cognitive* et la perception *modale* ou vécue).
Au-delà, la perception modale évolue en direction de la
perception cognitive. C'est ce qui est appelé par les auteurs
américains *formative learning*.

Résumons sur notre propos en disant que la prise de
conscience du cadre implicite de référence et de l'inconscient
structural, fait fondre l'absolu, que seul l'implicite proté-
geait. D'autres comportements paraissent possibles, leur
essai n'est plus bloqué a priori, une nouvelle perception
modale se développe, médiatisée par la réflexion. Du même
coup une « nouvelle conscience » émerge qui comporte deux
aspects essentiels : la perception du présent comme tel
(et ce phénomène capital ouvre la voie à des conceptualisa-
tions nouvelles ajustées) qui implique une intégration de la
Temporalité, et le sentiment de la responsabilité personnelle dans ce qui peut advenir.

Il nous faut parler maintenant d'un phénomène essentiel
qui, à mon avis, représente un repère pour le psychothérapeute dans l'évaluation du parcours (sans parler d'un sens
ontologique sur lequel nous reviendrons) : *la révolte du sujet*
contre lui-même. Elle a été remarquée même par certains
psychanalystes qui, tel W. REICH, veulent la provoquer ou
l'intensifier par la raillerie (ce qui malheureusement a pour
plus sûr effet de déclencher une agressivité — vue comme
« transfert négatif » — contre le thérapeute).

Le mouvement dont il est question ici suit la découverte de la mystification, la conscience d'avoir été ou d'être le jouet d'une catégorie absurde, d'un axiome stupide ou d'un fantasme auquel on a accordé si longtemps une valeur absolue. Évoquant ce moment (qu'il place à mon avis trop loin sur le chemin de la cure), J. DURAND-DASSIER [9] l'appelle « la colère réflexive » et il dit : « la colère réflexive a de bonnes raisons d'être, face au fantastique temps perdu depuis l'enfance. La subite vision d'avoir gâché sa vie pendant tant d'années par ignorance des comportements adultes déclenche ce type de colère de façon très violente ».

Cette phase qui se présente après toute formulation réussie d'une catégorie ou d'un axiome ayant une étendue ou une portée dans la thématisation de l'Univers vécu, n'a pas toujours pour expression la colère. Souvent une peine s'y mêle et parfois une honte. C'est pourquoi le thérapeute se gardera de la faire remarquer et laissera se développer la révolte sans intervenir. En effet elle est le signe de la reprise de l'initiative-responsabilité, de la volonté d'une reprise en mains de l'existence personnelle, ce qui est extrêmement *positif.*

Nous sommes là devant une activité caractéristique de la conscience : *la négation.*

Dans un article intitulé *Die Verneinung* [10], FREUD parle de la négation; il reconnaît qu'*elle définit la conscience* [11], conjointement avec la Temporalité, la possibilité de dominer le comportement et le « principe de réalité », mais pour lui la première manifestation de la négation comme

---

[9] *Op. cit.,* p. 135.
[10] Trad. fr., in *Revue française de psychanalyse,* 1934, n° 2, pp. 174-177.
[11] Il n'y a pas de négation dans l'inconscient selon FREUD, ni Temps ni fonction du réel.

activité de la conscience, c'est le refus de prendre conscience du refoulé. FREUD, prisonnier de son système, voit dans la négation l'équivalent intellectuel du mécanisme de refoulement; il insiste sur la négation comme défense contre l'interprétation du psychanalyste, celle-ci se donnant naturellement pour formulation claire du refoulé et présentation au malade de ce refoulé. Scotomisant la médiation, FREUD parle donc de défense contre le retour du refoulé à la conscience. Par là il fait admettre implicitement la vérité de toute interprétation et glisse en outre subtilement, comme le remarque RICŒUR [12] *de la négation à la dénégation,* avec le risque considérable que cette confusion fait courir à tout psychanalyste amateur, celui de prendre pour vérité de l'inconscient l'interprétation qui déclenche la dénégation, la « vérité » étant d'autant plus « profonde » que la dénégation est plus forte [13].

Restons au niveau de la réalité telle qu'elle apparaît : dans la dénégation, le malade exprime qu'il ne se reconnaît pas, et le psychothérapeute d'orientation analytique existentielle y verra la preuve qu'il a proposé une interprétation et non une compréhension [14], elle sera donc pour lui le signal d'une fausse route dans son effort de pénétration de l'Univers vécu de son patient [15]. La négation que nous remarquons après la « redéfinition des concepts » est radicalement autre chose : elle ne s'exerce ni à l'encontre des formulations du thérapeute ni à l'égard de la prise de

[12] RICŒUR, *De l'interprétation, op. cit.,* p. 308.
[13] Absurdité qui ouvre une voie *sans limite* aux interprétations les plus délirantes. Avec ce système on peut dire (et on ne s'en prive pas) n'importe quoi, puisque la seule preuve est la dénégation elle-même.
[14] Cf. ci-dessus, p. 146.
[15] En veillant à rectifier, il évitera beaucoup d'inductions « transférentielles négatives ».

conscience. Elle est libératrice dans la mesure même où elle est désir de changement, rejet de l'absurdité d'une existence sans être, réduite à la répétition des thèmes déréalistes.

La colère réflexive montre aussi que tout en voyant clairement *la vérité* de ce qui se passe pour lui, de la contexture organisée de son Univers vécu, le patient éprouve *l'erreur de cette vérité-là* et veut sa vérité dans une autre manière d'être. C'est nécessairement au nom de la vérité de son être qu'il se révolte contre la réalité de l'automatisme. En cherchant sa vérité ou la vérité de son discours, le malade la découvre comme une croyance erronée dont il veut se libérer.

Ceci me semble d'autant plus important que certains psychanalystes modernes, à la suite d'indications freudiennes, font des forces de l'inconscient la seule vérité du malade, et considèrent la santé comme « l'assouvissement des pulsions refoulées ». Cette conception — qui pratiquement aboutit à une aggravation de la maladie — se trouverait renforcée par une position-clé de la psychothérapie de ROGERS (si on la prend à la lettre) *selon laquelle le client doit avant tout apprendre à s'accepter*. Pour voir clair sur ce point, crucial du point de vue des objectifs de la psychothérapie, voyons ce que dit effectivement ROGERS. Dans un raccourci remarquable du *processus de changement personnel* [16], ROGERS distingue en gros sept stades :

> STADE I. Refus de communiquer sinon sur des sujets extérieurs. Les sentiments personnels ne sont ni perçus ni reconnus comme tels. *Les schématisations personnelles* (*personal constructs* de KELLY) *sont extrêmement rigides.* Il n'y a aucun désir de changement. Les schèmes dont le

---

[16] Dans *Le développement de la personne*, trad. fr., pp. 94 et suiv.

malade se sert pour construire son expérience ne sont pas affectés par les événements du présent. *Dans sa manière actuelle de vivre, le malade est tributaire de ses schèmes.* Les problèmes qu'il reconnaît sont extérieurs à sa personne.

STADE 2. (Le sujet a éprouvé qu'il était inconditionnellement accepté par le thérapeute). Mêmes dispositions. L'expression concernant les autres devient moins superficielle. Les autres ont des sentiments qui leur sont propres.

STADE 3. Le client parle de son Moi comme d'un objet (qu'il *a*) et dont les autres lui renvoient l'image. Il parle beaucoup de sentiments et d'intentions *non actuels*. Les sentiments sont vécus comme honteux, anormaux, inacceptables. *Les schèmes personnels sont toujours rigides mais maintenant perçus comme personnels*[17]. Les choix personnels sont reconnus comme inefficaces.

STADE 4. Les sentiments sont encore décrits comme des objets (comme un Avoir) mais dans le présent. Les sentiments éprouvés dans le *hic et nunc* sont assortis de méfiance et de peur. L'expérience (présente) surgit avec un certain retard, après sa détermination par la structure du passé. *Des schèmes sont reconnus, et on entrevoit un doute sur leur validité*[18]. La mise en cause d'un schème de base provoque un bouleversement affectif. *Le client se rend compte des dissonances et des contradictions entre son moi jusqu'ici et ses possibilités réelles.* Il prend le risque d'une relation affective

---

[17] A cette occasion, ROGERS (*op. cit.*, p. 97) donne un excellent exemple de catégorie personnelle. Le client dit : « Chaque fois qu'il s'agit d'affection, pour moi cela représente une soumission. Et c'est ce que je déteste ; mais on dirait que j'identifie les deux : si quelqu'un me manifeste de l'affection, cela signifie que je dois accéder à toutes ses demandes. »

[18] Nous voici au moment de la négation dont je parlais. ROGERS donne l'exemple suivant : le client dit : « Ça m'amuse. Pourquoi ? Oh parce que c'est un peu stupide de ma part... L'ironie m'a servi de défense toute ma vie ; c'est un peu idiot quand on veut se voir objectivement... Un rideau qu'on tire... »

avec le thérapeute, quoique cela lui paraisse encore dangereux.

STADE 5. Expression ouverte des sentiments actuels envers le thérapeute. Prise de conscience claire de sentiments éprouvés. Le client revendique ses sentiments, désire les vivre, être son vrai moi. *Il s'accepte*. Il formule lui-même des schèmes personnels centraux [19]. Il accepte sa responsabilité. Le dialogue avec soi-même est de plus en plus libre. Il accepte de regarder en face ses propres contradictions. L'expérience actuelle commence à être utilisée (ce stade est déterminant, dit ROGERS).

STADE 6. « En supposant que le client continue d'être pleinement accepté dans la relation thérapeutique, écrit ROGERS, le 5ᵉ stade est souvent suivi d'une phase distincte parfois dramatique »... Le moi adhère enfin à ses sentiments, il *est* ses sentiments. Cela a pour expression une détente physiologique complète, une relaxation musculaire nouvelle, une acceptation des larmes, par exemple. L'organisme « fonctionne » mieux.

C'est à ce stade que l'expérience immédiate (de soi et de la réalité) complètement acceptée devient une référence constante à laquelle le sujet se fie pour comprendre ce qui est et ce qu'il fait [20]. Il reconnaît et accepte ses sentiments dès qu'il les éprouve, de même qu'il comprend l'expérience du présent lorsqu'elle s'offre. Il peut faire face à ses expériences avec efficacité.

Ce stade, une fois atteint, est irréversible.

STADE 7. A ce stade l'acceptation inconditionnelle n'a plus d'effet thérapeutique parce que le stade précédent est irréversible. Le patient aménage son expérience de

---

[19] Exemple remarquable p. 102. Le client dit : « Ce besoin de plaire, de *devoir* chercher à plaire, c'est vraiment *le postulat de base de ma vie* (il pleure). Voyez-vous, c'est une sorte d'*axiome indiscutable* : il *faut* que je plaise, je n'ai pas le choix, je *dois* plaire. »

[20] ROGERS, après GENDLIN, appelle cela la réintégration de la fonction significative de l'expérience immédiate envisagée comme critère de référence. Le sujet bâtit une extension de ses conceptions sur cette base.

façon continuellement changeante et ses schèmes personnels se modifient sous l'effet des événements successifs de sa vie quotidienne. La nature de son expérience vécue est celle d'un processus [21].

Il nous paraît clair que l'acceptation de soi, chez ROGERS, malgré l'intense valorisation de ce concept par l'homme ROGERS, est une acceptation du Moi profond, du mouvement vital, de la durée créatrice au sens de BERGSON plutôt que l'acceptation des buts thématisés et stéréotypés qui caractérisait l'existence pathologique. Quand, au stade 4, le client met en cause un schème déterminant (une structure inconsciente organisatrice de sa conduite), il refuse ce Moi au nom d'un autre, qu'il sent « plein de possibilités réelles et nouvelles ». En devenant lui-même « un processus », au stade 7, il n'est plus un Moi prédéterminé. La psychothérapie rogérienne, quoiqu'elle ne mette pas en valeur la négation comme acte du Je (ni d'ailleurs l'angoisse existentielle comme découverte de la liberté), n'aboutit pas à une auto-autorisation d'accomplir les pulsions. Par là les thérapeutes qui, arrêtant la prise de conscience au stade de la reconnaissance des schématisations de la conduite, suggèrent ce qu'ils croient être le défoulement par l'*acting out*, aggravent la maladie. Un exemple de ROGERS inciterait à cette suggestion. Il écrit [22] : « Le client qui a toujours cru qu'il *devait* plaire aux gens se demande (au stade 7) avec incrédulité : Vous voulez dire que si je pouvais être réellement ce que j'ai *envie* d'être, tout irait bien ? » Mais il s'agit justement d'une « envie » contraire à l'exigence antérieure qui déterminait la conduite

---

[21] ROGERS oppose *processus* (mouvement, développement vivant) à *schèmes rigides* qui emprisonnaient et stérilisaient le présent dans la maladie.

[22] *Op. cit.*, p. 113.

(« plaire à tout prix, ne pas être spontané »). A propos du meurtre des parents (autre « pulsion » chère aux psychanalystes et dont l'assouvissement est considéré comme libérateur par MARCUSE avec en outre l'extension recommandée à toute la société), ROGERS donne l'exemple suivant [23] :

> Un client décrit la manière dont un schème s'est modifié entre les entretiens, vers la fin de cure :
> « Je ne sais pas ce qui a changé, mais je me sens absolument différent en ce qui concerne mes souvenirs d'enfance ; une partie de mon hostilité à l'égard de mon père et de ma mère a disparu. J'ai substitué au ressentiment contre eux la constatation résignée des torts qu'ils ont eus envers moi. Mais surtout je lui ai substitué une sorte de joie intensive à l'idée que — maintenant que j'ai découvert ce qui n'allait pas — *je puis moi-même changer quelque chose à cela en corrigeant leurs erreurs* ».

Le *je* qui émerge dès la première négation d'un schème de l'inconscient structural, dès la première « redéfinition d'un concept » lorsque les connotations antérieures absolues et aberrantes apparaissent à la réflexion critique,... ce *je* est une liberté ; il marque, par l'intégration nouvelle du réel, la découverte de la Temporalité dans le Présent (enfin perçu autrement qu'en termes de passé répétitif), l'assomption du Temps (le passé existe au passé), le retour de l'historicité (*je* suis responsable de ma vie).

Peut-être — sur un plan anthropologique — peut-on soutenir que la négation comme acte spécifique de la conscience s'effectuait déjà dans le phénomène que FREUD a nommé refoulement, mais qu'elle s'exerçait pathologiquement dans la négation de la réalité ou dans la négation du

[23] *Op. cit.*, p. 112.

Moi au nom d'une idée du Moi. Au cours de la psychothérapie la négation des schèmes a priori (qui s'exprime dans la mise en doute des structures thématisant l'Univers et le fermant) se fonde sur la reconnaissance de ces a priori (y compris l'idée implicite du Moi) et déclenche la libération d'un Je qui n'est ni le Moi de l'Univers thématisé ni l'idée du Moi (ou l'idéal du Moi) qui d'une manière ou d'une autre en faisaient aussi partie.

II. L'ANGOISSE EXISTENTIELLE

Un second repère important pour le thérapeute dans son attention à l'itinéraire du malade vers sa guérison est l'apparition de l'angoisse existentielle. Ce phénomène nous paraît représenter un tournant essentiel car il se traduit par une *résistance à la guérison* et peut provoquer l'arrêt volontaire de la cure par le malade.

La redéfinition des concepts et des axiomes ainsi que la reconnaissance de l'enchaînement des perceptions et des réactions prisonnières des thèmes, amènent rapidement un soulagement chez le malade. Sur des parties de plus en plus importantes de son espace de vie, il retrouve le présent et devient capable de *conceptualiser le présent* [24]. Le lot de

[24] Soit dit au passage ici, nous sommes alors à *une autre source du langage*, puisque le langage est le phénomène de référence pour la plupart des psychologues et psychothérapeutes d'aujourd'hui. Le langage n'est plus, à ce moment de la cure, « la spontanéité énigmatique d'une parole qui surgit tel un envoyé des ténèbres » (comme dit P. EMMANUEL dans *Le goût de l'Un*, p. 79), langage spontané qui correspond au stade du récit ou mieux du chant personnel exprimant quelque chose de vécu non-compris. Il devient ici le vrai sens anthropologique du langage humain qui est l'*acte* de reconnaître, de nommer, de définir, de saisir l'essence d'un réel, et cela pour l'autre ou avec l'autre, acte spirituel qui est très différent de ce qu'on veut faire aujourd'hui du langage.

concepts nouveaux entre en conflit avec les catégories de l'inconscient structural et dissout la thématisation antérieure sur certains axes du champ.

Mais à un moment de cette progression, le cadre de références antérieur auquel le Moi s'identifiait jusque-là se met sérieusement à branler, au stade même où le sujet se découvre, dans la négation, comme un Je, libre d'attribuer d'autres significations à sa vie, sans savoir lesquelles.

C'est au cours de cette phase qu'apparaît l'angoisse existentielle, décrite dans l'anthropologie phénoménologique comme angoisse de la Liberté ontologique du *Dasein*.

Pour être clair, je dois d'abord distinguer cette angoisse de l'angoisse morbide, ce qui m'amènera à retrouver les considérations pratiques, puis évoquer les analyses de la résistance à la guérison chez FREUD et ADLER.

1. *Angoisse existentielle et angoisse morbide*

Un sentiment étreignant d'angoisse teinte plus ou moins intensément tout l'Univers névrotique soit en raison de la thématisation même (thème de condamnation, thème de culpabilité, thème de peur de sa propre agressivité, etc...), soit (et ceci n'exclut pas cela) par la restriction étouffante du Moi envahi et parasité par des structures déterminantes, contre lesquelles il est aussi impuissant qu'il est non conscient de leur sens [25]. Cette angoisse est la maladie.

---

[25] J'ai montré ailleurs (*Introduction à la psychologie structurale*, p. 218) que certains névrosés développent un « désir de mort » comme expiation absolue d'une culpabilité fantasmique, de même que certains états dépressifs se traduisent par le désir de mort comme conclusion des sentiments d'indignité. Il se pourrait que l'invention freudienne de « l'instinct de mort » ait été en partie imaginée par lui à partir de ces observations. On sait par ailleurs que la guerre de 14-18 est aussi responsable de cette innovation du système freudien, cf. ci-dessus, p. 19 note.

L'angoisse existentielle en est radicalement différente par sa signification : placé devant sa responsabilité, devant un Avenir à-faire, démuni, par la psychothérapie, de sa table antérieure de valeurs qui lui servait de référence, placé devant la Réalité que tout son système défensif lui servait à éviter, le sujet est saisi d'une peur très particulière et il le dit. Il la décrit comme l'incertitude absolue, la ruine des repères, l'égarement.

D'importantes dispositions doivent être prévues par le psychothérapeute pour éviter que cette angoisse existentielle aboutisse à une hostilité à son égard, à un arrêt de la cure, à une aggravation générale par la fuite accélérée vers la névrose antérieure, à un état dépressif. Ces dispositions se distribuent de la façon suivante :

a) Éviter d'aller trop vite dans la formulation des catégories et axiomes et surtout de ceux qui semblent avoir une valeur centrale (principes de base de tout l'Univers vécu). Nous retrouvons là une recommandation déjà faite [16]. La psychothérapie phénoméno-structurale risque d'être *trop rapide*. Il faut savoir passer des séances *sans insight* lorsque des séances antérieures ont été marquées par une prise de conscience troublante.

Si l'on va trop vite (cédant à l'impatience du malade ou à la relative transparence de son Univers), on cumulera chez le malade les deux angoisses, ce qui est un état très dangereux.

b) Assurer avant tout la relation positive de confiance par l'authenticité de l'attitude de compréhension. Clarifier la situation interpersonnelle ici et maintenant à la moindre allusion de la part du patient [17]. Si la relation n'est pas

[16] Cf. ci-dessus, p. 197.
[17] Ce qui ne veut pas dire qu'il faille toujours systématiquement se mettre en avant et se croire impliqué par ce que dit le malade.

une relation exemplaire de personne à personne, la phase d'angoisse existentielle ne se passera pas bien.

c) Prendre pour objet d'analyse phénoméno-structurale *l'image de la guérison* dès qu'une allusion de la part du malade en donnera l'occasion. Inversement s'étendre assez complaisamment sur les expériences positives obtenues déjà par le malade après redéfinition de ses concepts, et lui faire raconter ce qu'il fait maintenant, comment il le fait et avec quelles sensations nouvelles de détente, d'énergie disponible et de joie.

d) Au moment où les premiers signes de l'angoisse existentielle apparaissent, ne pas craindre de *rassurer* le malade, de se montrer soi-même parfaitement confiant dans l'avenir, d'affermir le sentiment de coopération, c'est-à-dire de co-présence dans l'aventure (le malade n'est plus seul).

Il faut comprendre l'insécurité formidable du Je lorsque, habitué à se définir et à se saisir comme Moi individualisé, par son identification à ses opinions, à ses idées, à ses valeurs, il se trouve privé de cette objectivation naturelle et perd ses adhésions antérieures. Si l'ensemble de la névrose peut être considéré comme la construction d'une inauthenticité sécurisante (et par là défensive), la conversion trop brutale fait surgir l'insécurité. L'avènement de la conscience, exigeant l'assomption de son Soi historique, répond à un désir profond d'être, désir qui a motivé l'appel à l'aide du malade, mais au moment d'être-soi, une peur commence qu'il faut reconnaître et apaiser.

L'analyse des images de la guérison intervient, comme je l'ai dit, comme prévention de l'accès d'angoisse, d'autant plus qu'elles sont offertes parfois assez tôt dans la psychothérapie. Elles permettent souvent un approfondissement de la compréhension de l'Univers morbide.

A. (déjà citée, jeune fille de 25 ans) me dit à la 52ᵉ séance : J'éprouve des moments de détente maintenant, par exemple je n'ai plus honte de mon corps et je me suis mise sans drame intérieur, hier, en costume de bain. J'ai aussi pu parler avec des gens sans croire, comme avant, que j'étais « un sexe ambulant ». Du coup les mouvements de mon corps deviennent étrangement libres. (Brusquement son excitation tombe et elle reprend l'air atone et triste)...

Mais je n'y crois pas, je sais que c'est par hasard ou par chance que cela s'est produit dans la semaine, et que je vais retomber dans ce que je suis...

(Le thérapeute). — Vous ne pouvez pas croire réellement que ce sont des signes positifs et définitifs de votre changement...

A. — Je me sens dissociée. Lorsque ces choses nouvelles m'arrivent, c'est comme un autre moi et je sens quelque chose qui résiste... C'est comme un élastique qui me ramène en arrière... C'est pourquoi je sais que cela ne va pas durer.

Th. — Guérir, c'est être dissociée, et quelque chose en vous résiste à cette dissociation.

A. — C'est vrai et c'est idiot, puisque c'est maintenant que je suis dissociée. (Elle réfléchit). Non, je dis simplement que je n'ai aucune chance de guérir...

Th. — Vous vous sentez condamnée à ne pas guérir ?

A. — (très émue). Guérir serait être libérée d'une condamnation très ancienne à ne pas vivre...

A. — Condamnation à mourir...

A. — Non pas... « A ne pas vivre »... à être un objet de rebut, une chose qu'on jette, qu'on abandonne parce qu'elle est mauvaise ou puante... (long silence). Je dois rester immobile et invisible pour vivre... Si je

me manifeste, si je m'exprime, je suis rejetée, ce qui
me donne une angoisse constante.

Th. — Ainsi guérir vous inquiète parce que c'est
risquer d'être rejetée. Vous devez « ne pas vivre » c'est-
à-dire ne pas vous manifester ni vous exprimer, ne pas
avoir de relation avec les autres, pour avoir le droit de
subsister.

Il est certain qu'il y a un *fantasme de la guérison* qui fait
encore partie de l'Univers névrotique lorsque la guérison
est envisagée comme possible, mais ce fantasme est nettement
différent de l'angoisse existentielle comme découverte de
l'historicité.

C. (femme de 38 ans, mariée) l'éprouve dans les
semaines qui suivent une séance où brusquement un de
ses axiomes de base s'est découvert, à savoir « Je dois
chercher à provoquer l'admiration morale et pour cela
faire face à tout avec une énergie exemplaire, au prix d'une
angoisse permanente du « pépin qui ne dépendrait pas
de moi », axiome qui fondait par ailleurs la sémantique
de la catégorie « être aimée c'est être admirée ». Elle a
compris du même coup toute la séquence des situations
qui aboutissaient à faire d'elle un tyran domestique et à
faire mépriser en fait son mari pour assurer sa propre
image aux yeux des autres. Une part importante de son
répertoire de conduites lui semble maintenant dérisoire
et inutilisable. Elle dit :

« Je ne sais pas si c'est ce que vous cherchiez, vous,
mais je suis maintenant beaucoup plus mal qu'au début
du traitement. Moi qui me sentais mieux, je suis reprise
par mes angoisses... pas exactement pour la même raison... mais ce sont les mêmes. J'ai un sommeil agité.
J'ai dû, toute la semaine prendre des tranquillisants,
qui m'ont permis de dormir un peu.

(Agressivement). C'est très joli n'est-ce pas? Mais maintenant que mes certitudes sont tombées en poussière, *je n'ai pas de conduite de remplacement.* Voilà le mot, je suis angoissée parce que désemparée. »

On comprend que si le thérapeute n'analyse pas immédiatement cet état d'esprit dans tous ses aspects tout en diffusant massivement la sécurité, la malade va régresser et trouver dans *un aménagement de sa névrose antérieure* un équilibre de refuge (avec atténuation des points sensibles dans les relations et abandon de quelques traits de personnalité) qui lui permettra de ne pas continuer la cure. Les améliorations apportées pourront même lui donner le sentiment d'être « stabilisée ». Seule une vague amertume de résignation trahira, à la longue, que l'équilibre construit est une accomodation du Moi, et non un épanouissement de la personne.

2. *La résistance à la guérison* a été remarquée par Freud. Dès *Le cas Dora,* il parle des « satisfactions que procure la maladie », de ses « bénéfices primaires et secondaires ». Le premier « bénéfice » de la névrose est que, au prix de symptômes certes pénibles, le malade évite un conflit encore plus pénible avec une des situations redoutées; c'est la fuite dans la maladie. D'autre part la position même de « malade » procure des avantages de sollicitude et de tendresse, d'indulgence et d'attentions. Le bénéfice secondaire, qui prend le symptôme pour une infirmité indépassable, consisterait à jouer à la « jambe de bois » comme dit Éric Berne.

Le fait que le symptôme « procure aux malades certaines satisfactions les incite à se défendre contre la guérison » [28]. Dans un autre ouvrage [29], Freud trouve une autre motiva-

---

[28] Freud, *Cinq psychanalyses, op. cit.,* p. 218.
[29] Freud, *Le Moi et le Ça,* chapitre V.

tion de la résistance à la guérison : parlant du Surmoi dont il explique la dérivation par rapport aux imagos paternelles et dont il souligne la cruauté, il montre que la résistance à la guérison est une manière de se punir et qu'elle enveloppe par conséquent un sentiment inconscient de culpabilité !

Dans la plupart de ses ouvrages, ADLER, plus encore que FREUD a souligné la finalité de l'Univers névrotique, son organisation par rapport à un but. La névrose est un arrangement par lequel le sujet réalise son plan de vie. « C'est parce que le sujet a échoué dans la poursuite à découvert, de son plan, qu'il emprunte le chemin détourné de la névrose ». Tout le tableau de la névrose ainsi que tous ses symptômes apparaissent comme « influencés par un but final, voire comme des projections de ce but » [30]. « Si le sujet échoue en suivant la ligne principale, il emprunte les chemins de détour névrotique, l'explosion de la névrose ou de la psychose se produisant à la faveur d'un changement de forme de la fiction directrice » [31]. Quoique organisée de manière morbide et indirecte, la névrose réalise des buts vitaux, et à cause de cela résiste à sa dissolution, ce qui se traduit par la résistance à la guérison.

Il me semble qu'il y a lieu d'intégrer les observations de FREUD et d'ADLER sans pour autant perdre la compréhension de l'angoisse existentielle, qui ne se réduit pas à ce qu'ils disent de la résistance à la guérison. En effet il est certain que l'Univers névrotique est un système, et, comme tel porteur d'une résistance au changement en fonction de la loi de FESTINGER ; il est certain aussi que *la névrose est une adaptation*, une existence amputée et restreinte mais réali-

---

[30] ADLER, *Le tempérament nerveux*, p. 12.
[31] *Ibid.*, pp. 266-267.

sant en soi un équilibre chronique avec ses souffrances et ses bénéfices, ne serait-ce que l'évitement d'un réel angoissant. On sait que dans certains cas (homosexualité et névroses de caractère par exemple) le Moi ne souffre pas, accepte le système, s'y installe, et réalise alors l'adaptation chronique qui ne réclame aucune aide.

La résistance à la guérison est donc *aussi* la résistance à la perte d'un système de références familier, à des significations porteuses d'évidence, à des habitudes de vie. Mais tout ceci ne suffit pas à décrire l'angoisse existentielle comme découverte de la liberté sinon en ce que *la névrose tout entière est une peur d'être soi-même*. Peut-être est-on en droit de se demander si la psychanalyse va jusque-là, malgré sa bannière d'exploration des profondeurs. Je trouve en effet surprenantes les remarques de tant de psychanalystes sur la difficulté de guérir le transfert, et particulièrement les observations de « névrose traumatique de transfert » qui seraient provoquées par l'annonce « choquante » de la fin de la cure. *S'il y a un choc à l'annonce de la fin de la cure, c'est que le malade n'est pas guéri* [33].

En psychothérapie phénoméno-structurale, lorsque l'angoisse existentielle du Je recouvrant son historicité, c'est-à-dire son autonomie et son authenticité, se résout favorablement, ce qui est la règle, le problème du « sevrage » (terminaison de la cure) ne se pose jamais. Les séances sont espacées de plus en plus, et le malade assume parfaitement sa propre prise en charge.

---

[32] Cf. *Revue française de psychanalyse*, compte rendu de la XIVe conférence sur le transfert, *op. cit.*, pp. 112 et 149.

[33] Parlant des conséquences de la cure psychanalytique, E. AMADO LÉVY-VALENSI (*op. cit.*, p. 281) dénonce « l'immobilisation du sujet » par une cure qui n'a pas de conception de l'Avenir et qui est « hantée par l'antériorité ».

III. CRÉATIVITÉ ET GUÉRISON

Comme le dit Éric BERNE, « le but de la psychothérapie n'est pas d'apprendre au sujet à mieux jouer son jeu ou son scénario, mais à tirer un trait sur la pièce et à mettre en chantier une meilleure ». Tirer un trait sur la pièce, c'est retrouver la liberté-responsabilité de sa vie, et c'est aussi, du même coup, restituer aux Autres leur être indépendant au lieu de les voir seulement comme des « rôles » qu'ils jouent ou non dans le scénario qu'on essaye de leur imposer.

La guérison ne peut se définir par l'adaptation sociale parce qu'elle n'est pas le refuge dans le mode anonyme et inauthentique du *On*, mais l'existence-avec-autrui sur le monde transindividuel du Je. Il serait facile de faire ici litière des accusations de Michel FOUCAULT contre la psychologie, la psychothérapie et la psychiatrie, dénoncées comme des entreprises d'adaptation forcée méconnaissant la normalité essentielle du fou, cet original incompris ennemi des valeurs de son temps. Cette thèse est bien connue, comme celles de William WHYTE dans *l'Homme de l'organisation* (1956), de Peterim SOROKIN dans *Tendances et déboires de la Sociologie américaine* (1956), de BARITZ dans *The Servants of Power* (1960) contre les psychologues. Confondant intentionnellement l'homme créateur et libre avec le malade mental, Michel FOUCAULT fait une œuvre *politique* prenant pour prétexte la psychiatrie, et donc se trouve hors de notre champ, si nous ne nous laissons pas mystifier par les apparences de sa bonne foi.

En recouvrant l'autonomie du Je, l'ex-malade recouvre la capacité de créer et celle-ci, essence du *Dasein*, est différente par nature des productions imaginaires liées à la maladie mentale. La confusion entre liberté créatrice et

fantasmagorie morbide est une autre manière de refuser
— sans le dire — la distinction entre normal et pathologique.
Ainsi dans un article récent, B. GEORGIN et B. WAGRET [34]
reprenant les analyses de SANDLER et NAGÉRA [35], écrivent :
« On peut considérer la fantasmatisation comme une fonction du Moi qui produit un contenu imaginaire organisé et
satisfaisant, conscient ou non. Elle implique une mise à
l'écart momentané de la réalité, bien que des éléments de
la réalité puissent s'utiliser dans la création du fantasme »...
et les auteurs concluent : « ainsi définie par son antagonisme
avec la réalité, la vie fantasmatique apparaît comme une
activité normale qui réalisera dans sa relation avec la réalité,
son rôle capital d'élaboration des pulsions ». L'expérience de
la capacité de créer telle que l'éprouvent les sujets guéris
ne peut en aucune façon se rapporter à une telle analyse.
D'après leurs dires, ils sont aux antipodes des fantasmes
et de la vie fantasmatique dont ils ont un souvenir précis
de l'époque de leur maladie; les fantasmes et l'« activité »
fantasmatique fleurissant sans trêve sur leurs croyances,
se résumaient en symboles qu'ils retrouvaient partout dans
la réalité, s'exprimaient en symptômes incoercibles, et leur
imaginaire était monotone.

La réalité, pour les auteurs que nous venons de citer,
comme pour les psychanalystes, est toujours nécessairement
frustrante, et c'est sur cette croyance qu'ils construisent
logiquement une satisfaction des pulsions — puisque pulsions il y a pour eux — dans l'imaginaire. Il faut heureusement revenir aux phénomènes, et constater que, pour le

[34] Note sur la dialectique fantasme-réel, in Revue *L'évolution psychiatrique*, 1970, XXXV, n° 2, pp. 465-478.
[35] Aspects de la métapsychologie du fantasme, in *Revue française de
psychanalyse*, 1964, XXVIII, n° 4, pp. 473-506.

guéri comme pour l'homme sain, *la réalité n'est pas frustrante* et que l'imagination, fonction d'un sur-réel à la façon dont le concevait BACHELARD, n'est pas la vie fantasmatique telle qu'elle se déploie dans l'existence éteinte de la névrose.

De même que l'autonomie dans la santé mentale, n'est pas l'adaptation conformiste au milieu[36], puisqu'elle est capacité de création de son propre cadre de référence,... de même *la santé n'est pas absence de tension*. Nous avons vu ci-dessus que l'objectif des psychothérapies d'orientation analytique existentielle n'est pas l'équilibre homéostatique. Sur ce point BINSWANGER, tout autant que GOLDSTEIN ou Charlotte BUEHLER ont critiqué sévèrement « l'idéal » de la santé selon la psychanalyse.

Si le but est *la réalisation de soi*, suggérée par Karen HORNEY dès 1940, par Érich FROMM ensuite,... si c'est *l'actualisation de soi* telle que la proposait GOLDSTEIN dès 1939 et MASLOW en 1954,... si c'est redevenir un être-en-auto-développement comme le dit Carl ROGERS,... (et toutes ces formules s'apparentent à la réalisation de l'être-homme au sens de HUSSERL et de HEIDEGGER)... on doit reconnaître que l'accomplissement des potentialités de l'être-homme par chacun implique une *tension*. Loin, très loin de la réalisation du Désir au sens freudien, qui cherche sa réalisation comme décharge de tension, l'autre Désir, celui d'*être*, celui qui n'apparaît à aucun moment dans la métapsychologie de FREUD, est une tension vers la Valeur.

Résumant des remarques similaires, Ch. BUEHLER[37] écrit : « les recherches les plus récentes sur la créativité montrent une acceptation de la tension ; la différence avec

---

[36] Elle n'est pas non plus l'anti-conformisme systématique du révolté, du marginal, du contempteur de toutes les valeurs.

[37] *Article cité*, p. 383.

la résolution des problèmes par ordinateurs est que le cerveau humain représente un système *ouvert* avec certaines libertés opératoires et un certain potentiel de changement ».

La créativité du malade mental est décharge de tension, et l'objectivation de sa vie fantasmatique le soulage. La créativité du normal est tension accompagnée d'un sens aigu du présent et de l'Avenir ; elle n'est pas expression du Moi mais dépassement de soi.

Nous en trouverons une preuve dans l'analyse des nombreuses « listes des critères de guérison » qui courent dans les ouvrages de technique psychothérapique. Prenons celle que propose Daniel LAGACHE[38]. Les critères de guérison (fin de la psychanalyse) sont les modifications suivantes du « fonctionnement » de la personnalité :

1. Augmentation de la tolérance aux tensions et aux frustrations.

2. Diminution des inhibitions et augmentation de la réalisation des possibilités.

3. Dégagement par rapport aux mécanismes de répétition, d'où organisation plus efficace de la vie et prévision des effets éloignés, de la conduite.

4. Réduction des aspirations à fuir la réalité, reconnaissance des limites et des aptitudes positives.

5. Amélioration des relations interpersonnelles.

6. Abandon des conduites anti-sociales ou exagérément conformistes.

Cette liste, comme les autres du même genre, est établie par un procédé que j'appellerai de moulage à partir des

---

[38] Citée in G. DELPIERRE, *op. cit.*, p. 42. Cette liste est plus fondée sur le bon sens que déduite de la doctrine psychanalytique.

caractéristiques observables de la personnalité névrotique. Elle n'a aucune consistance propre car elle est l'inverse de l'autre, qui, elle, est directement connue par le psychiatre. La démonstration est facile à faire; il suffit de prendre les points à l'inverse pour avoir la description des caractéristiques essentielles du névrosé :

1. Intolérance aux tensions et aux frustrations.

2. Inhibition, impossibilité de réalisation des possibilités propres.

3. Soumission de l'existence aux mécanismes de répétition, rendant impossible l'organisation de la vie et l'horizon temporel de la conduite.

4. Fuite de la réalité, aussi bien de la réalité extérieure que de la réalité de la personnalité elle-même.

5. Perturbation des relations interpersonnelles.

6. Exagération des conduites sociales soit dans le sens anti-société soit dans le sens conformisme.

Dans la psychothérapie d'inspiration phénoménologique, les critères sont positifs et non pas l'image en creux de la personnalité névrotique; ils se réduisent à un seul qui est *la libération de l'être*. A la place d'un univers thématisé où s'infléchit jusqu'à être méconnaissable le Dasein, à la place des déterminations qui réduisent, contraignent et étouffent le Moi,... la Personne (le Je) se retrouve comme Personne ouverte aux autres, comme Temporalité, comme création de Monde, comme responsabilité, bref comme être authentiquement humain.

CONCLUSION

Au cours d'un long itinéraire nous avons voulu montrer que les sciences humaines, retardées d'un siècle par la construction géniale de FREUD exclusivement dépendante du mécanicisme de son temps, pouvaient constituer leur champ propre en repartant des indications de DILTHEY et en retrouvant une dimension spécifiquement humaine dont partout actuellement on affirme la valeur.

On ne peut pas, pour se représenter l'Homme, ses œuvres et son historicité, prendre appui sur une conception dont le modèle et la source sont le malade mental ou le fanatique. Inversement on ne peut pas construire une psychothérapie sans prendre d'abord pour objectif le recouvrement des potentialités de l'être-homme, sans une éthique de la liberté.

Par là la psychothérapie (de même que la psychologie et la psychiatrie) échappe aux accusations faciles d'être un produit de la technocratie ou un instrument d'adaptation ou de réadaptation du malade à la société historique dont il fait partie. Le malade mental est un être dont l'Univers s'est fermé, pétrifié et amoindri en une thématisation qui l'a coupé de ses potentialités ontologiques. L'Univers normal, tout en étant porteur de nombreuses déterminations qui sont l'incarnation du Moi, est ouvert. Le Moi recèle un Je qui est Liberté et Création. La guérison n'est pas l'intégration dans l'anonymat du « On », ni la « mise au moule » chère aux États totalitaires, mais la restitution de l'être-homme à celui ou à celle qui l'avaient perdu.

Après DILTHEY, HUSSERL, BERGSON, HEIDEGGER, cette anthropologie de référence, clairement constituée, avait besoin au niveau quotidien de la pratique psychothérapique, de modes d'action efficaces dont MINKOWSKI et BINSWANGER avaient donné les résultats spectaculaires mais dont ils n'avaient pas formulé la procédure. Le vaste courant de la psychologie humaniste, de l'ego-thérapie, de l'analyse existentielle, attendait une méthodologie minutieuse au niveau de la psychothérapie, ce que seul ROGERS a commencé d'apporter. Par la construction d'une psychothérapie phénoméno-structurale, nous avons voulu poursuivre dans cette direction et ajouter notre contribution clinique.

« La vision phénoménologique du patient ne serait pas simplement une première étape », dit Gordon W. ALLPORT dans *Psychologie existentielle*, « mais constituerait peut-être tout le problème. Elle est à la fois le préliminaire et l'aboutissement d'une thérapie ».

BIBLIOGRAPHIE

A. ADLER, *Le tempérament nerveux*, trad. fr., Payot, 1948.

G. AIGRISSE, *Psychothérapies analytiques*, 8 *cas*, Éd. Universitaires, 1967.

F. ALEXANDER et Th. FRENCH, *Psychothérapie analytique*, trad. fr., P.U.F., 1959.

G. ALLPORT, H. FEIFEL, A. MASLOW, R. MAY, C. ROGERS, *Psychologie existentielle*, Éd. de l'Épi, 1971.

E. AMADO LÉVY-VALENSI, *Les voies et les pièges de la psychanalyse*, Éd. Universitaires, 1971.

H. L. ANSBACHER, Alfred Adler and humanistic psychology, in *J. humanist. psychol.*, U.S.A., 1971, XI, n 1, pp. 53-63.

M. BALINT, Recherches sur la psychothérapie et importance des résultats pour la psychanalyse, *Revue de Médecine psychosomatique et de psychologie médicale*, France, 1971, XIII, n⁰ 1, pp. 55-72.

B. BANNISTER et J. M. M. MAIR, *The evaluation of personal construct*, Ed. Academic press, New York, 1968.

D. BARRUCAND, *La catharsis dans le théâtre, la psychanalyse et la psychothérapie de groupe*, Éd. de l'Épi, 1970.

S. BASESCU, Existential therapy, in *The Encyclopedia of Mental*

Health, vol. 2 (Deutsch A. and Fishman H. Eds), New York, Franklin Watts, Inc., 1963, p. 589.

L. BELLAK, Acting out : some conceptual and therapeutic considerations, in *Americ. Journ. Psychothe.*, U.S.A., 1963, XVIII, n⁰ 3, pp. 375-389.

E. BERNE, *Analyse transactionnelle et psychothérapie,* trad. fr., Payot, 1971.

L. BINSWANGER, Über psychotherapie, Möglichkeit und Tatsächlichkeit psychotherapeutischer Wirkung, in Revue *Der Nervenartz*, VIII, n⁰ 3, 1935. Article non traduit en français.

L. BINSWANGER, *Le cas Suzan Urban,* trad. fr., Desclée de Brouwer, Paris, 1958.

L. BINSWANGER, *Discours, parcours et Freud,* trad. fr., Éd. Gallimard, 1970.

J. C. J. BONARIUS, Fixed role therapy : a double paradox, in *B. J. Med. Psychol.*, G.B., 1970, XLIII, n⁰ 3, pp. 216-219.

M. BOSS, *Psychoanalyse und Daseinanalytik,* Bern and Stuggart, Hans Huber, 1957.

H. BRUCH, Effectiveness in Psychotherapy, in Revue *Psychiatr. Quart.*, U.S.A.,1936, tome 37, n⁰ 2, pp. 322-339.

M. BUBER, *I and Thou,* New York, Chas. Scribner and Sons, 1937.

M. BUBER, *Das Problem des Menschen,* Heidelberg, Schneider, 1948.

Ch. BUEHLER, Basic theoretical Concepts of humanistic psychology, in *Americ. Psychology*, U.S.A., 1971, XXVI, n⁰ 4, pp. 378-386.

J. F. T. BUGENTAL, The nature of the therapeutic task in intensive psychotherapy, in *Journal Existent.*, U.S.A., 1964, V, n⁰ 18, pp. 199-224.

J. F. T. BUGENTAL, The humanistic ethic, the individual in psychotherapy as a societal change agent, in *J. humanist. psychol.*, U.S.A., 1971, XI, n⁰ 1, pp. 11-25.

A. BURTON, A Commentary on the problem of human identity, in *J. Existentialism*, 1965, V, n⁰ 19.

H. CHAMBRON, Psychologie et phénoménologie, in *Annales Faculté Lettres de Toulouse*, 1965, I, n⁰ 1, pp. 85-99.

R. D. CHESSICK, Empathy and Love in Psychotherapy, in *Americ. Journal of Psychotherapy*, 1965, XIX, n° 2, pp. 205-219.

G. DELPIERRE, *Les psychothérapies*, Éd. Privat, 1968.

Dr P. DEMOULIN, *Névrose et psychose, essai de psychopathologie phénoménologique*, Éd. Nauwelaerts, Louvain, 1967.

W. DILTHEY, *Le monde de l'esprit*, 2 volumes, trad. fr., Aubier, 1947.

H. EY, *La conscience*, PUF, 1963.

V. E. FRANKL, *Arztliche Seelsorge*, Vienna, Deuticke, 1948.

V. E. FRANKL, On logotherapy and existential analysis, in *Am. J. Psychoanal.*, 1958, XVIII, pp. 28-37.

V. E. FRANKL, The spiritual dimension in existential analysis and logotherapy, in *J. Indiv. Psychol.*, 1959, XV, pp. 157-165.

V. E. FRANKL, Logotherapy and existential analysis, in *Am. J. Psychother.*, 1966, XX, pp. 252-260.

S. FREUD, *Cinq psychanalyses*, trad. fr., PUF, 1954.

S. FREUD, *Ma vie et la psychanalyse*, trad. fr., Gallimard, 1949.

S. FREUD, La dynamique du transfert, in *Revue française de Psychanalyse*, PUF, 1952, XVI, n°s 1-2.

I. GALDSTON, *An existential analysis of the case of Miss L.*, presented at the Mid-Winter Conference on Existential psychiatry, New York, December 15, 1963.

A. P. GOLDSTEIN and S. J. DEAN, *The investigations of psychotherapy, commentaries and readings*, 1966, Ed. Jones Wiley, New York.

B. GORGIN et G. WAGRET, Note sur la dialectique « fantasme-réel » et incidences en psychothérapie, in *Revue Évolution Psychiatrique*, France, 1970, XXXV, n° 2, pp. 465-478.

G. HAIGH, Perceptual learning in Psychotherapy, in *Bull. Menninger Clin.*, U.S.A., 1963, XXVII, n° 2, pp. 174-183.

A. HESNARD, *De Freud à Lacan*, ESF, 2e éd., 1971.

P. H. HOCH and ZUBIN, *The evaluation of psychiatric treatment*, 1964, Ed. Grune & Stratton, New York.

H. HOLT, *Existential psychoanalysis : a new trend in the field of psychoanalysis*. Trans. New York Institute of Existential Analysis, II, n⁰ 2, 1965.

W. HUBER, H. PIRON, A. VERGOTE, *La psychanalyse, science de l'homme*, Dessart, coll. Psychologie et sciences humaines, 1966.

S. HULLMAN, *Semantics*, Londres, Alden Press, 1962.

I. L. JANIS, G. F. MAHL, J. KAGAN, R. R. HOLT, *Personality, dynamics development and assessment*, Ed. Harcourt, Brace and World U.S.A., 1969.

P. T. JANULIS, The need for intervention, A variable in psychotherapy research, in *Archiv. Gen. Psychiatry*, U.S.A., 1970, XXXIII, n⁰ 3, pp. 384-387.

G. A. KIMBLE et L. C. PERMUTER, The problem of volition, in *Psycho. Rev.*, U.S.A., 1970, 77, n⁰ 5, pp. 361-384.

G. LANTERI-LAURA, *Phénoménologie de la subjectivité*, PUF, 1968.

R. M. LOEWENSTEIN, The problem of interpretation, in *Psychoanal. Quart.*, U.S.A., 1951, XX, pp. 1-4.

R. M. LOEWENSTEIN, Some remarks of the role of speech in analytic technic, in *Int. J. Psychoanal.*, U.S.A., 1956, XXXVII, pp. 460-469.

W. LUTHE, Signification clinique de diverses formes d'abréactions autogènes, in *Revue de Médecine Psychosomatique*, France, 1962, IV, n⁰ 3, pp. 311-316.

D. M. McNAIR et M. LORR, An analysis of professed psychotherapeutic techniques, in *Journ. Consult. Psychol.*, U.S.A., 1964, XXVIII, n⁰ 3, pp. 265-271.

K. MARK et COLBY, Psychotherapeutic processess, in *American Rev. Psychol.*, U.S.A., 1964, XV, n⁰ 2, pp. 347-370.

R. MAY, The nature of creativity, in *Creativity and its Cultivation*, (Anderson, H. H. Ed.), New York, Harper, 1959.

R. MAY, Existential bases of psychotherapy, in *Am. J. Orthopsychiat.*, XXX, October 1960.

R. MAY et H. ELLENBERGER, *Existence, A new dimensions in Psychiatry and Psychology*, Basic Books, New York, 1958.

R. May et Van Kaam, Existential theory and therapy, in *Current psychiatric therapies*, III (Masserman, J. H. Ed.), New York, Grune et Statton, 1963.

E. Minkowski, Étude psychologique et analyse phénoménologique d'un cas de mélancolie schizophrénique, in *Journal de Psychologie*, 1923, n⁰ 6,... article repris in *Le Temps vécu*, Paris, Éd. d'Artrey, 1933.

E. Minkowski, *Traité de psychopathologie*, PUF, coll. Logos, 1966.

K. M. Mitchell et B. Berenson, Differential use of confrontation by high and low facilitative therapists, in *J. Nerv. Mental. Dis.*, U.S.A., 1970, CLI, n⁰ 5, pp. 303-309.

R. Mucchielli, *Philosophie de la médecine psychosomatique*, Éd. Aubier, 1962.

R. Mucchielli, *Introduction à la psychologie structurale*, Dessart, coll. Psychologie et Sciences Humaines, 3ᵉ éd., 1972.

F. Pasche, *A partir de Freud*, Payot, 1969.

A. M. Razin, A-B variable in Psychotherapy : a critical review, in *Psychol. Bull.*, U.S.A., 1971, LXXV, n⁰ 1, pp. 1-21.

Revue *l'Evolution psychiatrique*, n⁰ Spécial, année 1971, tome 36, fascicule 2, avril-juin : « La conception idéologique de l'*histoire de la folie*» de Michel Foucault ».

Revue *Annales de Psychothérapie*, n⁰ 1, 1970, *Psychothérapies et psychanalyses existentielles ;* n⁰ 2, 1971, *La catharsis ;* n⁰ 3, 1971, *Déconditionnements et investissements.*

Revue française de Psychanalyse, PUF, Tome XVI, janvier-juin 1952, n⁰ 1-2, CR de la XIVᵉ Conférence des psychanalystes de langue française consacrée au Transfert.

P. Ricœur, *De l'interprétation, essai sur Freud*, Éd. du Seuil, 1965.

C. Rogers, *Relation d'aide et psychothérapie*, 2 vol. trad. fr., E.S.F., 1970.

C. Rogers, *Le développement de la personne*, trad. fr., Dunod, 1966.

C. Rogers et R. Dymond, *Psychotherapy and personnality change*, 1954, Chicago.

C. Rogers et G. M. Kinjet, *Psychothérapie et relations humaines*, 2 vol., Éd. Nauwelaerts, Louvain, 1962.

J. SANDLER, C. DARE et A. HOLDER, Basic psychoanalytic concepts : III transference, in *Brit. J. Psychiatry*, G.B., 1970, CXVI, n⁰ 535, pp. 667-672.

J. SANDLER, C. DARE et A. HOLDER, X : interpretations and other interventions, in *Brit. J. Psychiatry*, G.B., 1971, CXVIII, n⁰ 542, pp. 53-59.

S. B. SCHAPIRO, Ego therapy in Action : a case study, in *Psychological Report*, U.S.A., 1962, XI, n⁰ 3, pp. 821-831.

J. SERVAIS, Tentative d'objectivation des effets des psychothérapies, in *Evolution Psychiatrique*, France, 1970, XXXV, n⁰ 3, pp. 597-627.

Ph. SHAPIRO, Interpretation and Naming, in *J. Americ. psychoanal. Ass.*, U.S.A., 1970, XVIII, n⁰ 2, pp. 399-421.

I. STEVENSON et J. B. HAIN, On the different meanings of apparently similar symptoms, illustrated by varieties of barber shop phobia, in Rev. *Americ. Journa. Psychiat.*, 1967, n⁰ 124, pp. 399-403.

A. STONE, Suicide precipitated by psychotherapy. A clinical contribution, in *Americ. Journ. Psychotherapy*, U.S.A., 1971.

H. STRUPP, A multidimensional system for analyzing psychotherapeutic techniques, in Revue *Psychiatry*, 1957, XX, n⁰ 2, pp. 293-312.

R. SUTHERLAND, Structure, experiences and psychotherapy, in *Journal Existential*, U.S.A., 1956-1966, VI, n⁰ 22, pp. 197-202.

P. TILLICH, *The courage to be*, New Haven, Yale Union Press, 1952.

M. VIOLET-CONIL, Sur un cas de névrose traumatique, in *Ann. méd. Nancy*, 1971, n⁰ 10, pp. 681-686.

L. S. VYGOTSKY, *Thought and language*, Cambridge, M.A.I.T. Press, 1962.

N. WALKER, *Nouvelle histoire de la psychothérapie*, trad. fr., E.S.F., 1971.

L. R. WOLBERG, *The technique of Psychotherapy*, 2 vol., Grune et Stratton, N.Y., 2ᵉ éd., 1967.

TABLE DES MATIÈRES

INTRODUCTION   5

Première partie. PSYCHANALYSE ET ANALYSE EXISTEN-
TIELLE   9

   1. La conception freudienne de l'homme . . .   11
   2. L'analyse existentielle   33
   3. La logique interne de l'Univers morbide . .   63

Deuxième partie. LA PSYCHOTHÉRAPIE PHÉNOMÉNO-
STRUCTURALE   91

   1. Richesse de la théorie et pauvreté pratique de
l'analyse existentielle   93
   2. Les apports de la psychothérapie sémantique
et de la psychothérapie non directive . . .   119
   3. La psychothérapie phénoméno-structurale .   149

Troisième partie. LES CHEMINS DE LA GUÉRISON . .   199

   1. La relation thérapeutique   201
   2. Conscience et inconscient   239
   3. Le processus de la guérison   265

CONCLUSION   295

BIBLIOGRAPHIE   303